Julius Disselhoff

Die Gesch. König Davids - 14 Predigten

Julius Disselhoff

Die Gesch. König Davids - 14 Predigten

ISBN/EAN: 9783744651127

Hergestellt in Europa, USA, Kanada, Australien, Japan

Cover: Foto ©ninafisch / pixelio.de

Weitere Bücher finden Sie auf **www.hansebooks.com**

Die

Geschichte König Davids,

des

Mannes nach dem Herzen Gottes.

Vierzehn Predigten

nebst einem Anhange

über die sogenannten Rachepsalmen u. s. w.

von

Julius Disselhoff,

Pastor in der Diakonissen-Anstalt zu Kaiserswerth am Rhein.

Kaiserswerth am Rhein,
Verlag der Diakonissen-Anstalt.
1862.

Düsseldorf, Hofbuchdruckerei von H. Voß.

Meinen herzlieben Geschwistern

August, Ludwig und Doris

und

meiner theuern Schwägerin

Pauline

zum 29. April 1862.

Wie die Predigten aus dem Leben Sauls, wollte ich auch diese aus der Geschichte Davids unserm theuren, treuen Vater zu seinem Geburtstage widmen. Ihr wißt es ja, mit welcher Frische und Freude er in den letzten Jahren seines Lebens sich in die Offenbarung des alten Testamentes vertiefte, wie sein Herz aufging, wenn er die heilige Knospe, die er dort gefunden hatte, im neuen Bunde zur herrlichen Blüthe entfaltet sah. Auf dem letzten Gange, den ich mit ihm gemacht habe, erzählte er mir noch mit fröhlichem Munde von dieser Lust seines Alters. Der Wunsch, ihm, dessen väterlicher Aufopferung im Verein mit den demüthigen, rastlosen Mühen unserer vollendeten Mutter wir nächst Gott Alles verdanken, was wir sind und haben, ihm in seiner Freude ein Gehülfe zu werden, hat mir, dem Anfangs Unfreiwilligen, die Herausgabe der Predigten zu einer süßen Arbeit gemacht. Jetzt, wo sie erscheinen, wohnt er schon in den ewigen Hütten, und bedarf nicht mehr meines armen Stammelns über die Geheimnisse Gottes.

Euch, die Ihr mit mir an seiner friedevollen Leiche den Sieg über Tod und Hölle geschaut habt, Euch gebe ich jetzt, was für ihn bestimmt war. Die treuen Aufzeichnungen seiner Hand über das alte Testament, die mir das lieblichste

Erbtheil dünken, reichen bis tief in die Geschichte Davids. Der Mann also nach dem Herzen Gottes beschäftigte ihn in seinen letzten Tagen. So mache denn der Herr denselben David zu seinem Werkzeuge, auch uns nach seinem Herzen zu gestalten, auf daß wir hingelangen, wohin er, der treue Vater, und sie, die heißgeliebte Mutter, uns vorangegangen sind! —

Noch höre ich ihn, den Unvergeßlichen, lallend singen: „Leben wir, so leben wir dem Herrn, sterben wir, so sterben wir dem Herrn; darum wir leben oder wir sterben, so sind wir des Herrn!" Lasse Gott dieses Lallen in unsern Herzen wiedertönen, bis auch unser Glaube zum Schauen geworden ist!

Inhalts-Verzeichniss.

Seite.

Widmung.
I. Das Geheimniß der Wahl. 1. Sam. 16, 1—13. . . . 14
   Noch nicht. 15
II. Die Salbung des Erwählten. 1 Sam. 16, 13—23. . . 15
   Gebet der Streiter Gottes. 25
III. Die erste Sendung des Gesalbten aus der Stille in den Streit. 1 Sam. 17, 1—50. 26
   Der Heiland und sein Knecht. 39
IV. Lust und Last, oder Versuchung und Ueberwindung. 1 Sam. 18 und 19. 40
   Mein stolzes Herz. 50
V. Freundschaft unter den Knechten Gottes. 1 Sam. 20. 51
   Neidloses Auge. 64
VI. Lügen im Munde des Geliebten Gottes. 1 Sam. 21. 22. 27. 65
   Wahrheit. 78
VII. Wie man die schweren Tage nach dem Herzen Gottes tragen soll. 1 Sam. 22, 1—5; Cp. 23. 24. 26. 79
   Unterwerfung. 92
VIII. Der Gerechte schlage mich freundlich und strafe mich! 1 Sam. 25. 93
   Menschenschläge. 105
IX. Das selige Geheimniß, in den Tagen der Erhöhung und der Ruhe fest zu stehn. 2 Sam. 6 und 7. . . . 106
   Auf der Höhe. 119
X. Der Fall des Mannes nach dem Herzen Gottes. 2. Sam. 11. 120
   Das Menschenherz. 138

Seite.

XI. **Der Triumph der Gnade.** 2 Sam. 12, 1—23; Cp. 13. 15 und 16. 134
Lobgesang. 148

XII. **Wie Gott der Vermessenheit seiner Begnadigten begegnet.** 2 Sam. 24. 149
Gottes Schläge. 162

XIII. **Das Loos ist mir gefallen auf's Liebliche.** 1 Chr. 29 u. 30, 1—21. 163
Das Loos der Knechte Jesu. 177

XIV. **Das Ende des Mannes nach dem Herzen des Herrn.** 2 Sam. 23, 1—7. 178
Zwei Könige. 190

Anhang.

1. Die sogenannten Rachepsalmen. 191
2. Davids Berufung auf seine Gerechtigkeit. . . . 197

König David,
der Mann nach dem Herzen Gottes.

Erste Predigt.
1. Sam. 16, 1 — 13.*)

Das Geheimniß der Wahl.

Ich habe euch früher die Geschichte des Königs Saul zu erklären versucht. Die stille Demuth und der treue Gehorsam, womit Saul seine Laufbahn, als Knecht Gottes, begann, der brennende, lautere Eifer für die Sache seines Herrn, womit er im Fortgange derselben seine Thaten schmückte, sein im Geheimen beginnender, langsam fortschreitender, und endlich furchtbar sich offenbarender Fall, mit dem er endete, riefen uns, wie eine Posaune Gottes, das ernste Wort des Herrn in's Gewissen: „Halte was du hast, daß Niemand deine Krone nehme!" Saul erschien uns wie eine schöne, kräftige, hoffnungsreiche Blüthe, die bereits Frucht angesetzt hat, die aber, von einem giftigen Wurme angefressen, abfällt, ehe sie zur Reife kommt. „Und es kam eine große Furcht über die ganze Gemeine und über Alle, die solches höreten!" heißt es einmal bei einer ähnlichen Gelegenheit im neuen Testament. (Apostelg. 5, 11). Gewiß! es ist uns sehr nothwendig, daß durch Beispiele, wie die Sauls, oder des Ananias und der Sapphira, eine große Furcht vom Herrn auf uns falle, damit wir nicht auch also umkommen. Und doch gilt auch hier das Wort: „Ihr

---
*) Der Verfasser bittet ernstlich, vor der Predigt stets den Text zu lesen.

habet nicht einen knechtlichen Geist empfangen, daß ihr euch abermals fürchten müßtet!" Denn wir wissen es auf's allergewisseste, daß der Herr nicht will, daß auch nur eine der geringsten Blüthen oder Früchte verderbe; vielmehr ist es sein guter und gnädiger Wille, daß sie alle behalten werden zum ewigen Leben, wie der Herr Christus selbst sagt: „Es ist vor eurem Vater im Himmel nicht der Wille, daß Jemand von diesen Kleinen verloren werde." (Matth. 18, 14.) und an einem andern Ort: „Fürchte dich nicht, du kleine Heerde; denn es ist eures Vaters Wohlgefallen, euch das Reich zu geben." (Lucas 12, 32). Wir wissen auch, daß er, der gute Gärtner, Alles thut, was in seiner Macht steht, die Pflanzungen seiner Hand vor dem Verderber zu bewahren, wenn sie selbst sich nur wollen bewahren lassen. Deß giebt uns die Geschichte Davids ein wunderbares Zeugniß. Wie wir nämlich aus dem Leben Sauls das innere, geheime Verderben kennen lernen, welches den vor Menschen ehrbar Wandelnden zu Falle gebracht hat, so sehen wir in der Geschichte Davids das verborgene, selige Heilmittel, durch welches der vor Menschen viel tiefer, als Saul, Gesunkene, vom Verderben erlöset wird. Denn David ist einer von den Menschen, in denen auch nach ihrer Erneuerung durch den Geist Gottes der alte Mensch gewaltig nachwirkt, das Fleisch einen Verzweiflungskampf auf Tod und Leben gegen den Geist führt, und leider oftmals als tyrannischer Sieger triumphirt. Aus der Schrift selbst wissen wir, daß Lüge, Verstellung, Zorn, Ehebruch, Todschlag, Hoffart und Ueberhebung das Leben Davids befleckt haben. Und dieselbe Schrift nennt ihn den Mann nach dem Herzen Gottes, (1 Sam. 13, 14 und Apostelg. 13, 22) was freilich den Ungeistlichen so unbegreiflich vorkommen muß, daß über keine Person der heiligen Geschichte der Spott der Welt sich so maßlos und frech ergossen hat, wie über David. Aber er bleibt dennoch der Mann nach dem Herzen des Herrn, der durch Gottes gnädige Hand aus allen geistlichen Gefahren sich willig hat retten lassen, und darum endlich als eine gute und reife Frucht in die ewigen Scheuern heimgebracht worden ist. Wohlan! so viele unter uns Arbeiter und Arbeiterinnen im Weinberge des Herrn, Männer nach dem Herzen Gottes zu werden, oder zu bleiben begehren, so viele in ihren Gliedern einen großen und gefährlichen Kampf des Fleisches wider den

Geist spüren, in dem sie leider oft unterlegen sind, wie viele endlich von ihrem wiederholten und tiefen Fall aufstehen, und Feld und Krone behalten möchten: die sollen sich betend und mit ernstem Fleiße in die Geschichte Davids versenken, damit sie aus derselben das Licht und die Waffen erlangen, die ihnen in ihrer Arbeit und ihrem Amte unentbehrlich sind, um durch alle Dunkelheiten und Anfechtungen in die ewigen Friedenshütten zu gelangen. Ich aber will, unter dem Beistande des Geistes Gottes und nach dem Maß der Erkenntniß, das mir gegeben ist, in diesen Predigten euch ein Gehülfe sein, das Leben Davids verstehen zu lernen. Laßt uns denn der verlesenen Geschichte näher treten, sie enthüllt uns

Das Geheimniß der Wahl.

I. Der Herr erwählet nicht die, welche durch besondere Gaben der Natur vor Anderen ausgezeichnet sind, sondern

II. Er erwählet die, welche das größere oder geringere Maß der Gnade Gottes, was ihnen angeboten ist, mit Treue benutzen,

III. die, welche diese Treue durch lauteren Eifer und Gehorsam in der ihnen anvertrauten Arbeit beweisen, und endlich

IV. die, welche auch nach etwaigem Gelingen der Arbeit sich nicht ruhmredig hervordrängen, sondern in schweigender Demuth und stiller Zurückgezogenheit bleiben, bis der Herr selbst sie hervorzieht. —

I.

Saul war wegen seines Ungehorsams verworfen oder vielmehr, weil er in seinem Ungehorsam beharrete, und nicht einfach und ehrlich bekannte: „Ich habe gesündigt!" Zugleich hatte Samuel ihm verkündigen müssen: (1 Sam. 13, 14). „Der Herr hat sich einen Mann ersucht nach seinem Herzen!" Die Zeit war damals für das Volk Gottes eine so ernste und gefährliche, daß nur durch einen Mann nach dem Herzen des Herrn geholfen werden konnte. Die Philister, die alten Erbfeinde Israels, waren zwar schon oft zurückgeschlagen, aber in immer erneuerten Anläufen, und wachsendem Hohn suchten sie das Volk des Herrn unter ihre Füße zu treten. Gerade jetzt bereitete sich, wie uns im folgenden Cap. so lebendig erzählt wird, ein gewaltiger Kriegszug der Philister vor, in welchem aller Haß und Hohn gegen den lebendigen Gott und sein Volk in einem unbesiegbar erscheinenden Riesen sich sammelte. Der Herr sah diese Gefahr über sein Volk hereinbrechen. Darum sprach er zu Samuel: „Wie lange trägst du Leid um Saul, den ich verworfen habe, daß er nicht König sei über Israel? Fülle dein Horn mit Oel und gehe hin, ich will dich senden zu dem Bethlehemiten Isai; denn unter seinen Söhnen habe ich mir einen König ersehen." (1 Sam. 16, 1). Samuel ging hin „heiligte Isai und seine Söhne und lud sie zum Opfer. Da sie nun hereinkamen, sahe er den Eliab an." Eliab war der Aelteste. Er stand in den Jahren der Manneskraft und des Mannesmuthes. Seine Gestalt war ansehnlich; seine Person ragte über Alle hervor. Da gedachte Samuel, ob der sei vor dem Herrn sein Erwählter, denn ihm schien für die schwierige Zeit und die große Aufgabe ein solcher Mann der rechte zu sein. Aber der Herr sprach zu Samuel: „Siehe nicht an seine Gestalt, noch seine große Person; ich habe ihn verworfen. Denn es gehet nicht, wie ein Mensch sieht; ein Mensch sieht, was vor Augen ist; der Herr aber sieht das Herz an." Von da an fordert Samuel keinen Andern mehr vor. Aber Isai in seiner väterlichen, halb treuen, halb eitlen Fürsorge für seine Kinder, denen augenscheinlich etwas Großes zu Theil werden sollte, „rief den Abinadab und ließ ihn vor Samuel vorübergehen. Und er sprach: Diesen hat der Herr auch nicht erwählt! Da ließ Isai vorübergehen Samma. Er aber sprach: Diesen hat der Herr auch nicht erwählt! Da ließ Isai seine sieben Söhne vor Samuel vorübergehen. Aber Samuel sprach zu Isai: „Der Herr hat derer keinen erwählt." Nun hatte Isai keinen mehr vorzuführen; denn an den Einen, der noch übrig war, den jüngsten, der die Schafe hütete, wagte er nicht zu denken. Wie sollte der der Erwählte sein, wenn die sieben andern, die er als Vater doch kannte und für tüchtiger erfunden hatte, als den Kleinsten, nicht erwählt waren? Da hat sich, trotz der Warnung: „Siehe nicht an seine große Gestalt, noch seine große Person!" das Wort des Herrn erfüllt: „Ein Mensch sieht, was vor Augen ist!" Es geht aber mit Gottes Wahl nicht, wie ein Mensch sieht, damals nicht, und auch heute nicht. Es ist uns sehr nothwendig, daß wir dies in unser Herz schreiben. Denn die Zeitläufte sind für das Volk Gottes, die heilige Kirche des Herrn, wieder sehr ernst und gefährlich. Zwar sind schon öfter, als man zählen kann, die Feinde des Reiches Gottes zu Boden geworfen, daß sie Staub lecken mußten; aber sie erheben doch immer wieder ihr Haupt, und suchen öffentlich und im Geheimen die Gemeinde des Herrn zu vernichten. Und wie zu jener Zeit jener größeste und gefährlichste Kriegszug der Philister gegen Israel sich vorbereitete, in dem schon der eine Riese ganz Israel beben machte, so ist's ja auch offenbar, daß die Mächte der Finsterniß sich wieder rüsten, und daß in einzelnen Riesen des Unglaubens und der Gottlosigkeit ihre Kraft sich concentrirt. Da thun auch heute Leute noth nach dem Herzen des Herrn. Wer sind nun die Leute der Wahl? Es ist hier natürlich nicht von der Wahl zur Seligkeit die Rede. Dazu waren alle Israeliten, auch die sieben ältern Brüder Davids, dazu sind wir als getaufte Christen ohne Ausnahme berufen. Auch handelt es sich bei Saul, wie bei Eliab nicht um die ewige Verwerfung zur Unseligkeit, denn Beide konnten durch Buße und Glauben selig werden. Unsere Geschichte spricht ausdrücklich zunächst nur von der Wahl und Verwerfung in Bezug auf den Streit und Sieg für die heilige Sache des Herrn. Aber wen der Herr zu seinem Arbeiter erwählt, an dessen Seele arbeitet er selbst durch seine Führungen ohne Unterlaß und in besonderer Weise, damit sie in seinem Dienste nicht Schaden leide, sondern die Krone des Lebens erlange nach der gnädigen Verheißung: „Es soll der Ackersmann, der den Acker bauet, der Früchte am ersten genießen." Die ganze Frage ist also die: Welche Leute kann der Herr in seiner Arbeit gebrauchen, um durch sie und zugleich an ihnen seinen Rath zu offenbaren, seine Wunder zu zeigen? Durch welche Rüstzeuge kann und will er seine Feinde überwinden, seinem Volke eine Erlösung, seinen Gefangenen eine Erledigung bringen, um diese Rüstzeuge selbst sich immer vollständiger zu unterwerfen und der herrlichen Freiheit der Kinder Gottes entgegen zu führen? Diese Frage geht uns alle sehr nahe an, denn wer getauft und hernachmals confirmirt ist, ist damit zu einem Streiter Jesu Christi eingeweiht. Die Frage geht aber insbesondere euch an, liebe Schwestern und Lehrerinnen, euch alle, die ihr sonst in irgend einer besonderen Weise am Werke des Herrn arbeitet.

Ihr sollt Alle nicht allein mit dem Feinde in eurem Herzen, sondern auch mit dem Feinde in der Kirche Christi kämpfen, um in diesem Kampfe selbst zu erstarken, und Sieger über das eigne Herz zu werden. Wer ist nun in diesem Sinne ein David, d. h. der Bedeutung des Namens nach, ein Geliebter? Wer ist der Mann der Wahl, der Knecht und die Magd nach dem Herzen Gottes? „Es gehet nicht, wie ein Mensch siehet. Denn ein Mensch siehet, was vor Augen ist." Ein Mensch, selbst ein solcher, der Erfahrungen hat in den Wegen Gottes, wie Samuel, wähnt, auf die äußeren Anlagen, die natürlichen Gaben und Kräfte des Leibes und des Geistes, auf Geschicklichkeit, Verstand, Klugheit, Gewandtheit, Kenntnisse, Lebenserfahrungen sehn zu müssen, um Siege gegen die Welt, und den listigen und mächtigen Fürsten der Welt erfechten zu können. Was sich nicht als bedeutsam hervorthut, als glänzend und wichtig in die Augen fällt, das sind wir nur zu geneigt zu übersehn. Wenn wir nun, und das ist die Hauptsache, unser eigenes Herz und seine Gedanken belauschen, so werden die Ehrlichen sich gestehn, daß sie sich für bessere, geschicktere, brauchbarere Werkzeuge Gottes halten, als die andern, wenigstens in diesem oder jenem Punkt für brauchbarer, und zu diesem oder jenem Zweck für geschickter. Es ist zwar lächerlich, es laut zu sagen, aber doch leider nur zu wahr, daß das Herz der Jüngeren bei sich spricht: „Wenn ich erst in der Arbeit stehen werde, werde ich ganz andere Erfolge erreichen, ganz andere Werke zu Stande bringen, werde segensreicher, gewinnender, mächtiger auf meinen Nächsten einwirken, als die Andern!" Und die Alten, schon in der Arbeit stehenden, wissen nicht eifrig und laut genug zu tadeln und zu richten, was Andere falsch angefangen haben, und was sie selbst umsichtiger, verständiger, besser gemacht, und darum zu einem vortheilhafteren Ende würden geführt haben. Und warum halten wir so hoch von uns? Weil wir wirkliche, oder was meistens der Fall ist, nur eingebildete, äußere Vorzüge und natürliche Gaben an uns sehen, die bei dem Nächsten nicht in die Augen springen, oder von unsern, durch Selbstgefälligkeit geblendeten Augen übersehn werden. Dahin gehören selbst solche natürliche Anlagen, welche den Schein geistlicher Gaben haben, wie eine natürliche Sanftmuth und Freundlichkeit, eine natürliche Weisheit und Ordnungsliebe, ein natürliches Gefühl für das Schickliche und Unschickliche, eine natür-

liche Arbeitslust. Aber sobald wir, wie Samuel, deshalb uns
ansehn und meinen, deswegen könne der Herr uns gebrauchen,
ruft er uns ernst in das Herz: „Siehe nicht an deine Gestalt,
noch die große Person, die du aus dir machst!" Merkwürdig,
von Eliab, den Samuel wegen seiner äußeren Gaben am
passendsten gehalten zu haben scheint, spricht der Herr am ern-
stesten und strengsten: „Ich habe ihn verworfen!" während es
von den Andern nur heißt: „Der Herr hat ihn nicht erwählet!"
Das ist des Herrn Weise noch immerdar. Wer sich wegen
äußerer Gaben besonders befähigt glaubt zum Arbeiter und
Streiter des Herrn, dem ruft der Herr am strengsten entgegen:
„Ich habe dich verworfen, wenigstens kann ich dich so nicht zu
meinem Rüstzeuge gebrauchen, auch nur das Geringste, was Bedeutung für die Ewigkeit hätte, durch dich auszuführen!"

II.

„Der Herr siehet das Herz an!" Doch daß ihr dieses
Wort nicht falsch versteht! Herz bedeutet in der heiligen Schrift
nicht ein gefühliges, leicht erregbares und zu rührendes Wesen,
oder einen sogenannten gutmüthigen Zug des Temperamentes,
wie man selbst an verkommenen Leuten ein gutes oder weiches
Herz rühmen hört. Herz bedeutet hier, wie allerorts in der
Bibel, das innere, geistige Leben des Menschen, die innerste
Quelle, woraus sein ganzes äußeres Wesen herfließt, die innere,
verborgene Werkstätte aller seiner Gedanken, Empfindungen
und Bestrebungen. In diese schaut Gott hinein. Er sieht
also damit, in welchem Zusammenhange und welcher Verbindung
der Mensch und dessen Gedanken, Worte und Werke mit ihm,
dem lebendigen Gott, stehn, und darnach trifft er seine Wahl.
— Zwar an natürlichen Anlagen fehlte es auch David durchaus nicht. „Er war bräunlich mit schönen Augen und guter
Gestalt!" Wenn nun der Herr sagt: „Auf! und salbe ihn,
denn Er ist es!" so wissen wir nach des Herrn eignem
Worte, daß David nicht dieser schönen Augen und
guten Gestalt, oder einer andern natürlichen Gabe wegen,
sondern daß er um seines innern, verborgenen Lebens
willen der Mann der Wahl, der Mann nach dem Herzen
Gottes war. Was ist es nun, was das Herz David's
so auszeichnete? In unserer Geschichte finden wir nur leise
Andeutungen. Wir müssen die Antwort in dem suchen, was
uns sonst von der ersten Lebenszeit David's erzählt wird. Im

25. Psalm betet er: „Gedenke nicht der Sünden meiner Jugend und meiner Uebertretungen." So viel sehn wir zu unserm großen Troste aus diesem Worte deutlich, nicht eine fleckenlose Jugend, nicht ein sündloses, engelreines Herz ist's, was der Herr sucht; denn er fände es nicht! Aber was war es denn, das in David's Herzen dem Herrn wohlgefiel? Im 22. Psalm bekennt David: „Denn Du hast mich aus meiner Mutter Leibe gezogen; Du warest meine Zuversicht, da ich noch an meiner Mutter Brüsten war. Auf Dich bin ich geworfen aus Mutterleibe. Du bist mein Gott von meiner Mutterleibe an." Und im 71. Psalm:*) „Denn Du bist meine Zuversicht, Herr, Herr, meine Hoffnung von meiner Jugend an. Auf Dich habe ich mich verlassen von Mutterleibe an, Du hast mich aus meiner Mutter Leibe gezogen; mein Ruhm ist immer von Dir. Gott, Du hast mich von Jugend auf gelehret, darum verkündige ich Deine Wunder." Der letzte Vers besonders läßt uns deutlich in David's Herz sehn: „Du hast mich von Jugend auf gelehret." Welchen äußerlichen Lehrer Gott dem David in seiner Jugend geschenkt hat, wissen wir nicht. Vielleicht nach Psalm 81, 16. die eigene Mutter, weil er sich darin den Sohn der Magd des Herrn nennt. Jedenfalls aber liegt in dem Wörtchen „Du" ausgedrückt, daß David nicht bloß einen äußerlichen Lehrer hatte, sondern daß Gott ihn innerlich lehrte. Zugleich liegt darin, daß David sich hat lehren lassen, daß er das Licht, was Gott ihm scheinen ließ, in sich aufnahm; oder mit andern Worten, daß David die Gnade und Erkenntniß, die ihm geboten wurde, willig und gewissenhaft annahm. An den Gott, der ihm offenbart wurde, schmiegte er sich kindlich hingebend an, ließ ihm und seinen Wirkungen sein innerstes Leben offen stehen, und wuchs sehnsüchtig verlangend ihm, dem Herrn seines Lebens, aus unbewußter Kindlichkeit zu bewußter Manneszuversicht immer mehr entgegen. Das ist's, was er in den angeführten Worten ausdrückt, und diese Treue und Gewissenhaftigkeit in der Ergreifung der dargebotenen Gnade und Erkenntniß, ist ja auch der erste Punkt, den ich als Grund der Wahl angab. Von David blicken wir auf die Anfänge seines Geschlechts. Warum wurde

---

*) Dieser Psalm hängt offenbar, was schon das Fehlen der Ueberschrift zeigt, mit dem 70. zusammen, ist also von David.

die Hure Rahab, die Heidin, von Gott erwählt, Stamm=
mutter Davids und des Davidssohnes zu werden?
Sie hatte, wie sie erzählt, gehört, welche Wunder der Herr
an den Kindern Israel gethan hatte. Das hatte sie zu Herzen
genommen, hatte mit diesem anvertrauten Pfunde treu gewuchert,
und während die übrigen Einwohner Jericho's nur gelernt
hatten, zu zittern, aber nicht sich zu beugen vor diesem Gott,
hatte sie durch die treue Benutzung des Gehörten sich bis zu
dem Bekenntniß durchgearbeitet: „Der Herr, euer Gott, ist
ein Gott beides oben im Himmel und unten auf Erden."
(Josua 2, 11.) Warum wurde Ruth, die Moabitin, erwählt,
die nähere Stammmutter des Hauses Davids zu werden?
Die Antwort ist wieder dieselbe. Was sie durch ihre Schwieger=
mutter Naemi vom lebendigen Gott und dessen Volke hörte,
das nahm sie mit solcher Treue auf, daß sie sagen konnte:
„Dein Volk ist mein Volk, und Dein Gott ist mein
Gott!" Warum wurden von allen Heiden zwischen dem
Euphrat und dem Meere die Weisen aus dem Morgenlande,
das cananäische Weiblein, der Hauptmann von Capernaum,
der Hauptmann Cornelius erwählt? Ich weiß wieder nur
dieselbe Antwort: weil sie den Schimmer des Lichts, den Gott
ihnen strahlen ließ, sehnsüchtig und gewissenhaft auffingen und
ihn im Herzen leuchten ließen. Was wir in den angeführten
Geschichten als einzelne Beispiele sehn, spricht Petrus in
der Geschichte des Hauptmanns Cornelius als einen allge=
meinen Grundsatz im Reiche Gottes aus in dem so oft miß=
brauchten Worte: „Nun erfahre ich in der Wahrheit,
daß Gott die Person nicht ansieht, sondern in
allerlei Volk, wer Gott fürchtet, und recht thut,
der ist ihm angenehm!" (Ap.=Gesch. 10, 34. 35.) Wer
Gott fürchtet, d. h. wer das Maß der Erkenntniß, was er
von Gott hat, wirklich in sich leben und wirken läßt, und
dadurch zu einer Unterwerfung unter Gott kommt, wer die
ihm widerfahrende Gnade, seien es nun Tröpflein oder Regen=
güsse, wie ein durstiges Land in sich aufsaugt, das Wort des
Herrn, was er hört, seien es nun blos einzelne Sprüchlein, oder
der gesammte Rath Gottes zu unserer Seligkeit, behält und
bewahrt in einem nachdenksamen Herzen, der ist Gott angenehm,
von dem befiehlt er: „Auf und salbe ihn, denn er ist es, den
ich gebrauche, der ein Knecht oder eine Magd nach meinem
Herzen werden kann!" Wer aber in der Benutzung der ihm

dargebotenen geistlichen Gaben und Gnaden nicht treu und gewissenhaft ist, sondern dieselben unbeachtet läßt, den kann der Herr für seine Arbeit nicht gebrauchen. Wie hoffnungerweckend, ja glänzend seine natürlichen Anlagen auch sein mögen, es heißt doch: „Diesen hat der Herr auch nicht erwählet!" — Nun muß ich eine Frage an euer Gewissen richten. Ich frage nicht: ist das Maß eurer Erkenntniß groß oder klein? hat Gott euch sein Wort reichlich oder spärlich gegeben? Ich frage: gehört ihr zu denen, die das Maß der geistlichen Gnaden, das ihnen angeboten ist, freudig angenommen, und mit Treue bewahrt und gepflegt haben? Ich frage: seid ihr, wie die Blumen, die verschlossen im finstern Raume, auch dem matten Lichtschimmer sich entgegen strecken? und wenn euch volleres Licht scheint, betet ihr, und könnet ihr beten: „Wie die zarten Blumen Willig sich entfalten, Und der Sonne stille halten, Laß mich so, Still und froh, Deine Strahlen fassen Und dich wirken lassen!" Ist's so, oder gehören wir zu denen, zu welchen der Herr sagen muß: „**Ist es nicht genug, daß ihr so gute Weide habt, und so überflüssig, daß ihr es mit Füßen tretet, und so schöne Börne zu trinken, so überflüssig, daß ihr darein tretet, und sie trübe macht?**" (Hes. 34, 18.)

III.

Wer die angebotene Gnade Gottes treu benutzt, der kann nicht anders, er muß auch in seiner Arbeit treu sein, muß mit lauterm Eifer und stillem Gehorsam das Amt verrichten, was ihm übertragen ist. Das ist der dritte Punkt. — Um auch über diesen zur Klarheit zu kommen, müssen wir wieder in unsere Geschichte zurückgehen. „Siehe, er hütet der Heerde!" sagt Isai von David. Wisset ihr, wie David die Heerde gehütet hat? Er erzählt es 1 Sam. 17, 34. 35. dem König Saul. „Dein Knecht hütete der Schafe seines Vaters, und es kam ein Löwe und ein Bär und trug ein Schaf weg von der Heerde. Und ich lief ihm nach und schlug ihn, und errettete es aus seinem Maul. Und da er sich über mich machte, ergriff ich ihn bei seinem Bart und schlug ihn und tödtete ihn." Da lerne brennenden Eifer, treuen Gehorsam für dein Amt! Nicht ein Schaf, das ihm anvertraut war, wollte er Preis geben. Lieber das Leben verlieren, als lässig, schläfrig, träge, selbstsüchtig in der anvertrauten Arbeit sein! Aber auch von dieser

That gilt das Wort des Herrn: „Der Herr siehet das Herz an!" Nicht, um so zu sagen, die Ritterlichkeit und Kühnheit der That ist das, was nach Gottes Herzen ist, sondern die Treue in der That, und der Eifer in der Treue, und die Lauterkeit in dem Eifer. So wurde diese That hinter den Hürden ein Vorbild dessen, was er einst als König für sein Volk thun sollte, und was bereinst sein Sohn nach dem Fleisch für alle Welt thun wollte.

Von David blicken wir wieder auf die Stammmutter seines Geschlechts und auf die übrigen Männer und Frauen, die ich vorhin anführte. Rahab, der Erkenntniß des lebendigen Gottes folgend, beschützte sofort mit Gefahr des eignen Lebens die Boten Gottes. Ruth, getrieben von derselben Erkenntniß, verließ um ihrer Schwiegermutter, der verlassenen Wittwe willen, Vaterland und Freundschaft, und redete die treuen, brennend eifrigen Worte: „Rede mir nicht darein, daß ich dich verlassen sollte und von dir umkehren. Wo du hingehest, da will ich auch hingehen; wo du bleibst, da bleibe ich auch. Dein Volk ist mein Volk, und dein Gott ist mein Gott. Wo du stirbst, da sterbe ich auch, da will ich auch begraben werden. Der Herr thue mir dies und das, der Tod muß mich und dich scheiden" Ruth 1, 16. ff. Die Weisen pilgerten ohne Ruhe und Rast von jenseits des Euphrat über Berg und Ströme und durch Wüsten und heißen Sonnenbrand, während man zu Jerusalem stille saß, und sich nicht regte. Das cananäische Weib kämpfte mit Christo um ihre Tochter bis auf's Blut. Der Hauptmann zu Capernaum bauete den Juden die Schule und sorgte, wie ein Vater, für seinen kranken Knecht; und Cornelius war voller Almosen, die er that.

Um Leute nach Gottes Herzen zu sein, brauchen wir vorläufig Löwen und Bären nicht Stand zu halten, wenn wir nur vor den kleinen widrigen Vorkommnissen und täglichen Schwierigkeiten unsers Amtes nicht wie Miethlinge fliehen wollten. Gott hat noch nicht von uns begehrt, daß wir das Leben bei unserer Arbeit auf's Spiel setzen. Er will nur, daß wir ohne Selbstsucht, ohne Schonung der eignen Gemächlichkeit, Behaglichkeit und Bequemlichkeit treu, ehrlich, eifrig unsere kleine und geringe Arbeit thun. Wenn er uns nun vorübergehn ließe, und hierauf unser Herz ansähe: würden wir erwählet zu seinen Knechten, oder verworfen? Wenn wir dort, wohin wir gesandt wurden, vielleicht eine Fliege summen, oder wenn's hoch kam, einen Huud bellen hörten, ist's uns da nicht oft gegangen wie dem Faulen, der da spricht: „Es ist ein Löwe draußen; ich möchte erwürgt werden auf der Gasse." (Spr. 22, 13.) Und solches weichliche, auf sich selbst und seine Gemächlichkeit immerfort so leidig Rücksicht nehmende Wesen, soll dem Herrn wohlgefällig sein? Ich fürchte, es müssen zu Viele die Stimme hören: „Diesen hat der Herr auch nicht erwählet!"

IV.

Wir kommen zum vierten und letzten Punkt, der Blüthe und Krone alles dessen, was wir bisher gehört haben. Das ist die bescheidene Schweigsamkeit, die stille Demuth, die auch, nachdem die Arbeit gelungen ist, sich nicht ruhmredig hervordrängt, sondern wartet, bis der Herr sie hervorzieht. Lasset uns auf David sehn! Wiewohl er jene kühne That gethan hatte, posaunte er sie nicht aus, sondern hielt stillen Mund, und ließ sie Gott allein gesehen haben. Niemand wußte darum. Er erzählte sie auch erst gezwungen, und auch da nicht, um zu zeigen, daß er etwas vermöchte, sondern daß Gott auch durch schwache, unbekannte, verachtete Leute etwas ausrichten könnte. (1 Sam. 17, 27.) Aber, fragt ihr, woher weißt du, daß David in Demuth geschwiegen und nicht versucht hat, sich hervorzubrängen, und hinter den Schafen weg zu kommen? Schaut nur einfach die Geschichte an, so werdet ihr erkennen, woher ich das weiß. Aus der ganzen schon vorhin erwähnten Art, wie Isai, der Vater, David behandelte, sehn wir zunächst, daß er gering von ihm und seinen Thaten dachte. Selbst als Samuel fragte: „Sind das die Knaben alle?" machte Isai noch nicht einmal Miene, den Kleinsten, der die Schafe hütete, rufen zu lassen, so daß Samuel mit drängendem Ernst ihm gebieten mußte: „Sende hin und laß ihn holen, denn wir werden uns nicht setzen, bis er herkommt!" Daraus geht klar hervor, daß David niemals etwas zu seinem Vater von jenem Sieg über den Löwen und Bären gesagt hat. Denn das war doch wahrlich etwas Großes und Seltenes, daß ein junger Knabe, ohne Wehr und Waffen, mit bloßer Hand einen Löwen und Bären zerriß. Simson, der den Löwen erwürgt hatte, war darum eben ja in aller Munde. Hätte David nur eine Silbe von jener That, wie keiner seiner Brüder eine vollbracht hatte, erzählt, so würde der Vater ihn

ohne Zweifel mit ganz andern Augen angesehn und mit andern
Worten von ihm gesprochen haben. — Wiewohl David die Zu=
rücksetzung in seines Vaters Hause fühlen mußte, — denn Zu=
rücksetzung merkt ein Adamskind nur zu leicht —, wurde er
nicht empfindlich, gekränkt, verletzt, sondern die Demuth gab
ihm Muth, fort und fort treu und eifrig seines Vaters Schafe
zu weiden. Das ist angenehm vor dem Herrn! Wie still darum und
verborgen David auch vor Menschen wandelte, wie sehr er vom
eignen Vater in den Hintergrund gestellt wurde, des Herrn Auge
hatte ihn durchschaut, des Herrn Hand wußte ihn zu finden, und
hinter den Schafhürden hervorzuholen. „Sende hin und laß ihn
holen." Und als er eintrat, gebot Gott: „Auf und salbe ihn,
denn er ist es!" „Da nahm Samuel sein Oelhorn und salbte
ihn mitten unter seinen Brüdern," nicht in der Stille, wie
einst den Saul, sondern vor den Augen derer, die ihn ver=
achtet, und hinter denen er zurückgesetzt war!

Von David wieder auf seine Mutter Ruth. Leset ihre
Geschichte, wie sie Aehren las in aller Stille, wie sie von
Naemi fast gezwungen werden mußte, Boas sich zu Füßen
zu legen, und ihr findet eine so liebliche Demuth, eine so be=
scheidene Schweigsamkeit und zarte Zurückgezogenheit, daß man
nicht müde wird, ihr Bild zu betrachten. Die Demuth des
cananäischen Weibleins, die nicht empfindlich wurde, als der Herr
von Hunden sprach, kennt ihr. Auch vom Hauptmann zu
Capernaum wißt ihr, daß er nicht ein Wort davon sagte, daß
er die Schule gebaut habe, daß er aber wohl sagte: „Herr,
ich bin nicht werth, daß Du unter mein Dach gehest!" Solche
Geister sind Leute nach dem Herzen Gottes. Wenn der Herr
nun uns sieht und findet, kann er sagen:

„Ich hab' einen guten Schatz gefunden,
Treu von Herzen und still von Munden?"

Ach, Geliebte, wir wollen nicht Lügner sein. Unsere Treue war
oft sehr schlecht, und unsere Arbeit lau, lässig und unlauter,
und geschah nicht um Gottes willen und aus Gehorsam!
Dennoch thun wir den Mund weit auf, und wissen von
unserer Vortrefflichkeit und Wichtigkeit und Bedeutung und
unserer Arbeit und unserm Verdienste viel zu reden und zu
rühmen, wenn nicht vor Anderer Ohren, so doch desto mehr
vor unserm eignen Herzen! Und hätte nun einmal gar Einer
dem Löwen in die Zähne gegriffen, so würde man vielleicht

vor seinem Rühmen sich nicht zu retten wissen. Es sollte Einer nur einmal hier eine solche Behandlung und Zurücksetzung erfahren, wie David in seines Vaters Hause, da wollt' ich sehn, ob er mit demselben freudigen Gehorsam, ohne Empfindsamkeit, ohne bitteres Gefühl der Kränkung und Verletzung an seine ruhmlose Arbeit ginge! Ich wenigstens muß hier an meine Brust schlagen und rufen: „Verwirf mich nicht von Deinem Angesicht!" Wo die verborgene Schweigsamkeit und Demuth blüht, dahin schaut des Herrn Auge. Seine Hand findet den Demüthigen und zieht ihn hervor: „Auf! den salbe, der ist es! den kann ich in meinem Dienst gebrauchen." Da wird denn die Demuth vor den Augen der Ruhmredigen und ihrer Verächter und Hasser mit Gnade gekrönt, und zu Ehren gemacht, nach dem Worte des Herrn: „Wer mir dienen wird, den wird mein Vater ehren!" Joh. 12, 26.

Hier schließe ich heute. Die erste Antwort auf die Frage: Wer ist ein Mann nach dem Herzen Gottes? haben wir gefunden. Damit Jeder aus derselben ewigen Segen gewinne, werfe ich, in dem Namen des Herrn, einem Jeden die Frage ins Gewissen: „Bist Du ein Mann nach dem Herzen Gottes?" Amen.

Noch nicht.

Oft aus meiner stillen Enge
Schau ich in den Streit der Welt,
Wie der Feinde stolze Menge
Tobet wider Zions Zelt;
Dann im Herzen hör' ich's mahnen:
„Auf! Hinaus zu Jesu Fahnen!"

Herr, Du kennst des Geistes Sehnen,
Wie in dieser bösen Zeit
Ich auch mit Gebet und Thränen
Eilen möcht in Deinen Streit.
Doch ich bin Dir noch nicht nütze
In des heil'gen Kampfes Hitze.

Wie einst David bei den Hürden,
Bild' durch Deines Mundes Hauch
Unter Freuden, unter Bürden
Mich nach Deinem Herzen auch,
Bis Du selbst mich einst wirst mahnen:
„Auf! Hinaus zu meinen Fahnen!"

Zweite Predigt.

1. Sam. 16, 13 — 23.

Die Salbung des Erwählten.

———

Wer ist der Mann nach dem Herzen Gottes? Wer ist zu der Ehre erwählt, Handlanger des Allerhöchsten zu sein? Die vorige Predigt gab uns die erste Antwort auf diese Fragen. Bist du ein Mann nach dem Herzen Gottes, tauglich zu seinem Rüstzeuge? Mit dieser Frage im Gewissen verließen wir das Gotteshaus, um daheim im Stillen Antwort auf dieselbe zu suchen. Haben wir gesucht? Haben wir gefunden? Ich weiß es nicht. Aber das weiß ich: wer nicht gesucht hat, der hat auch nicht gefunden, oder ich will lieber sagen, der hat nichts gefunden, als das Alte, was er mit seinen hohen Augen schon lange entdeckt hatte, nämlich, daß er ein vortrefflicher Mensch sei, und in manchen Stücken besser und brauchbarer, als hundert Andere. Wer aber mit Ernst und bei dem Lichte des damals gehörten Wortes sein Wesen durchforscht hat, der ist ohne Zweifel inne geworden, daß er sehr viele Ursache hat, schamroth zu werden und niedrig in seinen Augen. Wohlan! Jeder, der Angesichts jener ersten Geschichte aus dem Leben Davids seine Augen nicht wagt aufzuheben, der soll fröhlich sein Haupt aufrichten, denn Er ist es, den der Herr wählt, Streiter zu sein in seinem h. Kampfe. Und wen der Herr zum Streiter wählt, dem reicht er auch Wehr und Waffe, womit die Siegeskrone erfochten werden kann. Laßt uns der verlesenen Geschichte, die eben hiervon handelt, näher treten. Ihr Inhalt ist:

Die Salbung des Erwählten.*)

I. Wen der Herr zu seinem Knecht erwählt, den läßt er vor der Arbeit mit Kraft aus der Höhe salben.

II. Die Salbung giebt nicht sofort die Königskrone, sondern sie führt erst in die Niedrigkeit und Tiefe.

III. Die Salbung vernichtet nicht die natürlichen Gaben und Kräfte, sondern heiligt sie und macht sie tüchtig zum Dienst des Herrn.

I.

„Und der Herr sprach: Auf! und salbe ihn, denn Er ist es!" Das ist ein Wort voll Lebenskraft, ein Spiegel der Gnade Gottes! Merket! Der Herr spricht nicht zu David: „Du bist es, d. h. du sollst mein Knecht und Streiter sein; du sollst meine Last tragen; du sollst für mich arbeiten und leiden, unter dem Drucke der Arbeit bis zu Boden gebeuget und zu Staub zermalmet werden; dich um meinetwillen krümmen, wie ein Wurm!" Er sagt vielmehr zu Samuel: „Auf und salbe ihn!" Theile ihm durch die Salbung meine Kraft mit, die Kraft aus der Höhe, den Geist von meinem Geiste, der da stärker ist, denn Alles, der hebet und trägt, wie ein Adler seine Jungen, der ein Geist der Freuden ist und das gewisse Unterpfand des Sieges." Und erst nach dieser Verheißung, die im Befehle der Salbung eingeschlossen liegt, sagt er: „Denn Er ist es, Er ist mein Erwählter, mein Knecht, der für mich arbeiten, streiten und dulden muß." Aber nein, das Letztere sagt er nicht einmal. Er verschweigt noch ganz und gar, wie viel er um seines Namens willen leiden müßte. Dem Worte Gottes gehorsam, „nahm Samuel sein Oelhorn und salbte David mitten unter seinen Brüdern. Und der Geist des Herrn gerieth über David von dem Tage an und fürder." Ehe also David noch einen Auftrag und Befehl erhielt, ehe er zur Arbeit und zum Leiden berufen ward, kommt der Geist

---

*) Es ist hier nachzulesen, was über die Bedeutung der Königssalbung in der Geschichte Saul's S. 27 ff. gesagt ist. Dasselbe gilt von David in noch höherm Grade, soll aber, wiewohl es sehr wichtig ist, hier nicht wiederholt werden.

des Herrn in reichem Maße über ihn, und mit ihm zugleich die Kraft, alles zu thun und zu leiden, was des Herrn ewiger Liebesrathschluß ihm auferlegen mußte. Das ist die Weise des Herrn: ehe er fordert, giebt er! Die todte Natur schon ist uns davon ein Zeugniß. Er fordert nicht, daß die Erde von ihr selbst Knospen, Blumen und Früchte bringe, sondern er macht das Erdreich fruchtbar, er tränket es von oben her mit Frühregen und Spatregen, er läßt seine Sonne scheinen, er giebt dem Keime Lebenskraft. In höherm und herrlicherm Maße wiederholt sich dasselbe im Geistigen. Die Art des natürlichen Menschen freilich ist es, zu wähnen, daß er Alles durch sich selbst hervorbringen müsse, daß Gott in der Arbeit und in Leiden mehr verlangt, als von ihm verlangt werden darf. Moses wies in diesem Wahne die Berufung zum Knechte des Herrn mit den Worten von sich: „Ich bin je und je nicht wohl beredt gewesen. Sende, wen du senden willst!" Jonas floh aus demselben Grunde vor dem Auftrage Gottes, der gewaltigen Stadt Ninive die Strafe zu verkündigen, auf's Meer. Elias jammerte: „Es ist genug, so nimm nun, Herr, meine Seele!" Jeremias antwortete: „Ich bin zu jung zum Predigen!" Der Herr selbst hat diese Furcht des natürlichen, hoffärtigen und darum eben auch muthlosen und murrenden Menschenherzens den Knecht im Gleichniß in den Worten aussprechen lassen: „Ich fürchtete mich vor dir, denn du bist ein harter Mann; du nimmst, das du nicht geleget hast, und erntest, das du nicht gesäet hast!" (Luk. 19, 21.) Wenn solche Reden und Gedanken in uns aufsteigen, so wolle der gnädige Gott sie mit seinem Worte niederdonnern: „Du Schalk! Wußtest du, daß ich ein harter Mann bin, nehme, das ich nicht geleget habe, und ernte, das ich nicht gesäet habe?" Fürwahr, er ist kein harter Mann!

Sehet nur in die Geschichte des Volkes Gottes! Ehe er von Moses verlangte, vor Pharao zu treten und sein Volk aus Egypten zu führen, wie hat er da erst in immer neuen Strömen seine Verheißungen auf seinen Knecht herniederregnen lassen! Als Gideon die Midianiter schlagen sollte, wie einen einzelnen Mann, sandte der Herr vorher seinen Engel zu ihm mit dem lebenskräftigen Gruße: „Der Herr mit dir, du streitbarer Held!" Dieses ist so sehr die Weise des Herrn, daß nicht allein David, daß auch der Davids- und Gottessohn, ehe er sein Werk und Amt der Erlösung der Welt antrat, mit dem h. Geiste gesalbt wurde. Das Alles ist uns ungläubigen und zaghaften Menschen zum Troste geschrieben. Der Herr fordert auch heute nichts von seinen Jüngern, er habe ihnen denn vorher gegeben. Er drängt freilich seine Gaben Niemandem auf. Er zwingt keine Seele, sich seine Gnadenfülle in den Schooß schütten zu lassen. Es ist unsererseits möglich, daß wir das Angebotene nicht sehen, nicht achten, nicht wollen, in den Koth werfen und mit Füßen treten. Ein Beispiel davon haben wir in unserer Geschichte an Saul. Er war auch gesalbt. Er hatte die seligen Wirkungen der Salbung empfangen. Er wies sie aber später durch Widerstreben von sich. Da wich der Geist Gottes von ihm. Wer aber nicht widerstrebt, sondern seinem Herrn und Gott kindlich empfangend stille hält, dem bietet der reiche Gott in seiner zuvorkommenden Gnade Alles an, was zum Leben und göttlichen Wandel dient, was zur treuen Erfüllung der übertragenen Arbeit nothwendig ist. Denn treu ist er, der euch rufet, welcher wird es auch thun. (1 Thess. 5, 24.) Gott legt uns eine Last auf, aber er hilft uns auch. (Ps. 68, 20.) Er will Werke von unserer Hand, und zwar gute Werke. Aber er fordert sie nicht von der alten Creatur, sondern hat uns in der Taufe, der rechten Salbung, die Macht gegeben, eine neue Creatur zu werden. „Wir sind sein Werk, geschaffen in Christo Jesu zu guten Werken, zu welchen Gott uns zuvor bereitet hat, daß wir darinnen wandeln sollen." (Eph. 2, 10.) Was Paulus von sich selbst bezeugt, wisset ihr. „Ich habe mehr gearbeitet, als sie Alle, doch aber nicht ich, sondern Gottes Gnade, die mit mir ist!" Meine Lieben, ich habe euch dieses so weitläufig vorgehalten, damit ihr daraus eine Freudigkeit gewinnt, euer Recht kennen zu lernen. Ihr dürfet oder sollet vielmehr in eurer Arbeit euch glaubenskühn vor den Herrn hinstellen oder vor ihm niederwerfen und mit ihm also reden: „Willst du, daß ich dein Knecht, deine Magd sei, so gieb mir durch deine Salbung, deinen Geist die Weisheit, die mir Licht giebt, deine Kraft, die mich Alles hinausführen lehrt, die Liebe und Geduld, die mir stündlich nöthig ist. Du hast mich zu diesem Werke berufen; so vollende du selbst denn das Werk in mir oder durch mich, denn ich vermag's nicht, wie du auch selber wohl weißt." Solch freudiges Pochen auf unsere Salbung, unser Kindesrecht, ist sehr angenehm vor seinen Ohren. Darum soll die Seele, die Braut, immerdar fröhlich mit Sulamith rufen: „Mein Freund komme

in seinen Garten und esse seiner edlen Früchte."
Hohel. 4, 17.

  Ich will dir bringen, was ich kann,
  Was du mir erst gegeben.
  Willst du noch mehr, so gieb es mir,
  Ich will es wieder bringen dir!

II.

Wir können zum 2. Punkt übergehn. Als wir in der vorigen Predigt die Salbung Davids mit der Sauls verglichen, bemerkten wir, daß Saul in der Einsamkeit, David vor den Augen derer gesalbt wurde, die ihn verachtet hatten. Heute müssen wir auf einen zweiten, noch bedeutsameren Unterschied achten. Dem Saul offenbarte Samuel sogleich den Zweck der Salbung. Dem Sohne Isais hingegen blieb die Bedeutung und das Ziel der Salbung vorerst ein heiliges Geheimniß. Aus Samuels Munde kam kein Wort, welches dasselbe enthüllt hätte. Denn sobald der Prophet seinen Auftrag ausgeführt hatte, machte er sich wieder auf und ging gen Rama. (V. 16.) Da stand der Gesalbte wieder allein und verlassen da. Ihm war die Königskrone bestimmt, aber er wußte es nicht. Noch vielweniger wurde sie ihm sofort auf's Haupt gesetzt. Er mußte wieder in die Niedrigkeit hinein. Obschon alle seine Brüder und sein Vater seine Salbung mit angesehen hatten und sich vor ihm dereinst beugen sollten, mußte er doch erst wieder ihr Diener werden, mußte die Schafe hüten, wie er vorher gethan hatte. Da fragst du: „Wo ist da die Ehrenkrone? wo der Königsthron? Ist das das Loos des von Gott Gesalbten? Das seine Ehre, die Gott ihm vor seinen Verächtern giebt, daß er unter alle sich erniedrigen, aller Knecht sein und bleiben muß?" Du siehst, es ist so!

Doch es währte ja nur kurze Zeit, daß der Gesalbte im Knechtsgewande hinter den Schafen einhergehen mußte. Er wurde sehr bald, wir sehn es schon in unserer Geschichte, an den Königshof gezogen. Saul gewann ihn sehr lieb, machte ihn zu seinem Waffenträger und ließ Isai sagen: „Laß David vor mir bleiben, denn er hat Gnade gefunden vor meinen Augen!" (V. 17, ff.) War das nicht der Anfang zu seiner Ehre, zu seinem Steigen? Ob David das in seinem Herzen gedacht hat, als er an den Königshof kam und Saul ihn lieb gewann? Es wird uns nicht erzählt. Aber hat er dergleichen hochfahrende

Gedanken gehabt, so hat Gott ihn treulich gedemüthigt, ihn gründlich in die Tiefe gestoßen. Der erste Schritt in das Königshaus Sauls, des vom bösen Geiste Getriebenen, war auch der erste Schritt aus dem stillen, friedlichen Leben, das er bei seines Vaters Heerde gehabt hatte, in jenes rothe und tiefe Meer der Leiden, in dem, wie wir wissen, Noth, Ungemach, Elend, Jammer, Schmerz, Todesangst sich rastlos folgten, wie in dem wilden Meere eine Welle die andere drängt. Und dennoch ist dieser Weg die rechte Straße für die von Gott zum heil. Königthum Gesalbten, für die zur Krone Erwählten, wie auch. David selbst im 18. Ps. bekennt: „Wenn du mich demüthigest, machst du mich groß!" Und wie wir singen:

Ich weiß, wen du willst herrlich zieren
Und über Sonn' und Sterne führen,
Den führest du zuerst hinab!

So ist David das weissagende Vorbild seines Sohnes und seines Herrn, unseres Heilandes, geworden. Wie David bis zu der Stunde, wo Gott ihn öffentlich hervorzog, in tiefer Verborgenheit bei den Schafen lebte, so mußte der Herr dreißig Jahre im unberühmten Nazareth, im Hause des Zimmermanns weilen, still, niedrig, unbeachtet. Wie David nach seiner Salbung wieder in die Einsamkeit und Niedrigkeit zurückgeführt wurde, so wurde der Herr, nachdem er gesalbt war, nachdem der Himmel über ihm sich aufgethan und die Stimme Gottes gerufen hatte: „Dies ist mein lieber Sohn, an dem ich Wohlgefallen habe!" vom Geist in die Wüste geführt, auf daß er von dem Teufel versuchet würde. Wie David mit Gnade von Saul aufgenommen und hernach von ihm bis in den Tod gehaßt und verfolgt wurde, so wurde auch Christus bei seinem ersten Hervortreten ob seiner gewaltigen und holdseligen Worte hoch gepriesen, aber hernachmals wurde ihm die Dornenkrone auf's Haupt gedrückt. Aber wir wissen, der Weg an's Kreuz war der Weg zum Weltenthrone, vor dem nun Aller Kniee sich beugen müssen.

Thut's nun noch noth, daß ich das Gesagte in das einzelne Gewissen zu drücken suche? Wer dem Herrn dienen und seine Salbung empfangen will oder empfangen hat, der lasse sich hinfort nicht mehr von seiner Hoffahrt betrügen, nach hohen Dingen, nach Ehrenkronen, nach Ansehn, Lob und Geltung zu trachten.

Wen Gott öffentlich vor seinen Feinden und Verächtern durch die Salbung beruft, der muß, wie David und der Davids-Sohn, gerade vor diesen Hassern und Verächtern niedrig, muß ihrer Aller Knecht und Magd werden. Darin besteht die Ehre, deren Gott den Gesalbten theilhaftig machen will, und der Ruhm, dessen er ihn würdigt, nicht allein als der Allergeringste dargestellt zu werden, sondern auch als ein Schauspiel der Welt und der Engel und der Menschen, als ein Fluch der Welt und ein Fegopfer aller Leute. Kor. 4, 9. 13: Sobald über einen Menschen der Himmel sich öffnet, die Salbung des Geistes auf ihn herabkommt, und der Vater vor seinem Erstgebornen und vor allen Engeln bezeugt: „Diesen habe ich erwählt! Er ist mein lieber Sohn! an ihm habe ich Wohlgefallen!" dann wird er auch sofort von demselben Geist, mit dem er gesalbt ward, in die Wüste geführt, wo seine Seele oft länger als vierzig Tage hungern und dursten muß, und auch sein Gebeine zerschlagen wird. Je mehr uns der Wahn eingeboren ist, daß die Geliebten Gottes auf gebahnten Straßen und zu Ehrenämtern geführt werden, desto ernster und aufrichtiger muß unser Herz jenem verderblichen Wahne die freimachende Wahrheit entgegenstellen: daß der erste Segen der Salbung das Knechtsgewand, das Wüstenleben, das Fasten ist. — Wir harren nicht gern in solchem Leben, im Dienerstande aus. Das nach hohen Dingen schielende Auge sucht einen Ausweg. Sobald Gottes Hand uns auf eine kleine Höhe und ein wenig in die Weite führt, sobald wähnen wir, jetzt komme der Stand der Erhöhung und die Zeit des Steigens, der Anerkennung, der schönen Erfolge. Meine arme, leidensscheue, hochmüthige Seele, gedenke doch an David! wenn des Herrn Hand dich aus der Niedrigkeit heraus und an den Königshof führt, ich meine, dich etwas sein läßt vor den Leuten, dann wird er ganz sicherlich nach der ersten, kurzen Freudenzeit die Leiden und Nöthen in Haufen hinterher senden.

III.

Die Salbung, — wir sehen es, — drückt tief in den Staub, nimmt alle hochfliegende Pläne, zerstört gründlich alle Phantasieschlösser einer goldenen Zukunft, die ein Christ sich gebaut hat. Aber sie zermalmt nur die alte, hoffärtige Natur; nicht die natürlichen Gaben und Kräfte. David hatte viele und herrliche Naturanlagen, die bescheiden in ihm blühten, wie eine

Blume im Grase. Er war nicht, — das haben wir deutlich genug erkannt, — dieser Naturgaben wegen berufen. Nun aber, da er berufen und gesalbet war, wurden dieselben durch den Geist der Salbung gereinigt und verklärt. Vornehmlich hatte er die Gabe, es wohl zu können auf Saitenspiel. Diese Gabe des Liedes und der edlen Musika brach gerade nach seiner Salbung sich so mächtig Bahn, daß sie bis zu Sauls Ohren drang und ihn an den Königshof zog, wo Gott seinen geheimen, wunderbaren Rathschluß mit seinem Erwählten auszuführen begann. War auch Saul verworfen, daß er über das Haus des Herrn nicht König wäre, so hatte der Herr doch immer noch Gedanken des Friedens mit ihm und wollte seine Seele retten. Er brachte David zu ihm, in dessen Seele der Freuden- und Friedensgeist herrschte, während Saul wegen seines Abfalls vom Geist der Unruhe, des Unfriedens, der innern Zerrissenheit geängstet wurde. „Wenn nun der Geist Gottes (d. i. der böse, von Gott zur Strafe gesandte Geist) über Saul kam, so nahm David die Harfe und spielte mit seiner Hand, so erquickte sich Saul und es ward besser mit ihm, und der böse Geist wich von ihm." (V. 23.)

Da siehest du, wie Gott einer armen Seele durch die natürlichen Gaben seiner Knechte so wohl thun kann! wie er durch sie selbst den finstern Geist bannt und dem Friedensgeist Wege bereitet! Und nachdem David vom Herrn erst in die Kelter genommen und in den Ofen der Trübsal geworfen war, wurden sein Harfenspiel und seine Liederkunst ganz in den Dienst des Allerhöchsten gestellt. Nirgends tönt das Lob des Herrn, des Heiligen in Israel, so lieblich und wieder so gewaltig, als in den Lobliedern Davids. Er schuf durch die Chöre der Sänger mit ihren Harfen, Cymbeln, Psaltern und Panken jene schönen Gottesdienste des Herrn, welche das Herz der Frommen des alten Bundes mit heiliger Freude füllten, und, die ein Vorbild des ewigen Gottesdienstes im Tempel des neuen Jerusalem sind. Er führt uns durch seine Psalmlieder in die tiefsten Tiefen der Buße und auf die Felsenhöhen des Glaubens. Was die Herzen der Knechte Gottes jemals bewegt, es klingt Alles in seinem Saitenspiele wieder. Wer will die betrübten und angefochtenen Seelen zählen, in die er Ruhe und Frieden gesungen hat, die hungrigen Herzen, die in seinen Liedern Wonne, die umnachteten Augen, die in ihnen Licht gefunden haben!

Aehnliche Wunderthaten hat Gott durch die von ihm verliehenen, von seinem Geiste erklärten Naturgaben aller seiner Knechte gewirkt! Paulus hatte die natürliche Gabe einer klaren Erkenntniß. Darum konnte er uns die christliche Lehre in solcher Klarheit und Bestimmtheit, in so innigem, festem Zusammenhange vor Augen legen, wie kein anderer Apostel. Er hatte einen umfassenden Blick, ein weites Herz, ein Auge, was die Bedürfnisse der Menschen erkannte, eine Natur, die sich allen Lagen und Bedürfnissen anzuschmiegen verstand. Dadurch wurde er den Juden ein Jude, den Griechen ein Grieche, den Schwachen ein Schwacher, Allen Alles, um ja allenthalben Etliche selig zu machen. Er war bewandert in den Schriften der Heiden und ihrer Poeten. Auf dem Richtplatz in Athen mußten diese weltlichen Kenntnisse ihm dienen, die Athener mit ihren eigenen Waffen zu überwinden. — Petrus hatte ein rasches, ungestümes, feuriges, fest wollendes, gewaltig mit sich fortreißendes Temperament. Als dieses vom Feuer des heiligen Geistes geklärt war, benutzte es der Herr, seine heilige Kirche dadurch zu gründen. — Johannes war eine jener nachdenksamen, in sich gekehrten Naturen, die in das Innere der Dinge zu bringen streben. Sein Evangelium, das Luther das Herz Christi nennt, enthüllt uns darum die tiefsten Geheimnisse der göttlichen Natur Jesu, und in seinen Briefen ist uns das innerste Wesen dankbarer Gegenliebe der Erlösten geoffenbart. Meine Freunde, laßt uns dem Herrn danken, der solche Macht dem Menschen und seinen natürlichen Anlagen gegeben hat! Vergesset niemals, was uns die vorige Predigt gelehrt hat, daß Niemand wegen besonderer Anlagen zum Dienste Gottes geschickt ist. Aber vergesset auch nicht, daß die natürlichen Gaben nicht verachtet, nicht im Schweißtuche vergraben, sondern geheiligt und in den Dienst des Herrn gestellt werden sollen. Ihr wisset, wie es jenem Schalk, dem faulen Knechte erging, der da meinte, daß er mit dem einen Pfunde nichts wirken könne.

Geliebte, wem Gott zehn, wem fünf, wem ein Pfund, wem er große, wem er geringere Gaben anvertrauen will, das hat er seiner Weisheit vorbehalten. Aber ein Pfund hat jeder seiner Knechte empfangen. Wenn dasselbe bloße Naturgabe bleibt, vergeht es mit der Natur. Wenn es aber verklärt und zur Ehre des Herrn und zum Heile der Brüder gebraucht wird, hat es Werth und Bedeutung für die Ewigkeit. Singe denn, wem natürliche Sangeslust gegeben ist, unsere geistlichen, lieblichen Lieder und Weisen, daß die Herzen davon in Sprüngen gehn, und auch miteinstimme, wer in der Rede den h. Namen Jesus schon lange nicht mehr über die Lippen kommen ließ! Hat Einer Marthas Gabe, eine angeborene Liebe zu rastloser Thätigkeit, den bewahre die Salbung vor der Vielthuerei und vor Zerstreuung; dann wird der Herr, in dessen Weinberg viele und große Arbeit ist, seine raschen Hände und Füße zu Vieler Heil und Freude zu gebrauchen wissen. Hat aber Einer Marias Gabe, einen in sich gekehrten, sinnenden Geist, den wird die Salbung vor gefährlicher Träumerei, Gefühligkeit und Verschwommenheit schützen, und ihn aus der Tiefe des Heilandeherzens die unserer oberflächlichen Zeit so heilsame Tiefe des Gemüthes schöpfen lehren. Natürliche Heiterkeit und Lebendigkeit, die ohne den Geist des Herrn in weltliches, kindisches, leichtfertiges Wesen und Treiben verlockt, wird durch ihn zu jenem Freudengeiste, jener himmlischen Heiterkeit, die Gesunden und Kranken, Alten und Jungen ein Seelenlabsal und ein Wegweiser zu dem Holdseligsten unter allen Menschenkindern ist. Natürlicher Ernst hingegen und natürliche Weltschen, ohne das Licht von oben in Schwermuth und Welthaß sich verirrend, wird, in den Dienst des Herrn gezogen, zur festen, eisernen Säule im Tempel des Herrn, an die viele Schwache und Unstäte zu ewigem Heile sich anlehnen. Lernen und Wissen blähet auf, verdirbt das eigne Herz und fremde Herzen. Erflehet aber, ihr Lernenden und Wissenden, die Salbung von der Hand des Herrn. Dann werdet ihr zwar mit dem Apostel Paulo, dem Manne des reichen Wissens, auch dafür halten, daß ihr nichts wisset, als das Kreuz Christi, aber ihr werdet doch, wie er, durch euer Wissen Etliche zu Christo hinlocken. Was soll ich weiter reden von Ordnungsliebe, Sanftmuth, Sparsamkeit, von Umsicht und Einsicht, von dem weiten und tiefen Blicke und von allen andern natürlichen Gaben und Kräften? Dies ist die kurze Summa: wenn hervorragende, natürliche Anlagen ohne die Salbung das arme Menschenherz mit leidiger Hoffart aufblähn, es in tausend Irrgänge führen, es endlich zu Grunde richten und andre mit verderben, so sind dieselben Gaben, wenn das Feuer des h. Geistes sie geläutert hat, in der Hand Gottes das Mittel, seinen Rath auszuführen, sein Reich zu bauen, Menschenseelen zu retten, Elende zu erquicken und alle guten Werke zu wirken.

Und diese Werke werden uns nachfolgen, und der Herr

wird sie zu der Krone der Ehren denen um's Haupt winden, die da recht kämpfen und beharren bis an's Ende.

Wer ist der Mann nach dem Herzen Gottes? Wir haben nun eine weitere Antwort zu der in voriger Predigt gefunden. Wer der Salbung stille hält und den von Gott angebotenen Kräften der Gnade nicht widerstrebt, wer sich durch die Salbung in die Niedrigkeit, in den dienenden Stand, in die Leiden, die Trübsalshitze, unter die Dornenkrone, an's Kreuz führen läßt, wer durch dieselbe Salbung gelehrt wird, die natürlichen Gaben zu läutern, von der Eitelkeit sie frei zu machen, sie treu und gewissenhaft zu gebrauchen und in den Dienst des Herrn zu stellen: der ist der Mann nach dem Herzen Gottes. Und nun nimm auch diesen Spiegel mit heim, beschaue dich darin und frage dich ernstlich: „Bin ich ein Mann nach dem Herzen Gottes?" Amen.

Gebet der Streiter Gottes.

Hast Du, Heiland, mich berufen,
Mitzukämpfen Deinen Streit,
Halt an Deines Thrones Stufen
Auch das Salböl mir bereit.

Sieh, ich beuge meinen Scheitel!
Auf! Herr, salbe mich mit Geist,
Der, was in mir noch ist eitel,
Siegreich aus dem Herzen reißt,

Der mir reicht die heilgen Waffen:
Panzer, Helm und Schwert und Schild,
Der vermag, mich umzuschaffen,
Großer Sieger, in Dein Bild.

Daß ich Dir in meinem Laufe
Willig folg' in's dunkle Thal,
Bis ich nach der Leidenstaufe
Kronen trag' im Himmelssaal.

Dritte Predigt.

1. Sam. 17, 1 — 50.

Die erste Sendung des Gesalbten aus der Stille in den Streit.

Als David zum Streiter Gottes ausgesondert war, kehrte er, wie wir sahen, zu seiner Heerde, in die Verborgenheit zurück, um dort ungestört und unzerstreut seine Salbung in sich wirken zu lassen. Darnach wurde er berufen, am Hofe Sauls das stille, liebliche Friedenswerk des Saitenspiels zu treiben. So hat der Herr vor David auch seinen Knecht Moses und nach ihm seinen Knecht Saulum vor der sauren Arbeit den Segen ruhiger Zurückgezogenheit und stiller Sammlung genießen lassen.*) Denn er, der weiß, was für ein Gemächte wir sind, deckt nach seiner Liebe die jungen Pflanzen seiner Hand im Reiche der Gnade, wie der Natur mit sorgsamer Hand, um sie vor Hitze, Frost oder zerstörenden Stürmen zu behüten. Doch ist es nicht sein Wille, daß sie immerdar weich und zart bleiben. Sind sie erstarkt, so müssen Hitze, Frost und Stürme auf sie einwirken, damit ihre Früchte zur Reife kommen. Aus der Stille und Ruhe führt der Herr seine Jünger zur rechten Zeit in die Arbeit und in den Streit. David mußte, wie die verlesene Geschichte uns gezeigt hat, Hirtenstab und Harfenspiel lassen, um in der Gefahr der Schlacht Schleuder und Schwert zu gebrauchen. Wir begleiten ihn auch dorthin.

---

*) Vergl., was über diesen Punkt in der Geschichte König Sauls S. 23. u. 46 ausführlicher gesagt ist.

Die erste Sendung des Gesalbten aus der Stille in den Streit.

I. Er sucht nicht in Vermessenheit aus der Stille in die Gefahr des Streites zu eilen, aber er geht getrost, wenn er gesendet wird.
II. Er sucht im Streite nicht das Seine, sondern allein die Ehre seines Herrn und das Heil seines Volkes.
III. Seine einzige Waffe ist der Glaube an den lebendigen Gott und dessen Sache, und diese Waffe ist sein Sieg.

I.

Es war eine große Gefahr über Israel hereingebrochen. Die Philister, voll eingewurzelten Hasses gegen das Volk Gottes, hatten ihre Heere zum Streit versammelt und sich zwischen Socho und Aseka, im Stamme Juda (Jos. 15, 35), also im Herzen des gelobten Landes, gelagert. Wohl hätte das Volk des Herrn auch bei dieser Gefahr getrost sein können. Schon der Ort, wo ihre Feinde standen, war geeignet, sie mit siegendem Glaubensmuthe zu erfüllen. Denn gerade bis Aseka hatte einst Josua die Amoriter zurückgeworfen, bis Aseka hatte der Herr einen großen Hagel vom Himmel auf seine Feinde fallen lassen, um für Israel zu streiten. (Jos. 10, 10. 11.) Aber dessen gedachte Niemand mehr. Der Glaube war dahin. Jeder sah nur auf das schwache Herz in seiner Brust und auf die gebrechlichen Waffen in seiner Hand. Die Gefahr wuchs noch. Denn aus dem Lager der Philister trat ein Riese hervor, in dem alle Feindschaft wider Gott und sein Volk gleichsam persönlich geworden war. Das ist jener Goliath, dessen Größe, Kraft und Rüstung uns so ausführlich und lebendig geschildert werden, daß er uns von unserer frühen Kindheit an als der Inbegriff aller Furchtbarkeit, wie alles Gotteshasses, bekannt ist. Er forderte zu einem Einzelkampf auf; denn zwischen einzelnen Persönlichkeiten muß im Grunde immer der Kampf zwischen Gott und seinen Feinden ausgefochten werden. „Ich habe, rief der gepanzerte Riese, heutigen Tages dem

Heere Israels Sohn gesprochen. Gebt mir einen, und laßt uns mit einander streiten!" So weit war es gekommen, daß dem Samen dessen, der mit Gott selbst gekämpft und obgelegen hatte, jetzt dieser Unbeschnittene Hohn sprechen konnte, und nicht Einer da war, der ihm das Maul zu stopfen wußte. Denn „da Saul und ganz Israel diese Rede des Philisters hörten, entsetzten sie sich und fürchteten sich sehr." Vierzig Tage lang kam der Riese Morgens und Abends und sprach Israel Hohn. Wer sollte helfen? Wohl war Einer da, den Gott sich ersehen hatte. Es war David, wie wir wissen. Aber als der Streit begann, hatte ihn Saul wieder zur Heerde seines Vaters zurückgeschickt, weil er vermeinte, den Harfenspieler im Streit nicht gebrauchen zu können. David war in Gehorsam zurückgekehrt, wiewohl ihm sein Herz brennen mochte, mitzueilen. Auch als seine drei ältesten Brüder, Eliab, Abinadab und Samma, mit Saul in den Krieg zogen, kam sein vermessener Wunsch in seine Seele, sich hervorzudrängen und den wenig ruhmvollen Hirtenstab wegzuwerfen, um im Kampf sich Lorbeeren zu gewinnen. Wohl hätte der Gedanke nahe gelegen: „Das Wichtigere geht dem Unwichtigeren vor! Es ist besser, daß ich die wenigen Schafe meines Vaters, als daß ich Israel im Stich lasse." Aber dem Manne nach dem Herzen Gottes waren solche treulose und hoffärtige Reden fremd. Wie hätte er auch siegen können, wäre er mit einer Untreue in den Kampf gezogen!

Gott der Herr wachte über seinem untreuen Volke und seinem treuen Knechte. Als seine Stunde geschlagen hatte, wußte er seinen Gesalbten auf jene gewöhnliche und geräuschlose Weise hervorzuziehen, in der er seinen Rath schon so oft ausgeführt hat. Als nämlich Isais drei älteste Söhne schon einige Zeit vor dem Feinde lagen, sprach der besorgte Vater zu seinem Sohne David: „Nimm für deine Brüder dieses Epha Saugen, d. h. diesen Scheffel gerösteten Weizen, und diese zehn Brote, und lauf in das Heer zu deinen Brüdern, ob es ihnen wohlgehe. Und diese zehn frische Käse bringe dem Hauptmann!" Da machte sich David des Morgens frühe auf und ließ die Schafe dem Hüter und trug und ging hin, wie ihm Isai geboten hatte, nicht in stolzem Waffenschmuck, sondern, wiewohl er der zum König Gesalbte war, in Knechtsgestalt, einen Sack über den Schultern. Aber als er nun einmal nach dem Gebote seines Vaters im Heere Israels war, da brach auch das Feuer der Liebe für seinen Herrn und sein

Volk in mächtigen Flammen aus seinem Herzen hervor. „Wer ist, rief er, der Philister, dieser Unbeschnittene, der den Zeug (d. i. das Heer) des lebendigen Gottes höhnet!" Er hörte, — das hatten alle Anderen nicht vermocht, — im Hohne des Philisters einen Hohn gegen den lebendigen Gott. (V. 26.) Das fraß ihm sein Herz ab. Gerade als ob uns Gott absichtlich darauf habe aufmerksam machen wollen, daß David nicht hochmüthig und vermessen die Heerde verlassen und sich ein wichtigeres, ehrenvolleres Arbeitsfeld gesucht habe, ist uns eine Nebengeschichte aufbehalten. Denn Eliab, Davids ältester Bruder, hörte ihn reden mit den Männern und ergrimmte mit Zorn wider David und sprach: „Warum bist du herabgekommen und warum hast du die wenigen Schafe dort in der Wüste verlassen? Ich kenne deine Vermessenheit wohl und deines Herzens Bosheit. Denn du bist herabgekommen, daß du den Streit sehest." David antwortete: „Was habe ich denn nun gethan? Ist mir's nicht befohlen?" (V. 28. 29.) Das Bewußtsein, nicht selbstgewählte Wege zu gehen, sondern gesandt zu sein, giebt ihm guten Muth. Er wendet sich von Eliab gegen einen Anderen, läßt sich vor den König bringen und spricht: „Es entfalle keinem Menschen das Herz um deßwillen; dein Knecht will hingehen und mit dem Philister streiten!" Sehet da, meine Freunde, wie David die rechte gottgefällige Mitte zu halten weiß zwischen dem Worte: „Was deines Amtes nicht ist, da laß deinen Vorwitz!" und zwischen dem andern: „Wer da weiß Gutes zu thun und thut es nicht, dem ist es Sünde!" wie er still und demüthig harrt, bis er gesendet wird, dann aber auch nicht träge ist, was er thun soll, sondern brünstig im Geist, seine Hand muthig an's Werk legt! So ist's nach dem Herzen Gottes.

Wenn wir uns in diesem Spiegel betrachten, müssen wir wohl mit Tersteegen bekennen:

„Bald folgt man Gott nicht nach, bald läuft man vor zu heftig,
Der Eine ist zu träg, der Andre zu geschäftig!"

Aber setzen wir auch betend hinzu:

„Herr, wär' ich Dir nur so, wie mir ist meine Hand,
So dünkt mich, hätt' ich wohl den rechten Mittelstand?"

Wie die Hand nicht selbst die Arbeit wählt, aber wenn der Wille sie ihr anweist, frisch und fröhlich zugreift, so soll auch ein Knecht Gottes sich nicht gelüsten lassen, nach eignem

Wunsch und eigner Wahl sein Werk und sein Amt sich auszusuchen, sondern er soll bemüthig auf den Wink und Willen seines Herrn achten, von ihm sich senden lassen, und dann getrost und rüstig und mit freiwilligem Herzen ausrichten, was ihm befohlen ist. Oder habt ihr die Geschichte Simonis Petri vergessen, der bereit war, mit Jesu zu sterben, ohne daß Jemand solches von seiner Hand forderte, und dann dreimal leugnete und schwur: „Ich kenne den Menschen nicht!" — Zu arbeiten und zu streiten giebt's viel in unserer betrübten Zeit. Ich sprach schon früher davon, wie Gottlosigkeit und Sittenlosigkeit ihr freches Maul gegen den lebendigen Gott schier weiter noch aufthun, als vordem Goliath. Wir Alle sind als gesalbte Christen berufen, gegen diesen Riesen des Weltgeistes zu kämpfen. Aber wie machen wir's? — Ist es nicht so, daß wir, getrieben von eitler Ehre, den stillen Posten, der uns angewiesen ist, verlassen möchten, um uns in hoffärtiger Selbstvermessenheit in eine Arbeit hineinzudrängen, in welcher die Ehrsucht mehr Nahrung findet, wo mehr Ansehen und Anerkennung oder Herrschaft zu erwerben ist? Die Fälle sind zu häufig, wo Gott seinem hochmüthigen Knecht in das Gewissen rufen muß: „Warum hast du dein niedriges, aber dir anbefohlenes Amt verlassen, sehnst dich wenigstens mit deinem Herzen aus der ruhmlosen Stille heraus und fliegst mit deinen Begierden dahin, wo dein Stolz sich blähen könnte? **Mensch, ich kenne deine Vermessenheit wohl und deines Herzens Bosheit!**" Meine Mitstreiter, es ist uns Allen heilsam, still und bemüthig die Schafe zu hüten und Säcke zu tragen, ich meine, in der stillen, unbedeutenden, lästigen Arbeit, die uns anvertraut ist, treu und gern auszuharren, so lange es Gott gefällt! Wer vorläuft, der läuft an. Wer sich ungerufen in die Gefahr begiebt, kommt darin um. Dasselbe Herz, welches in seiner Vermessenheit gern größere, nützlichere, wichtigere, ehrenvollere Thaten verrichten möchte, ehe es berufen wird: dasselbe trotzige Herz wird, wenn Gott wirklich eine schwere, gefahrvolle Arbeit ihm auflegen will, sehr verzagt und feige. Die vordem so schnellen Kniee sind plötzlich müde, die starken Hände schlaff und matt. — Nur wer, sein Ohr gegen die Stimme des vermessenen Herzens verstopfend, in Demuth auf den Ruf Gottes hört und sich allewege fröhlich und unerschütterlich auf das Wort steift: **„Ist mir's denn nicht befohlen?"** nur der geht gehorsam und gläubig dahin, wohin er gesendet wird, und wär's durch's rothe Meer, oder nach der gottlosen Stadt Ninive. Er braucht dann nicht mit Gewalt zu seiner Arbeit getrieben zu werden. Er sieht und hört selbst, was für den Herrn und die Brüder zu thun ist, und greift das Werk, wenn auch mit Zittern, so doch mit Freuden an, müßte er auch in die Dornen und Disteln, ja selbst in die Scorpionen greifen, wie Hesekiel (Hes. 2, 6.). oder einem neuen Goliath das große Maul stopfen!

Wir kehren zu David zurück.

II.

Was hat David getrieben, daß er den Streit mit dem Riesen so feurig suchte? War es die Lust nach Ehre, Ansehn und Ruhm? das Streben und Geizen nach hohen Dingen? Es ist eine Stelle in unserer Geschichte, welche uns auf diesen Argwohn bringen könnte. Denn David fragte: „Was wird man dem thun, der diesen Philister schlägt, und die Schande von Israel wendet?" Die Antwort war: „Wer ihn schlägt, den will der König sehr reich machen, und ihm seine Tochter geben und will seines Vaters Haus frei machen in Israel." Verräth die Frage Davids nach dem Lohne nicht Ehrsucht und Eigennutz? Ja! auch David, der Mann nach dem Herzen Gottes, ist einen Augenblick versucht worden, in seine lautern, vom heiligen Geiste gewirkten Triebfedern einen unlauteren Geist, in seine Arbeit für Gott und sein Volk eigne Ehre und eignen Nutzen miteinzumengen. Aber er hat die Versuchung gründlich überwunden. Denn nachdem er den Riesen besiegt hatte, und nun Reichthum, Ehre und des Königs Tochter mit Recht sein war, hat er mit keinem Worte, nicht einmal in Gedanken, dieses Recht für sich in Anspruch genommen. Sein Herz war los von dem herrlichen, stolzen Preise. Obwohl Saul ihm seine älteste Tochter Merob anbot, sprach David in großer Uneigennützigkeit und Demuth: „Wer bin ich? Und was ist mein Leben und Geschlecht meines Vaters in Israel, daß ich des Königs Eidam werden sollte?" (Kap. 18, 18.) Und als Saul ihm später seine jüngere Tochter Michal fast aufdrängen wollte, war David so fern davon, diesem Wunsch Sauls entgegen zu kommen, daß die königlichen Diener diesen ehrenvollen Antrag ihm erst hinterbrachten. Und auch da noch antwortete David: „Dünket euch das ein Geringes, des Kö-

nigs Eidam sein? Ich aber bin ein armer, geringer Mann!"
(18, 23.) Wenn wir zuerst in solchen Thaten die Uneigennützigkeit und Demuth des Riesenbesiegers deutlich erkannt haben, dann erscheinen uns auch seine gewaltigen Worte in um so hellerem Lichte, in denen er es vor aller Welt kund thut, daß er in den gefahrvollen Streit ziehe, „auf daß die Schande von Israel genommen werde (V. 26) und alles Land inne werde, daß Israel einen Gott hat und daß alle diese Gemeine inne werde, daß der Herr nicht durch Schwert noch Spieß hilft!" (V. 46, 47.) Der lautre Eifer für die Ehre Gottes und das Heil seiner Brüder ist also der innerste und alleinige Beweggrund der großen That Davids. Eignen Nutzen und eigne Ehre, die als gefährliche Versucher an ihn heranschlichen, trat er siegreich unter die Füße.

Wir müssen jetzt in die geheimen Winkel unseres Herzens blicken, und wollen frei und ohne Schminke bekennen: „Auch wenn der Geist Gottes, die Lust an der Ehre des Herrn und dem Heil der Brüder uns trieb, so hat doch die Lust an eigner Ehre und eignem Nutzen sich eingemischt, und leider häufig die Herrschaft gewonnen." Paulus schon mußte über diese Vermengung des Eifers für die Sache des Herrn mit Hoffart und Eigennutz schmerzlich klagen. In Rom, wie Corinth predigten Etliche das Evangelium, nicht um Christi Ehre und des Heils der Brüder willen, sondern um Paulo es zuvorzuthun, um sich auch einen Namen und Anhang und sogar Nutzen zu verschaffen. (Phil. 1, 15 und 2 Cor. 11, 13.) Auch Johannes erzählt von einem gewissen Diotrephes, der, um unter den Christen hochgehalten zu werden, sich voll glühenden Eifers zeigte. (3 Joh. 9.) Es ist ein tiefer, das Herz bewältigender Jammer, daß im ganzen Verlauf der Kirchengeschichte, selbst in dem Herzen derer, die für des Herrn Ehre und das Heil ihrer Brüder streiten wollen, dennoch die Lust nach eitler Ehre und eignem Nutzen mitunterläuft und zu oft den Sieg gewinnt! daß ein Arbeiter vor dem andern hochgehalten und anerkannt sein will! daß Jedem seine Art und Weise der Arbeit und des Kampfes und seine Auffassung vom Reich Gottes die bessere, wohl die allein wahre ist. Dadurch ist viel Hader und Zank geboren, der Name des Herrn gelästert, das Wachsen und Gedeihen des Reiches Christi gehindert, großer und ärgerlicher Anstoß gegeben und das Heil

vieler tausend zur Seligkeit berufenen Menschenseelen versäumt
worden. So viel Gott mir Augen gegeben hat, die Schäden
unserer Tage zu sehen, ist das der Grund des vielen Streitens
und der vielen Partheien selbst unter den gläubigen Christen,
daß wir nicht rein und ausschließlich des Herrn Ehre
und der Brüder Heil suchen. Wer von Euch will sich
hier ausnehmen? Und wenn auch Ihr, meine Schwestern,
Eure gemeinschaftlichen Arbeiten betrachtet, wollt Ihr nicht
schamroth an Eure Brust schlagen und sprechen: „Ich habe
die heilige Sache des Herrn mit schändlichem Geizen nach
persönlicher Anerkennung befleckt!" Forthin aber thue Niemand etwas durch Zank oder eitle Ehre! Es werde endlich
unser Wahlspruch zur Wahrheit: „Er, der Herr, und
seine Ehre muß wachsen; ich aber und meine Ehre
muß abnehmen!" — Wollen wir Knechte und Mägde des
Herrn sein, so muß mit der glühenden Kohle vom Altar Gottes
jede angeborene, süße Lust nach Anerkennung, Lob, Ehre, Vortheil aus dem Herzen fortgebrannt werden. Es darf Phantasie
und Mund sich nicht mehr zu der eigennützigen Frage aufthun:
„Was wird mir dafür?" Wir werden zwar, so lange
wir in diesem Todesleibe wallen, immer auf's neue von der
Versuchung beschlichen werden, daß auch in unsern heiligsten
und reinsten Stunden, vielleicht uns unbewußt, in gröberer
oder feinerer Weise unsere eigenen, sündlichen Angelegenheiten
in die große und heilige Sache des Herrn Jesu Christi sich
verflechten wollen. Aber Gott hat auch uns die Macht gegeben, solche gefährlichen Versuchungen zur rechten Zeit zu erkennen und sie mit Ernst von uns zu weisen, wenn wir nur
mit David in immer vollerer Wahrheit sprechen lernen:
„Ich weiß, mein Gott, daß du das Herz prüfest
und Aufrichtigkeit ist dir angenehm!" (1 Chr. 30, 17.)
Diese zarte, gewissenhafte Lauterkeit und Aufrichtigkeit, die vor
jeder Vermischung der eignen Ehre und des eignen Nutzens
mit der Ehre des Herrn zurückbebt, ist der Schmuck und Ruhm
eines Davids seinen selbstsüchtigen Feinden gegenüber, ist gleicher Maßen der Schmuck und Ruhm eines Paulus, wenn
er sagt: „Unser Ruhm ist der, nämlich das Zeugniß unseres
Gewissens, daß wir in Einfältigkeit und göttlicher Lauterkeit
in der Gnade Gottes auf der Welt gewandelt haben." 2 Cor.
1, 12. Und über diesem einigen, rechten Christenruhme wacht er
mit solcher heiligen Eifersucht, daß er ausruft: „Es wäre

mir lieber, ich stürbe, denn daß mir Jemand meinen Ruhm sollte zu nichte machen!" (1 Cor. 9, 15.) O meine Mitknechte, daß solche Lauterkeit, solche heilige Furcht vor der Vermischung des Eigenen mit dem, was des Herrn ist, auch unser einiger Ruhm wäre! baß auch wir lieber sterben möchten, als baß wir solchen Ruhm vom Versucher unserer Seelen uns zu nichte machen ließen!

III.

David stand vor Saul. Der sah den Riesen an in seiner Kraft und seine Waffen, und er sah David an, den jungen Hirten, der nur Schäferstab und Saitenspiel gehandhabt hatte, und sprach: „Du kannst nicht hingehn!" (V. 33.) Daß der Riese den lebendigen Gott höhnte, daß David des lebendigen Gottes Ehre suchte, das legte Saul nicht auf die Wagschale, konnte es freilich auch nicht. David seinerseits sah zwar nicht Mittel und Wege, wie er den Riesen überwinden sollte. Aber das Eine wußte er, daß der Philister den lebendigen Gott höhnte, daß der lebendige Gott seine Ehre keinem Andern geben will, und daß er durch die Salbung zu dem Amte berufen war, Gottes Ehre zu mehren in seinem Volke. Er pochte auf sein Amt. Er erzählte Saul, wie ein Löwe und Bär ein Schaf von der Heerde geraubt, wie er, getrieben von seinem Amt, den wilden Räubern nachgelaufen, und ohne zu wissen, wie? beide zerrissen hätte. Dann fuhr er fort: „Der Herr, der mich von dem Löwen und Bären errettet hat, der wird mich auch erretten von diesem Philister." Er wollte sagen, so viel besser das Volk Gottes ist, als ein Schaf, so vielmehr wird der Herr mir helfen, wenn ich, als Hirte seines Volkes, seine zerrissenen Lämmer aus dem Rachen eines ärgern Löwen retten will. Da kam in Sauls Herz eine Erinnerung an seine eigne frühere Zeit, wo er im Amte des Herrn, durch die Kraft aus der Höhe Wunderdinge hatte thun können, und er sprach: „Gehe hin, der Herr sei mit dir!" Doch aber konnte er selbst zu diesem Segenswunsch kein volles Vertrauen mehr hegen. Er meinte, es wäre nöthig, dem David einen ehernen Helm auf das Haupt zu setzen, ihm einen Panzer anzulegen, und ihn mit einem Schwert zu umgürten. David war so weit entfernt, die natürlichen Mittel, durch welche Gott helfen kann, zu verachten, oder wissen zu wollen, wie Gott ihm helfen wollte, daß er Helm, Panzer und Schwert aus Sauls Hand nahm. Aber er war solcher Wehr nicht gewohnt. Sie hinderte ihn. Er mußte Alles wieder ablegen. Der Sieg sollte ganz und offenbar des Herrn sein. Er nahm seinen Stab uub seine Tasche und eilte dem Riesen entgegen, immer noch ohne zu wissen, wie Gott seine Macht beweisen würde, allein darauf vertrauend, daß es ihm an Mitteln nicht fehlte. Als er nun durch den Eichgrund ging, mußte er durch den Bach waten, und nahm aus demselben fünf glatte Steine. Da der Philister David sah, verachtete er ihn, denn er war ein Knabe und bräunlicht, und sprach: „Bin ich denn ein Hund, daß du mit Stecken zu mir kommest?" Und fluchte David bei seinem Gott und erhob sich, wie der Text weiter erzählt, in ungemessnem, frevelhaftem Hochmuth. Da bricht der bemüthige und darum muthige Glaube Davids in seiner vollen Herrlichkeit und Macht aus seinem Herzen hervor. Wie ein gewaltig rauschender Strom wogen seine Worte über seine Lippe: „Du kamest zu mir mit Schwert, Spieß und Schild, ich aber komme zu dir im Namen des Herrn Zebaoth, des Gottes des Heeres Israels, den du gehöhnt hast. Heutiges Tags wird dich der Herr in meine Hand überantworten, daß alles Land inne werde, daß Israel einen Gott hat, und daß alle diese Gemeinde inne werde, daß der Herr nicht durch Schwert und Spieß hilft; denn der Streit ist des Herrn, und Er wird euch geben in unsere Hände!" Er legte einen Bachkiesel in die Schleuder, und dies Steinlein mußte genug sein, den Ruhmredigen für immer zum Schweigen zu bringen. Denn dem Herrn ist es gleich, durch viel oder wenig helfen. Es gefällt ihm aber, seine gewaltigsten Feinde durch unscheinbare, verächtliche Mittel zu fällen, damit öffentlich erscheine, wie gar nichts alle Menschenkinder vor ihm sind, ja, daß sie vor ihm weniger wiegen, denn gar nichts! — „Der im Himmel wohnet, lachet ihrer; der Allerhöchste spottet ihrer!" Wahrlich, das ist ein heiliger Spott, daß der Allmächtige keine größern Anstalten macht, selbst einen Goliath zu stürzen, als daß er einen Hirtenknaben einen Stein schleudern läßt. Wohl mag da David triumphirend und lobpreisend singen: „Aus dem Munde der jungen Kinder und Säuglinge hast du eine Macht zugerichtet um deiner Feinde willen, daß du vertilgest den Feind und den Rachgierigen!". Pf. 8. Dann nahm David des Philisters eignes Schwert und hieb ihm sein Haupt ab. Da aber die Philister sahen, daß ihr Stärkster todt war, flohen sie. Denn die Legionen der Feinde Gottes sind immer feige, wenn ihre Häupter gestürzt sind. — Es ist hier überschwänglich erfüllt, was der Herr schon durch Moses verheißen hat: „Euer fünf sollen hundert jagen, und euer hundert sollen zehntausend jagen!" (3 Mos. 26, 8) und was darnach durch Josua geredet ist: „Euer Einer wird tausend jagen, denn der Herr, euer Gott streitet, für euch." (Jos. 23, 10.)

Hat David durch ein Steinchen seinen riesigen Feind überwunden, so wird, den Feinden zum Spott, der große, Alles überwindende Davidssohn auch nur mit einem Stein verglichen. Denn nachdem Nebukadnezar die gegen Gott kämpfenden Mächte der Welt im Bild eines riesigen Mannes erblickt hatte, sah er, „daß ein Stein herabgerissen ward ohne Hände. Der schlug das Bild an seine Füße und zermalmte sie. Da wurden mit einander zermalmt das Eisen, Ton, Erz, Silber und Gold, und wurden wie Spreu auf der Sommertenne, und der Wind verwehte sie, daß man sie nirgends mehr finden konnte. Der Stein aber, der das Bild schlug, ward ein großer Berg, daß er die ganze Welt füllete." (Dan. 2, 34—35.) Das ist derselbe Stein, von dem der Herr sagt: „Wer auf diesen Stein fällt, der wird zerschellen, auf welchen er aber fällt, den wird er zermalmen." (Matth. 21, 44.) — Schwach, arm, unbewaffnet, verachtet müssen die Jünger Christi für ihren Meister in den Streit ziehen. „Siehe, spricht der Herr, ich sende euch, wie Lämmer mitten unter die Wölfe!" Wie soll ein Lamm vor dem Wolf sich retten, ja viel mehr noch, wie soll ein Lamm den Wolf überwinden? „Fürchtet euch nicht, stehet fest und sehet zu, was für ein Heil der Herr heute an euch thun wird. Der Herr wird für euch streiten, und ihr werdet stille sein!" antwortet schon Moses, (2 Mos. 14, 13. 14) und der Herr selbst sagt zu seinen schwachen, wehrlosen Sendlingen: „Sorget nicht, wie oder was ihr reden sollt. Denn ihr seid es nicht, die da reden, sondern eures Vaters Geist ist es, der durch euch redet!" Matth. 10, 19—20. Er macht sein Wort im Munde seiner gläubigen Kinder noch fort und fort zu einem Schleuderstein oder zu einem widerhakigen Pfeil oder zu einem Schwerte, womit er seinen Feinden beizukommen weiß. Ich bin noch immer voll heiligen Erstaunens, wenn ich daran denke, wie ich nach der Rückkehr aus dem Morgenland in Athen auf dem Richtplatz stand, wo man einst den Apostel Paulus, den Mann von schwachem Leibe und verächtlicher Rede (2 Cor. 10, 10) hingeschleppt hatte. Von dort aus sieht man noch jetzt eine solche Fülle von Herrlichkeit, von zertrümmerten heidnischen Marmortempeln und Götzenbildern, daß die Seele fast überwältigt wird. Und doch ist die heutige Pracht nur noch ein Schemen der frühern. Da also stand der verachtete Jude Paulus, der „Lotterrbube", wie man ihn nannte, vor einem gewaltigern Riesen, als vordem David. Er hatte nichts, als das Wort von seinem Herrn. Das warf er fröhlich und muthig gegen die Heidenwelt. Nur ein Rathsherr wurde anfangs besiegt und ein Weiblein und etliche mit ihnen. (Apostg. 17, 39.) Aber bald war die ganze Riesin Athen und die noch gewaltigere Riesin Roma dazu vom Wort des Herrn überwunden! — „Der Herr hilft nicht durch Schwert und Spieß!" wie David rühmt, und: „Es soll nicht durch Heer oder Kraft, sondern durch meinen Geist geschehen, spricht der Herr Zebaoth." Sach. 4, 6. — Wer war denn Luther, der Mönch, der Bergmannssohn, daß er dem Goliath der Menschensatzungen einen tödtlichen Streich beibrachte, da doch viele mächtige Kaiser die dreifache Krone nicht hatten wankend gemacht! — Liebe Gemeinde, es giebt keine Waffen im Streit für Christi Reich, als der lebendige Glaube an den lebendigen Gott und seine Sache, aber dieser Glaube ist der Sieg, der die Welt überwunden hat, die riesige Welt. — David konnte im Panzer, Helm und Schwert Sauls nicht einmal gehn, viel weniger mit ihnen kämpfen. — Das ist die Wirkung des Glaubens an den lebendigen Gott. Man kann mit allen andern fleischlichen Waffen und Wehren nichts beginnen. Man fühlt, sie hindern nur, wirft sie fort und zieht in den Streit, angethan mit dem Helm des Heils, und dem Panzer der Gerechtigkeit Christi, und mit dem Schild des Glaubens zur Wehre in der Linken, und dem Schwerte des Geistes, welches ist das Wort Gottes, in der Rechten. „Die Waffen unserer Ritterschaft sind nicht fleischlich, sondern mächtig vor Gott, zu verstören die Befestigungen, damit wir verstören die Anschläge und alle Höhe, die sich erhebt wider das Erkenntniß Gottes." 2 Corinth. 10, 4. 5. Der Herr ist der rechte Kriegsmann! Mit ihm werfen wir fröhlich Panier auf.

Mit ihm wollen und müssen wir als wehrlose Lämmer mitten unter die Wölfe ziehen.

Er führt seine Boten
Durch Land und Meer,
Reicht ihnen zum Kampfe
Nicht Schwert, nicht Speer,
Und Häuptern und Busen
Nicht Helm, noch Schild,
Denn Schwert und Helm
Ist des Meisters Bild,

Das blutige, bleiche,
Das Gotteslamm,
Das segnend hänget
Am Kreuzesstamm,
Davon singen und sagen
Wir hell und heiß,
Bis zu Füßen ihm lieget
Der Erde Kreis.

Alle, die ihr dem Herrn dienet, glaubet nur an den lebendigen Heiland, und lasset diesen Glauben in der Liebe thätig sein, so werdet auch ihr überwinden, so furchtbar auch der Weltgeist jetzt sich rüstet, um dem Häuflein des Herrn Hohn zu sprechen, und als ein gieriger Wolf, Hirten und Heerde zu verschlingen. Auch ein Wörtlein aus einem schwachen Frauenmunde, ihr Mägde Christi, kann dann, wie ein Schleuderstein einem Riesen in den Kopf fahren und alle seine bisherigen Ansichten über den Haufen werfen. Selbst wer auf dem Siechbette liegt, kann ein gewaltiger Streiter für Christum sein. Moses war nicht in der Schlacht gegen die Amalekiter. Er saß fern davon auf einem Berge. Und er allein hat doch die Schlacht gewonnen!

Aber zum Schluß thut's noth, daß ich noch Ein Wort von dem riesigen Gottesfeinde in uns selbst rede. Ihr selbst habt es erlebt, hoffe ich, daß oft ein Wort aus einem schwachen Munde wie von ohngefähr in euer Herz geflogen ist, und den Goliath aufsteigender Hoffart oder sich erhebenden Stolzes oder Zornes oder Neides oder anderer fleischlichen Lüste und Begierden niedergeschmettert hat. Aber dieser Philister in uns, dieser Gottesfeind, der den lebendigen Gott höhnt und lästert, erhebt immer wieder sein stolzes Haupt und thut immer wieder sein freches Maul auf. Ein Mittel nur überwindet ihn: der lebendige Glaube an den, der den Sünder aus Gnaden selig macht, die muthige Zuversicht, daß wir Recht haben gegen unsern Widersacher, und daß, da unsre Rettung und Befreiung von den Feinden die Ehre des Herrn, und unsre Sache seine Sache ist, er auch für uns streiten und siegen wird, nach der theuer werthen Verheißung Johannis, daß der, welcher in uns ist, mächtiger ist, als der in der Welt ist.

Doch es ist genug. Ihr habt nun gesehen, wie der Gesalbte Gottes zum ersten Mal für seinen Herrn und sein Volk in den Streit gezogen ist und gesiegt hat. Ihr saht ihn, nicht hoffärtig sich hervordrängen, aber getrost und freudig gehen, als er gesandt ward. Ihr saht ihn, der einen Augenblick durch eigne Ehre und eignen Ruhm versucht ward, rasch überwinden, also, daß er im Kampf nur des Herrn Ehre und seines Volkes Heil suchte. Ihr saht ihn endlich, alles Vertrauen auf Menschenkraft und Menschenmittel hinwerfen, und sich ganz dem Glauben in die Arme legen und durch ihn herrlich überwinden. Das Alles saht ihr, und habt darin eine dritte Antwort auf die Frage: "Wer ist der Mann nach dem Herzen Gottes?

Ich aber frage dich wiederum: "Bist auch **du** ein Mann nach dem Herzen Gottes?" Amen.

Der Heiland und sein Knecht.

Es ist mir nicht verholen,
Mein Knecht, du bebst und baugst!
Hab' ich dir's nicht **befohlen**?
Wozu die Furcht und Angst?

"Ich steh', wie vor dem Riesen,
O Herr, ein Kindlein steht!"
Hab' ich dir nicht gewiesen,
Wer mit dem Kindlein geht?

"Herr, in der Wölfe Mitte
Bin ich ein wehrlos Lamm."
Flieh' in die sichre Hütte
An meines Kreuzes Stamm!

"Herr, Herr, vergieb mein Zagen,
Mach' mich zum Lamm, zum Kind!
So will den Kampf ich wagen,
Weil ihn **dein Arm** gewinnt!"

Vierte Predigt.

1. Sam. 18 u. 19.

Luft und Laſt,

oder

Verſuchung und Ueberwindung.

War die zuletzt betrachtete Geſchichte, der Kampf des Hirtenjünglings mit dem ſtolzen Rieſen, für jeden Hörer gewiß eine ſehr gewaltige, ſo möchte vielleicht Mancher verſucht ſein, die heutige Erzählung eine bunte und wunderliche zu nennen. Freundſchaft und Haß, Triumph und Verfolgung, Streit und Friede, Ruhm und Schmach, Heirath und Flucht wechſeln in ihr ſo raſch mit einander ab, daß es ſchwer zu ſein ſcheint, das mit Klarheit zu ſchauen, was zur Erbauung dient. So geht's mit manchem Capitel des alten Teſtaments. Da erinnere ich mich an ein Bild, welches ich einmal als Knabe ſah. Wenn man rechts oder links ſtand, entdeckte man nichts, als eine bunte Verwirrung. Wenn man aber auf den rechten Standpunkt mitten davor trat, erſchien Alles in ſchönſter Ordnung. Wer auch unſer Capitel aus dem rechten Geſichtspunkte anzuſehn weiß, dem wird ſich bald in den verſchiedenartigen, kleinern Geſchichten und Zügen derſelben der leitende Finger Gottes offenbaren, der Alles in Ordnung bringt, der Alles ſo fügt und führt, daß es ſeinem Plane dienen muß. Laßt uns denn dieſen Finger Gottes ſuchen. Ich möchte unſerer heutigen Geſchichte die Ueberſchrift geben:

Luft und Laſt,

oder

Verſuchung und Ueberwindung.

Sie zeigt uns zweierlei:
I. In der Luſt liegt die Verſuchung.

II. In der Last liegt die Kraft zur Ueberwindung.

I.

In der ganzen Geschichte kommt zwar das Wort Lust nicht vor. Aber Alles, was dem Menschenherzen höchste Lust dünkt, ward David, dem Geliebten Gottes, zu theil. Wie eine Woge der andern folgt, so strömte Lust auf Lust ihm zu, daß er kaum zu Athem kam. Der Riese, der Feind Gottes und Israels, war niedergeschmettert. Die Philister, die Feinde, waren geflohen, Israel gerettet. David war die Hand gewesen, wodurch Jacobs Gott diese Wunder gethan hatte. Jonathan, Sauls Sohn, selbst, wie wir wissen, ein gläubiger, gottesfürchtiger Jüngling, früher Sieger über die Philister, (1. Sam. 14,) schaute mit Lust und Staunen auf den schlichten Hirtenknaben. „Da verband sich das Herz Jonathans mit dem Herzen Davids, und Jonathan gewann ihn lieb, wie sein eigen Herz. Und Jonathan und David machten einen Bund mit einander, denn er hatte ihn lieb, wie sein eigen Herz. Und Jonathan zog aus seinen Rock, den er anhatte, und gab ihn David, dazu seinen Mantel, sein Schwert, seinen Bogen und seinen Gürtel." Anerkennung also und Ruhm und Ehre, und was noch mehr ist, die Freundschaft des Besten in Israel, des herrlichen Königssohnes, fiel dem unbekannten Bethlehemiten plötzlich in den Schooß. Ist das nicht eine süße Lust fürs Menschenherz?

Indessen war die Kunde von Davids Sieg rasch durch alle Städte und Dörfer des Landes geflogen. Saul kehrte mit dem Sieger in seine Hauptstadt zurück. Als sie in die erste Stadt einzogen, kamen die Weiber ihnen entgegen mit Gesang und Reigen, mit Pauken, mit Freuden und mit Geigen, und sangen gegen einander und spielten und sprachen: „Saul hat tausend geschlagen, aber David zehntausend!" Und als dieser Gesang kaum verhallt war, und sie der zweiten Stadt sich näherten, wälzte sich ihnen wieder der Jubel des Volks entgegen, und unter Pauken und Geigen erscholl von neuem das Jubelgeschrei: „Saul hat tausend geschlagen, aber David zehntausend!" Und solches thaten die Weiber aus allen Städten Israels. Oeffentliches Lob, allgemeine Anerkennung, überschwänglicher Ruhm überwogte David zum zweiten Male. Ist das nicht eine süße Lust für's arme Menschenherz? —

„Und Saul nahm ihn des Tages und ließ ihn nicht wieder zu seines Vaters Haus kommen." Für immer hörte das Hirtenhandwerk auf, für immer lag der niedrige Stand hinter ihm, für immer trat er in's Königshaus ein. Saul setzte ihn über die Kriegsleute. Er wurde der erste Rath Sauls im Krieg und Frieden, und er gefiel wohl allem Volk, auch den Knechten Sauls. Ganz Israel und Juda hatte David lieb. (V. 16). Während sonst die Günstlinge der Könige nicht die der Unterthanen zu sein pflegen, hatte David das seltene Glück, der Liebling des Volkes und der Liebling der Höflinge zu sein. Zum dritten Mal also Lob, Anerkennung, Erhebung. Ist das nicht eine süße Lust für's hoffärtige Menschenherz! —

Und Saul sprach zu David: „Siehe, meine grösseste Tochter Merob will ich dir zum Weibe geben; sei nur freudig und führe des Herrn Kriege." (V. 17). Als sich diese Heirath zerschlug, sprach Saul zu David: „Du sollst heute mit der andern mein Eidam werden." Und als David nicht darauf hörte, ließ Saul ihm nachgehn, ihn bringend bitten, doch die Hand der Königstochter zu nehmen (V. 22. 23). Zum vierten und fünften Mal Lob, Ehre, Anerkennung und Erhebung! Ist das nicht eine süße Lust für's unersättliche Menschenherz?

Und David zog gegen die Philister und schlug sie einmal über das andere und der Herr war mit ihm in allen Unternehmungen. Was er angriff, gelang ihm. Alle jauchzten ihm zu. Sein Name ward hochgepriesen als eines Helden und und Weisen, der herrlich und unaufhaltsam, wie die Sonne am Himmel, über Alle emporsteigt, so daß sein einziger Feind Saul mit heiliger Scheu vor ihm erfüllt wurde. Sehet da! zum sechsten Mal: Lob, Ehre, Erhebung, Herrlichkeit, Bewunderung! Es schien fast, als wollte Gott, von seinem gewöhnlichen Wege, durch Nöthen und Niedrigkeit die Seinen zu vollenden, abgehn, um seinen Knecht David ohne Leidenstaufe, fast wie in siegreichem Sturmschritt, den Höhen auf Erden und ihrer Herrlichkeit zuzuführen. Ich muß noch einmal fragen: „Ist das nicht eine süße Lust für's Menschenherz, süßer denn irgend eine?" Gewiß! die Lust ist süß.

Doch grade in ihr lagen die allerschwersten und tödtlichsten Versuchungen verborgen. Das fühlt ihr sofort Alle, daß in jedem Lobspruch, in jeder gelungenen That die Gefahr der Selbstgefälligkeit und der Selbstüberhebung drohte. Auch das ist unverborgen, daß aus allen Ehren und Freuden die Lockstimme der alten Schlange reizte, von dem vorgeschriebenen Wege, durch Leiden und Niedrigkeit zur Krone zu kommen, abzuweichen, um dieselbe auf dem leichtern Wege, der durch die Herrlichkeit und Selbsthülfe führt, zu erwerben. —

War diese eine große Versuchung allen jenen süßen Freuden gemein, so bot doch jede derselben noch eine neue, besondere Gefahr. Der Glanz des königlichen Rockes und Mantels, den Jonathan zugleich mit seinem Herzen dem Freunde geschenkt hatte, war zauberhaft genug, den Emporkömmling von Bethlehem seinen frühern Stand vergessen und verachten zu lassen. Und wer erst seine Herkunft vergißt, ist ein Spielball des größten Tyrannen, des Stolzes. Habt ihr das niemals erlebt?

Der Blick ferner auf Bogen, Schwert und Gürtel Jonathans konnte den Mann mit der Schleuder sehr leicht verbleuden, daß er den Blick auf Gott und seine Hülfe verlernte und in Vermessenheit Fleisch für seinen Arm hielt. Aus dem Jubellied: „Saul hat tausend geschlagen, aber David zehntausend" konnte die Hoffart ihn heraushören lassen: „Du thatest mehr, als Saul! Dir gebührt die Krone! Nimm sie dir, du Gesalbter Gottes." Führte Saul ihn in sein Haus ein, machte ihn zum Herrn über die Kriegsleute, wurde er Liebling der Höflinge und des Volks, welche Versuchung, auf die wandelbare Gunst der Menge, wie der Hohen zu lauschen, ihnen nach den Augen zu sehn, nach dem Munde zu reden, aus Gottesknecht ein Menschenknecht zu werden! — Als Saul seine älteste, David versprochene Tochter Merob dem unbekannten Adriel gab, hatte er im Sinne, Davids Ehre öffentlich zu kränken, seinen Zorn zu reizen, seinem Munde ein bittres und ungebührliches Wort zu entlocken, das er als Waffe gegen den Verhaßten gebrauchen könnte. Ahnt ihr nicht die Tiefe und Schwere auch dieser Versuchung? Darnach ließ Saul David seine jüngste Tochter Michal anbieten. Sollte da Davids gekränkter Ehrgeiz sich nicht Luft machen? Sollte er nicht in die stolzen Worte ausbrechen: „Sehet, ihr Männer, wie der König hinter mir herläuft! Wie er seine Tochter mir aufdrängt! Aber sie ist, wie er selbst, mir zu gering! Das Königreich ist doch mein!" Wenn endlich Alles ihm gelang, und deshalb seine Person in steigendem Maße von Hohen und Niedrigen angestaunt wurde, sollte er nicht, berauscht von solcher Ehre, durch's Land rufen: „Ich bin der Gekrönte! Lasset Saul, den Verworfenen Gottes, und folget mir nach!" und seine frevelhafte Hand nach der Krone ausstrecken? Ihr seht es mit euren Augen: in jeder neuen Lust lauerte eine neue Schlange, um den Geliebten Gottes in die Verse zu stechen.

Wir wollen Gott zuerst danken, daß er uns, die wir eitler Ehre so geizig sind, gnädiglich mit solchen Lobsprüchen und Ehrenbezeugungen verschont hat, wie er sie stromweise auf David herniederregnen ließ. Es bedarf nicht des Genusses großen Ruhmes, um uns zu verwirren. Ein Körnlein Weihrauch schon reicht hin, die Sinne zu umnebeln. Ein Tropfen aus dem süßen Taumelkelche der Anerkennung kann uns die Nüchternheit nehmen. Einer Magd braucht nur gesagt zu werden, sie scheure die Stube gründlich, oder sie besorge das Vieh, wie sich's gebührt, ein Knecht nur zu hören, er pflüge tief und grabe, er säe oder mähe gut, einem Wärter oder einer Wärterin darf der Kranke nur bemerken: Du verstehst meine Bedürfnisse und achtest auf meine Winke! und eine Lehrerin darf nur hören, daß sie ein wenig gelernt habe, und gegen uns alle braucht nur Einer einmal wie von ohngefähr ein nach Lob und Anerkennung klingendes Wörtlein fallen zu lassen: sofort wird das arme eitle Herz von diesem süßen Gifte ins Maßlose aufgebläht, fast möchte ich sagen, wie der Frosch in der Fabel.

Nun sollte einer Magd oder einem Knechte oder einem Handwerker oder einem Lehrer oder einem Wärter oder einer Wärterin oder irgend einem Andern von uns noch das widerfahren, daß er mit dem Nächsten verglichen und in diesem Vergleich über denselben gestellt wird, daß er wirklich, in Folge seines Verdienstes oder seiner Gaben höher gehoben wird, und allgemeine Anerkennung, Liebe und Achtung genießt, o meine Freunde, das wäre eine Lust, die auch manchem Starken Schwindel verursachte und Herz und Kopf verdrehte. Nichts Geringeres fürchtete der Herr für seine Jünger, als sie von ihrer ersten, wohlgelungenen Sendung mit Freuden wiederkamen und sprachen: „Herr, es sind uns auch die Teufel unterthan in deinem Namen!" Er sah die tödtliche Gefahr, welche in dieser Lust über den segensreichen Erfolg der Arbeit versteckt lag. Ernst und fast kalt ihrer glühenden Freude gegenüber, sprach er: „**Ich sahe wohl den Satanas vom Himmel fallen, als einen Blitz!**" sah den hohen Engel des Lichts durch hochmüthige Freude an seiner Größe und Herrlichkeit zum Satan sich umwandeln und aus dem Himmel gestoßen werden! „Sehet, ich habe euch Macht gegeben über alle Ge-

walt des Feindes. Doch darinnen freuet euch nicht, daß euch die Geister unterthan sind! (Luk. 10, 18—20.)
> Das will ich stark Beine nennen,
> Die gute Tage tragen können!

sagt ein Sprüchwort. Man könnte aber dazu setzen:
> Die Herzen will ich stärker nennen,
> Die Lob und Ehre tragen können!

Drum sagt auch die Schrift:

"Ein Mann wird durch den Mund des Lobers bewähret, wie das Silber im Tiegel und das Gold im Ofen." (Spr. 27, 21.)

Ein Herz, das Lust am Lobe hat, zieht ganze Nester giftiger Schlangen groß.

Dünkel, Ueberhebung, Selbstgefälligkeit heißt eine Familie. Eine andere: Geringschätzung des Nächsten und Hochherfahren über denselben, eine dritte Haschen nach Menschengunst und Menschengefälligkeit, das zur Menschenknechtschaft führt. Noch eine vierte nennt sich Vertrauen auf die eigne Kraft, Geschicklichkeit und Tugend, und Verachtung des einigen Helfers. Wollt ihr noch eine fünfte Familie kennen lernen, so nennt sie Anmaßung, nennt sie anspruchsvolles Wesen oder geistige Verzärtelung! Wenn dann einmal dem vom Lobe und von allem Gelingen Verwöhnten die erhobenen Ansprüche nicht befriedigt werden, sondern ihm, wie David von Saul bei der Entziehung Merobs, wirkliche oder auch nur vermeintliche Ehrenkränkung entgegentritt, dann wird noch ein Basilisk ausgebrütet: die Empfindlichkeit und Uebelnehmerei mit all ihren Launen und ihrem ungeberbigen, unleidlichen Wesen und widerwärtigen Murren. Aber das ist nun genug. Jeder fühlt es mit Zittern: in der Lust an der Ehre und Anerkennung, die uns widerfährt, liegt Versuchung über Versuchung. Woher, fragen wir, hat David die Kraft genommen, dieses Heer von Versuchungen zu überwinden.

II.

Gott der Herr legte seinem Geliebten zu jeder Lust eine Last. Da wurde ihm die Lust leichter zu tragen. Die Last, die ihn fast zu Boden drückte, gab ihm die Kraft, der unter der Lust lauernden Schlange den Kopf zu zertreten. Ich weiß wohl, daß das wunderlich klingt! Aber Alles, was Gott thut, erscheint uns wunderlich. Schauet nur mit mir die Lasten

Davids näher an. Er war zum Könige gesalbt, das Volk ehrte ihn auch als solchen, ehrte ihn mehr, als Saul. Da befahl ihm Gott: „Du sollst nicht auf den Königsstuhl steigen! Du sollst noch harren! Du sollst gehorchen, dem Toar gehorchen, den ich verworfen habe!" Denn wie die Schrift erzählt, „David zog aus, wohin ihn Saul sandte." (V. 5.) Meine Freunde, harren und gehorchen ist wohl eine schwere Last! Ihr wißt das.

Als Saul den Siegesgesang der Weiber gehört hatte, entstand in ihm furchtbar quälender Neid. Wir könnens ja auch nicht ertragen, den Nächsten rühmen zu hören. Ein Wort, was ihn gar über uns erhebt, geht uns durch's innerste Herz, wie ein giftiger Pfeil, regt den bösen Geist des Unmuths auf, vergällt uns das Süßeste, macht uns bitter und sauer und ungeberdig, und treibt uns, daß wir mit unserer Zunge, sobald die Gelegenheit sich bietet, auf unsern Nächsten losschlagen, wie mit Schwertern und Keulen, oder heimlich auf ihn schießen mit einem hämischen, giftigen Wort, wie mit einem Pfeil und Speer. Nun, wenn wir das erlebt haben, so verstehen wir's, wenn uns erzählt wird: „Saul sah David sauer an von dem Tage und fortan. Des andern Tags gerieth der böse Geist von Gott über Saul. David aber spielte auf den Saiten mit seiner Hand, wie er täglich pflegte. Und Saul hatte einen Spieß in der Hand. Und schoß ihn und gedachte: Ich will David an die Wand spießen!" Betet, ihr Knechte des Herrn, den gnädigen Gott an, der seinem Gesalbten gerade aus seiner Wonne, dem allgemeinen öffentlichen Lobe, ein so furchtbares Weh bereitete!

Wie sich Schwere auf Ehre und Bürde auf Würde reimt, so wuchs mit der steigenden Ehre und Würde, auch die Schwere der Bürde, die auf Davids Schultern lag. Als nämlich Saul ihm nacheinander seine Töchter Merob und Michal zur Ehe anbot, versteckte er unter dieser scheinbar hohen Ehre die boshafte Absicht, seinen Eidam durch fortwährende Verwickelungen in Kriege mit den wüthenden Philistern aus dem Wege zu räumen. (V. 19. 21, 25.)

Selbst David's Freundschaft mit Jonathan, in dieser trüben Zeit der einzige, erquickende Lichtblick für jenen, wurde vom Könige benutzt, den Sohn Isais ins Verderben zu bringen. Denn „Saul redete mit Jonathan, daß er David tödten sollte." (cp. 19, 1.)

Diese Falschheit und Heimtücke seines Königs und Schwiegervaters, durch die David auf allen seinen Wegen heimliche Schlingen gelegt, und aus allen, auch den innigsten und heiligsten Verhältnissen Waffen gegen sein Leben geschmiedet sah, mußte seine Seele wie auf die Folter spannen, sein Herz zermartern, mußte für ihn eine so unnennbar schwere Bürde sein, daß gegen sie jene erste, einmalige Todesgefahr kaum in Anschlag zu bringen war. — Und auch solche Last hielt Gott der Herr noch nicht für schwer genug, um seinen so hochgeehrten Knecht in der Niedrigkeit fest zu halten. Denn nachdem alle Anschläge Sauls gegen David sich als vergeblich erwiesen hatten, nachdem trotz alles offenen und geheimen Hasses Davids Name immer lauter und allgemeiner gepriesen wurde, erklärte der Rasende seinen Tochtermann endlich für vogelfrei, und schickte Boten in das Heiligthum seines Hauses, die ihn morden sollten. David mußte in der Nacht durch's Fenster fliehn, wie ein Vogel auf die Berge, wie ein gejagter Hund in die Wildniß, wiewohl an seiner Hand kein Unrecht klebte, und seine Seele dem Volke und dem Könige nur Gutes gethan hatte. Zum Könige gesalbt, und wie ein Missethäter durch's Fenster gelassen! Wie mußte solcher Gegensatz dem Geliebten Gottes durch die Seele schneiden!

Und doch gerade diese Lasten und Mühsale, die ihn zu zermalmen drohten, haben ihn gelehrt, die gefährlichen Lobsprüche, die Ehrenbezeugungen und die Erhebung auf den Gipfel des Ruhmes ohne Schaden für seine Seele zu tragen, und ihn durch alle Weihrauchwolken zu jener stillen, unerschütterlichen Demuth zu führen, die sich so lieblich und herrlich und unter allen Verhältnissen in unserer Geschichte offenbart.

Nirgends sehen wir an ihm auch nur einen Zug von Ruhmredigkeit, nirgends ein stolzes Hervordrängen, nirgends ein Pochen auf seine Verdienste, die doch unbestritten waren, nirgends auch nur die leiseste Empfindlichkeit, wozu er nach den Umständen so viel Veranlassung gehabt hätte. Ueberall stiller Mund. Wenn sein Mund ja sich aufthut, geschieht's, um in Demuth zu bekennen: „Wer bin ich? Und was ist mein Leben und Geschlecht meines Vaters in Israel, daß ich des Königs Eidam werden soll?" (V. 18) und abermals: „Dünket euch das ein Geringes, des Königs Eidam zu sein. Ich aber bin ein armer, geringer Mann." (V. 23). Solche Demuth lehrte den Geliebten Gottes jene heilige Klugheit, jenen weisen Ge-

horsam, wodurch er in all den vielen verwickelten Lagen, in die
er gerieth, das rechte Wort redete, das rechte Werk that, alle
Klippen vermied, alle Netze umging. Ausdrücklich und ein über
das andere Mal wird erzählt: „David hielt sich klüglich
in allem seinem Thun. (V. 4, 14. 15.) und zum Schlusse
noch einmal: „David handelte klüglicher, denn alle
Knechte Sauls, daß sein Name hochgepriesen
ward." Und wenn nun solche, alle Bosheit zu nichte
machende und den Todfeind selbst mit heiliger Scheu er-
füllende Demuth und Einfalt euer Herz mit Freude füllt,
meinet ihr, daß dieselbe in Davids Herzen so feste Wurzel
würde geschlagen haben, wenn ihm Gott durch alle Nöthen
und Trübsale nicht ein so schweres, so furchtbares Gegen-
gewicht bereitet hätte! Wer weiß es, ob ohne dasselbe nicht
auch über David das Klagelied hätte gesungen werden müssen:
„Wie bist du vom Himmel gefallen, du schöner
Morgenstern." Er selbst wenigstens hat sich sehr vor der
Versuchung durch Hochmuth gefürchtet, hat niemals seine
Nöthen und Lasten fortgewünscht, sondern immerdar dem Herrn
gedankt, der ihn durch dieselben so treulich bemüthigte. Selbst
der 59. Ps., den David betete, als Saul ihn in seinem
Hause tödten wollte, schließt mit dem Lobliede: „Ich will
von deiner Macht singen und des Morgens rühmen deine Güte; denn du bist mein Schutz und Zuflucht in meiner Noth. Ich will dir, mein Hort,
lobsingen; denn du, Gott, bist mein Schutz und
mein gnädiger Gott." (Ps. 59, 17. 18.)

Er wurde also, — und das ist ein zweiter, überreicher
Segen der bürdereichen Tage, er wurde, — da sie überall auf
seine Seele lauerten, (Ps. 59, 4.) ganz in die Arme seines
Gottes getrieben, wie ein Kind in den Schooß der Mutter,
oder wie eine Taube in die Steinritzen, so daß er selbst auf
der angstreichen Flucht, rühmen mußte: „Gott erzeigt mir
reichlich seine Güte." Ps. 59, 11.

In unserer Textgeschichte selbst wird erzählt, daß der
wilde Haß Sauls David zu Samuel, dem Seher Gottes,
trieb. Ihm folgte und klagte er alle Noth. Bei ihm fand
die Quelle aller Hülfe, die Offenbarung Gottes, und in ihr
Rath und Ruhe. Bei ihm erfuhr er auch das augenscheinliche
Dreingreifen Gottes. Denn dreimal sandte Saul Boten zu
Samuel, daß sie David griffen; aber dreimal ging es ihnen,

wie es Bileam vor ihnen ergangen war. Sie mußten weissa-
gen statt fluchen und morden. Saul selbst stürzte in Raserei
nach Najoth in Rama, um mit eigner Hand David zu
würgen. Aber auch Saul ging es wie demselben Bileam.
„Er weissagte auch vor Samuel und fiel bloß nieder den ganzen
Tag und die ganze Nacht." David wurde von seinem Gott
behütet, wie ein Augapfel im Auge. Sein Gott war eine feurige Mauer um ihn her, und bereitete ihm buchstäblich einen
Tisch Angesichts seiner Feinde, und salbte sein Haupt mit Oel
und schenkte ihm voll ein!

Meine Lieben, wollen wir nun noch murren, wenn Gott
uns eine Last auflegt, wenn er aus jeder Würde uns eine
Bürde schafft? Haben wir die Last weniger nöthig, als David? Oder haben wir ganz vergessen, was selbst der Apostel
Paulus, deß Name schon der Niedrige bedeutetet, von sich
bekennt: „Auf daß ich mich nicht der hohen Offenbarung überhebe, ist mir gegeben ein Pfahl ins Fleisch, nämlich des Satans Engel, der mich mit Fäusten schlage, auf daß ich mich
nicht überhebe. Dafür ich dreimal dem Herrn geflehet habe,
daß er von mir wiche. Und er hat zu mir gesagt: Laß dir
an meiner Gnade genügen, denn meine Kraft ist in den
Schwachen mächtig." (2, Cor. 12, 7—9.)

Ist denn in uns keine Versuchung zur Ueberhebung, zur
Hoffart, Ruhmredigkeit, Vermessenheit, Verachtung des Andern,
Empfindlichkeit? Wir Armen! Sie ist so groß, daß sie nicht
anders überwunden werden kann, als wenn Gott uns
treulich und gründlich demüthigt. Und wie soll er uns demüthigen? Er muß, wie er's ja auch gnädiglich thut, jedes Lob,
jede Anerkennung, jeden Erfolg unserer Arbeit, jede Erhebung
auf einen höhern Posten uns sofort in eine Last umwandeln,
die den alten Menschen so unter Wasser hält, daß er nicht,
wie Pharao, wieder Luft kriegt, und das freche Haupt aufs
neue erhebt! Er muß uns seine gewaltige Hand fort und fort
auf dem Haupt und an unserm Herzen, und wenn es nicht
anders sein kann, auch in unserm Fleisch fühlen lassen. So
erst lernt man Demuth, und Demuth lehrt Gehorsam, und
Demuth und Gehorsam im festen Verein lehren klüglich handeln, klüglich reden, denn sie tödten die Selbstgefälligkeit, die
Verachtung des Nächsten und die Empfindlichkeit, die drei
Stücke, die den Menschen zum Narren machen, daß er thörlich
redet und thörlich handelt.

Die Demuth, die mit geängstetem Geiste unter die Last sich beugt, wird auch uns zur rechten, einigen Quelle aller Hülfe, zur Offenbarung Gottes, führen, wo Schutz ist, ewiger Schutz gegen alle Gefahr von außen und innen. Aber ehe man gründlich aller Hoffnung auf Selbstrettung absagt, und wie David und Paulus, Gott und seiner Gnade sich unbedingt in die Arme wirft, muß man auch geängstet sein, wie David, muß fliehen, wie ein Rebhuhn auf der Haide, wie ein gejagtes Reh auf den Bergen, muß den Pfahl im Fleische fühlen, muß von des Satans Engel mit Fäusten geschlagen werden, auf daß die alte Natur bis zur Ohnmacht, ja bis zum Tode schwach werde. Dann lernt man in das Triumphlied Pauli einstimmen: „**Ich bin gutes Muths in Schwachheiten, in Schmachen, in Nöthen, in Verfolgungen, in Aengsten um Christi willen. Denn wenn ich schwach bin, so bin ich stark!**" (2. Cor. 12, 10.)

Die Schwäche die Wurzel der Stärke! Die Last die Ursache der Ueberwindung! Das ist ein wundervolles, aber seliges Geheimniß! Wer es durchschaut hat, und wessen Leben selbst eine Offenbarung dieses Geheimnisses ist: der ist der Mann nach dem Herzen des Herrn!

„Bist **Du** ein Mann nach dem Herzen des Herrn?" Amen.

Mein stolzes Herz.

Mein stolzes Herz hat keine Ruh!
Das muß ich, Herr, dir klagen;
Es flattert hohen Dingen zu,
Und kann sie doch nicht tragen.

So süß der Honig ist dem Mund,
Ist ihm ein Tag der Ehre,
Wiewohl doch nichts im Erdenrund
Also zu fürchten wäre!

„Es thut dir noth, du stolzes Herz,
Daß Gottes Gnadenwille
Dich unter Lasten, Joch und Schmerz
Fest halt' in niedrer Stille.

Willst du, als sel'ger Hochzeitsgast,
Einst ziehn zu Salems Thoren,
So trag hier willig Joch und Last,
Sonst, Herz, bist du verloren! —

Fünfte Predigt.

1. Sam. 20.

Freundschaft unter den Knechten Gottes.

Nehmen wir zu dem verlesenen Abschnitt noch den Anfang des 18. und 19. Capitels, so wie das Klagelied Davids über Sauls und Jonathans Tod (2. Sam. 1) hinzu, so haben wir ein so liebliches und erquickliches Bild von Freundschaft unter Knechten Gottes, wie es uns in solcher Weise in der ganzen Bibel nicht wieder entgegen tritt. Mitten unter Haß und Hader, Falschheit und Verleumdung, Streit und Kampf, Noth und Elend, Verfolgung und Flucht erscheint uns der Ort, wo David und Jonathan weilen, wie eine stille Friedenshütte, um die der Odem Gottes weht. Gott hat uns dieselbe nicht bloß vor die Augen gemalt, — was sollte eine gemalte Friedenshütte uns frommen? — er hat sie vor uns aufgebaut, so daß, wer da will, hineingehen kann. Die Geschichte Davids und Jonathans ist uns erzählt, nicht weil sie einmal vor mehreren tausend Jahren geschehen ist, sondern damit sie fort und fort neu geschehe, damit sie mitten im Neiden und Streiten unserer Tage gleiche Freundschaften nach dem Herzen Gottes, gleiche Friedenshütten schaffe. Wer denn Ohren hat zu hören, der höre. Der Herr redet heute zu uns von der

Freundschaft unter den Knechten Gottes.

Wir wollen drei Fragen aufwerfen, und aus unserer Geschichte die Antwort sogleich hinzufügen.

I. Worauf gründet sich die Freundschaft unter Knechten Gottes? — Sie ist ein Bund im Herrn.

II. Welche Gefahren drohen auch der Freundschaft unter den Knechten Gottes? — Daß der Eine,

die Sünde des Andern übersehend, um seinet=
willen thut, was vor Gott nicht recht ist.
III. Welcher Segen ruht auf der Freundschaft
unter den Knechten Gottes? — Sie lehrt neid=
lose Freude mit den Fröhlichen und treues
Trauern und Tragen mit den Trauernden. —

I.

Wenn uns schon zu Anfange des 18. Capitels erzählt wurde, daß Jonathans Herz mit dem Herzen Davids sich verband, beide einen Bund mit einander machten und Einer den Andern lieb hatte, wie sein eigen Herz, so fühlen wir es zwar schon diesen Worten an, daß das Band, welches sie an einander fesselte, ein durchaus lauteres und edles war. Indeß wird uns in diesen Worten doch noch nicht gesagt, was eigentlich den Einen zum Andern hingezogen hat. Es konnte dieser Zug auch ein bloß natürlicher sein, ein gegenseitiges Wohlwollen und Gefallen, eine gegenseitige Bewunderung des Charakters und der Thaten des Andern. — Wäre das der Fall gewesen, so hätte die Freundschaft beider wohl eine nach Menschenurtheil edle, aber niemals eine Freundschaft nach dem Herzen Gottes werden können. Hier waren höhere, als bloß natürliche Triebe, wirksam. Es war mehr bei Jonathan, als bloße Lust an Davids Saitenspiel und Heldenthat und an seiner schönen Gestalt, und bei David mehr, als nur Lust an der Ehre, des Königssohnes, des Besten und Edelsten in Israel, vertrauter Freund zu sein. Wir haben dafür ein ausdrückliches Zeugniß. David sagt zu Jonathan: „Du hast mit mir, deinem Knechte, einen Bund im Herrn gemacht." (20, 8.) — Als sie später ihren Bund erneuerten, wird uns erzählt: „Und sie machten Beide einen Bund mit einander vor dem Herrn." (23, 18.) Was wollen diese Worte sagen?

Wir wissen aus der früheren Geschichte Jonathans, namentlich aus seinem Bekenntniß: „Es ist dem Herrn nicht schwer, durch viel oder wenig helfen" (1. Sam. 14, 6.), daß er im lebendigen Glauben an den lebendigen Gott stand und durch denselben große Thaten verrichtet hatte. Aber sein Glau=
bensmuth war matt geworden. Denn bei dem allgemeinen Ent=
setzen vor dem philistäischen Riesen wagte auch Jonathan nicht, an Hülfe zu denken. Da kommt der Hirtenknabe, hat

nichts, als seine Schleuder und seinen Glauben, und gewinnt jenen glorreichen Sieg, den Niemand gehofft hatte. Die beiden Jünglinge sahen sich einander in die Augen, und durch's Auge bis in's Herz. Sie sind, außer dem alten Samuel, der sich in die Stille zurückgezogen hatte, die Einzigen, von deren Glauben wir in jener glaubensarmen Zeit wissen, die für die Ehre ihres Herrn und das Heil ihres Volkes in reinem Feuer glühten. Wie konnte es anders sein: so bald sie sich nahe kamen, mußten ihre Herzen und Seelen sich zusammenschließen. Ihr Glaube, der beide mit derselben Sehnsucht füllte, beiden dasselbe heilige, hohe Ziel des Strebens vorhielt, mußte eine Lebens- und Liebesgemeinschaft schaffen. Einer fand im Andern sich selbst wieder und sein ganzes Streben. Jonathan sah in Davids Herzen die Flamme, die sein eignes, matt brennendes Feuer neu anfachen konnte, David in Jonathan das Feuer, das die Salbung des Herrn so eben in ihm angezündet hatte. Darum hatte Einer den Andern lieb, wie seine eigne Seele, gab Einer dem Andern sein Herz, und mit dem Herzen, was er hatte. Das ist ein Bund im Herrn, ein Bund vor dem Herrn! — Das ist die Freundschaft, wie sie unter den Knechten und Mägden des Herrn im Reiche Gottes sein soll!

Es ist Gottes gnädiger und guter Wille, daß jedes Menschenherz sich nach besonderer Gemeinschaft sehnt. Paulus selbst, der Mann mit den offnen Liebesarmen, stand in einem ganz besonders nahen Verhältniß zu den Philippern, und unter seinen Schülern und Mitarbeitern zu Timotheus, von dem er sagt, er habe keinen als ihn, der so gar seines Sinnes sei. (Phil. 2, 20.) Der Herr selbst, der alle Menschenkinder mit gleicher Liebe auf seinem hohenpriesterlichen Herzen trug, bildete aus seinen Jüngern sich einen engern Freundeskreis, nicht allein seines Amtes, sondern auch seiner Person wegen, und von den Dreien lag wieder Einer, den er lieb hatte, an seiner Brust. — Dies Bedürfniß nach besonderer Gemeinschaft ist so unaustilgbar, daß selbst der Sünder, der durch seinen Eigennutz und seine Selbstsucht, die Beschränkung auf das eigne Ich, sich von Allen absondern muß, doch auch wieder Gemeinschaft sucht. „Die Sünder lieben auch ihre Liebhaber", sagt der Herr. (Luk. 6, 32). Und Jesaias straft (Jes. 5, 18) die Leute vom Haus Israel, daß sie sich „zusammenkoppeln mit losen Stricken, Unrecht zu thun, und mit Wagenseilen, um zu sündigen." Je tiefer in Jedem von uns das Bedürfniß nach

Gemeinschaft liegt, desto ernster ergeht an uns die Mahnung: koppelt euch nicht zusammen mit losen Stricken, mit Banden groben oder feinen Eigennutzes, geistiger oder fleischlicher Selbstsucht. Soll ich solcher Bande einzelne aufzählen? Das ist Wohlgefallen an der äußern Gestalt oder dem angenehmen Wesen eines Andern, Uebereinstimmung im Temperament, gegenseitiges Schmeicheln und Weihrauchstreuen, gleiche Abneigungen und Vorurtheile gegen einen Dritten, gleiches Gefühl verletzter Eitelkeit, gleiche sündige Begierden und Triebe, die durch Vereinigung Nahrung suchen, gleiche Lust zum Afterreden und Richten, der Wunsch, durch den andern zu steigen oder sonst einen Vortheil zu erhalten, der Reiz, Jemanden zu haben, dem man sein Murren und seine Unzufriedenheit mittheilen, oder mit dem man behaglich sich zerstreuen, und den Ernst der Einsamkeit vom Gewissen fern halten kann. Alle diese und ähnliche Dinge können wohl zwei zusammenkoppeln, daß es scheint, als wenn sie mit Wagenseilen an einander gebunden seien, aber es sind doch lose Seile. Sie reißen, wie die Spinnweben. Sie können weder gegenseitige Liebe, noch Ehrerbietung bewirken, und ohne diese Bande kann keine Gemeinschaft bestehen! Sie bringen nicht dem Reiche Gottes, sondern dem der Finsterniß Früchte. Sie säen Neid, Zank, Zwietracht, Haß und Hader und sind der Tod der rechten, wahren Gemeinschaft."

O daß unter uns ein Bund geschlossen würde im Herrn und vor dem Herrn! Soll das geschehn, so muß unsre Gemeinschaft im Vater und im Sohne sein, und durch den Glauben geboren werden, den wir unter einander haben, durch die gemeinschaftliche Arbeit des Glaubens, das gemeinschaftliche Beten und Flehen um Erreichung des Einen Zieles, durch den gemeinschaftlichen Eifer und die gleiche Liebe für die Ehre des Herrn und sein elendes, hartgeschlagenes Volk, durch die gemeinschaftlich getragene Noth, die gemeinschaftlich erduldeten Leiden um des Herrn und seines Reiches willen, durch die gemeinschaftlich erkämpften Siege, durch die gleiche Hoffnung des unvergänglichen, unbefleckten, unverwelklichen Erbes, das behalten wird im Himmel! Wo Zwei also im Herrn verbunden sind, da ist die brüderliche Liebe herzlich, da kommt Einer dem Andern mit Ehrerbietung zuvor. Verletzt aber einer die Liebe und schuldige Achtung, wie denn das unter sündigen Adamskindern nicht ausbleiben kann, so wandeln sie vor dem Herrn, der das Getrennte wieder zusammenführt. Auch das ist dieser

Freundschaft eigen, daß sie die Verbundenen dem andern Bruder nicht entzieht, noch jemals Partheiungen macht. Jonathan, Davids Eigenthum, gehört immerdar seinem ganzen Volk und seinem Vater. Er deckte des letztern Blöße und Schande vor David milde zu. Wie anders ist das bei den falschen Freundschaften, in denen man nichts Wichtigeres und Eiligeres zu thun weiß, als Jeden, der dem sogenannten Freunde unlieb ist, in seiner Schwäche darzustellen und ihn mit der Zunge todt zu schlagen. — Paulus, mit den Philippern und Timotheus innig verbunden, war immer von mütterlicher Gesinnung gegen alle von ihm gezeugten, geistigen Kinder entbrannt, und der Herr selbst, ich darf es ja nicht erst besonders sagen, entzog sich um eines Johannes willen, der an seiner Brust lag, keinem der Geringsten, die sich zu ihm nahten. —

Doch ob auch Davids und Jonathans Bund im Herrn geschlossen war, sie blieben beide der Sünde unterworfen. Darum konnte und mußte die alte Schlange versuchen, auch in ihren Bund einzudringen.

Laßt uns das sehen.

II.

David war in sehr großer Noth. Er war bei Nacht und Nebel aus seinem eigenen Hause zu Samuel nach Rama geflohn. Dorthin sandte Saul dreimal feile Mörder, denen er endlich selbst folgte, um David mit eigner Hand zu tödten. Aber er durfte dem Gesalbten Gottes kein Leid thun. Während nun Saul noch bei Samuel in Rama war, floh David zu Jonathan wie eine gescheuchte Taube, und rief ihm entgegen: „Was habe ich gethan? Was habe ich mißgehandelt? Was habe ich gesündiget vor deinem Vater, daß er nach meinem Leben stehet? Wahrlich, so wahr der Herr lebet und so wahr deine Seele lebet, es ist nur ein Schritt zwischen mir und dem Tode!" — Es war so. Die Gefahr war auf's Höchste gestiegen. Dennoch antwortete ihm der arglose, mit verschonender Liebe Alles zum Besten wendende Jonathan: „Das sei ferne, du sollst nicht sterben. Siehe, mein Vater thut nichts, weder Großes noch Kleines, daß er nicht meinen Ohren offenbare. Warum sollte denn mein Vater dies vor mir verbergen? Es wird nicht so sein!" Diese herzquickende Arglosigkeit Jonathans konnte der mit größern Verstandeskräften und darum mit mehr Menschenkenntniß begabte David kaum begreifen. Ein Schatten von Argwohn gegen seinen Freund fuhr ihm durch die Seele. „Ist eine Missethat in mir, rief er, so tödte du mich! Denn warum wolltest du mich zu deinem Vater bringen?" — In der Angst seines Herzens ersann er ein Mittel, um Saul wie Jonathan zu prüfen und sich zu retten. Er wollte an den folgenden Tagen, wo Hoffeste waren, nicht an der königlichen Tafel auf seinem Platze erscheinen. Jonathan sollte seinem Vater sagen, daß er, David, ein Opfer in Bethlehem darbringen müßte. Aus der Wirkung dieser Antwort auf Saul wollte David erkennen, ob jener seinen Untergang beschlossen oder seinen Zorn gemildert hätte. (V. 5—7.) Er überredete also seinen Freund zu einer Lüge gegen den eignen Vater. Der weichere Jonathan ließ sich, um jeden Verdacht Davids von sich zu wenden, überreden. „Ich will an dir thun, was dein Herz begehrt!", sagte er und brachte die Lüge wirklich vor seinen Vater. (V. 28.) Da sehet die Gefahr, die auch in den Bund eines Jonathan und David hineinzuschleichen suchte.

Warum begehrte David die Lüge von Jonathan? Wußte er nicht, daß Jonathan Muth genug hatte, um des Freundes willen offen und ehrlich mit seinem Vater Saul zu sprechen? Hatte er sich dem Zürnenden nicht früher schon in den Weg gestellt und gesprochen: „Es versündige sich der König nicht an seinem Knechte David, denn er hat keine Sünde wider dich gethan, und sein Thun ist dir sehr nütze! Warum willst du dich denn an unschuldigem Blut versündigen, daß du David ohne Ursach tödtest?" (Cap. 19, 4. 5.) Und warum willigte Jonathan in die Lüge? Hatte er nicht selbst erfahren, daß seine offene und freimüthige Sprache den Grimm seines Vaters überwunden, daß Saul der Stimme seines Sohnes gehorcht und geschworen hatte: „So wahr der Herr lebet, er soll nicht sterben!" (Cap. 19, 6.)

Der Herr ist gnädig; er ließ die Lüge nicht gelingen, sie vielmehr, wie einen zermalmenden Stein, auf das Haupt des Freundes zurückfallen. Denn als Jonathan mit der Lüge zu seinem Vater trat, durchschaute dieser dieselbe schnell und leicht und rief, voll großen Grimmes: „Du ungehorsamer Bösewicht! Ich weiß wohl, daß du den Sohn Isais auserkoren hast dir und deiner unartigen Mutter zur Schande! So sende nun hin und laß ihn herholen zu mir, denn er muß sterben." Jonathan gab seine lügenhafte Rolle auf und sprach mit früherm Freimuthe zu seinem Vater: „Warum soll er sterben? Was hat er

gethan?" Aber durch die Lüge einmal gereizt, vermochte der
Jähzornige den Widerspruch der Wahrheit nicht zu tragen. Er
schoß den Spieß nach dem eignen Sohne, und schnaubte gegen
David mit dreimal stärkerm Zorn, denn vorher. Solche Noth
ziehen die über ihr Haupt, die einen Bund im Herrn und vor
dem Herrn gemacht haben und dennoch aus dem Herrn und seiner
Gemeinschaft sich verirren und mit losen Seilen der Unwahrheit
sich zusammenkoppeln! — Das soll uns in unserm Zusammen-
leben einen Spiegel vorhalten. — Einzelnes, was zwei, die sich
nahe stehen, Gott Mißfälliges thun, kann wohl ruchtbar wer=
den. Das Meiste aber bleibt unter ihnen selbst verborgen. An
dieses mir Verborgene, Gott aber Offenbare und euch selbst
Bewußte laßt mich euch erinnern. Zwei arbeiteten zusammen,
oder trugen Lasten mit einander. Die Eine wurde von einer
Sünde, etwa einer Untreue im Amte überrascht, oder von
einer bösen Lust versucht. — Die andere, statt freimüthig die
Sünde anzuzeigen, deckte sie mit falscher Schonung zu, oder
ging, statt der Freundin die Lust überwinden zu helfen, auf
ihr sündiges Begehren ein und brachte über Beide Noth und
über ihr Amt Schmach. Zwei Andre wollten, wie auch David,
durch Verschweigen oder durch eine kleine Unwahrheit, zu der
sie sich gegenseitig überredeten, eine Unbequemlichkeit, eine Widerwärtigkeit abwenden, und haben statt der einen zehn andre
und schwerere Lasten über ihr Beider Haupt gebracht. Oder
Einer wurde gestraft und gerieth aus verletzter Eitelkeit in
große Empfindlichkeit. Der andre hat ihn nicht auf den rechten
Weg der Demuth hingewiesen, sondern in falscher Freundschaft
ihm halb oder gar ganz recht gegeben und das Uebel ärger
gemacht. Aus allen diesen traurigen Erfahrungen klingt uns
das ernste Wort entgegen: „Wer mit seinem Nächsten
heuchelt, der bereitet ein Netz zu seinen Fuß-
stapfen!" (Spr. 29, 5.) Darum bleibet im Herrn, die ihr
einmal im Herrn verbunden seid, und wandelt allezeit vor dem
Herrn! Dann allein behaltet ihr die Lust zur Wahrheit, die
im Verborgenen liegt, und die Wahrheit wird euch frei machen
von jeglicher falschen Schonung, von allem unwahren Nach=
geben und weichlichem, verderblichem Mitleid. Ihr werdet an
das Wort Salomos denken: „Oeffentliche Strafe ist besser,
denn heimliche Liebe; die Schläge des Liebhabers meinen es
recht gut; aber das Küssen des Hassers ist ein Gewäsche."
(Spr. 27, 5. 6.) und an das Gebot eures Meisters: „Habt

Salz bei euch!" wie an das des Apostels: "Eure Rede sei allezeit lieblich und mit Salz gewürzet!" und werdet dadurch, wie Paulus dem Petro, dem Freunde den heiligen Liebesdienst erweisen, ihm, wenn er trügt, heuchelt oder sonst abirrt, unter Augen zu widerstehen. Da wird denn das alte, oft vergessene Wort auf's neue erfüllt: "Wer einen Menschen straft, wird hernach Gunst finden, mehr, denn der da heuchelt." (Spr. 28, 23.)

Unsere Vorfahren erzählten sich, daß der Teufel es bei keiner Mahlzeit aushalten könnte, bei der Salz auf dem Tische stünde. Meine Lieben, der Versucher kann keine Gemeinschaft annagen und verderben, wenn das Salz der Wahrheit und Wahrhaftigkeit unter ihren Gliedern herrscht. Davor flieht er.

III.

Ich komme zum dritten Punkte, zur Frage, welches der Segen der Freundschaft nach dem Herzen Gottes sei? — Aus dem gemeinschaftlichen Glauben an den lebendigen Gott und seine Sache, mußte sofort jene innige, treue Liebe geboren werden, die so lieblich und herrlich geschildert wird in den Worten: "Das Herz Jonathans verband sich mit dem Herzen Davids, und sie hatten sich einander lieb, wie ihr eignes Herz." Im Wesen des Bundes im Herrn liegt also schon der Segen desselben angedeutet. Es ist die hingebende, aufopfernde Liebe, die nicht das Ihre sucht, sondern das, was des Andern ist, die Tödtung also der Selbstliebe und der Selbstsucht. Hatte Jonathan David erst sein Herz gegeben, so war es nichts Großes, daß er sich auch dessen entäußerte, was er besaß.

Die selbstsuchtslose Liebe trägt vornehmlich zwei edle Früchte, die neidlose Freude mit dem Fröhlichen und das treue Mittrauern und Mittragen mit dem Trauernden. Wie herzerquickend winken uns beide aus der Geschichte unserer Freunde entgegen! Durch Davids glorreichen Sieg trat Jonathan, der früher als Ueberwinder vom Volke hochgepriesen war, ganz in den Schatten. Er verlor sogar durch David seine Hoffnung auf die Königskrone. Dennoch schaute er mit freudevollem Auge die Thaten Davids und seinen steigenden Ruhm. "Du wirst König werden über Israel!" sagte der von der Krone Ausgeschlossene zu dem Emporkömmling. Wenn auch er selbst nicht zum Retter seines Volkes berufen war, war es ihm doch genug, daß seinem Volk Erlösung zu Theil wurde durch seinen

Freund. Müssen wir vor solcher Mitfreude nicht schamroth werden! Oeffnet sich unser Herz und Mund nicht zu dem sehnsüchtigen Flehen: „O mein Gott, gieb mir ein neidloses Auge." Wir wollen es bekennen: es geht uns leider wie Saul. Wir können es schwer mit anhören und ansehen, daß der, welcher mit uns arbeitet, für den Herrn etwas vollendet und darum gelobt und anerkannt wird, weil wir im Lob und der Anerkennung des Nächsten unsere eigene Verkennung und Geringachtung zu erleben fürchten. Nicht bloß der pharisäische, ältere Sohn wurde von häßlicher, bitterer Scheelsucht ergriffen, als sein jüngerer, verlorner Bruder wieder in seines Vaters Armen ruhte. Auch Martha, die der Herr doch lieb hatte, konnte sich derselben nicht erwehren, als sie Mariens stilles Glück zu Jesu Füßen sah. Und als Johannes, der stille, sanfte Jünger der Liebe, der an Jesu Brust lag, Einen sah, der Teufel austrieb in Jesu Namen, aber nicht ihrer Gemeinschaft folgte, verbot er ihm, wie er rühmend selbst erzählt, die Arbeit für den Herrn. (Mrk. 9, 38.) — Petrus brach, als der Herr ihm seine Lämmer anbefohlen hatte, und auch Johannes zu den Zweien trat, sofort nach der dreimaligen Versicherung seiner Liebe zum Herrn in die, von Mißgunst gewiß nicht freien Worte aus: „Was soll aber dieser?" (Joh. 21, 21.) Auch uns muß der Herr, wie jenen Schalksknecht, oftmals schelten: „Siehst du darum scheel, daß ich so gütig bin?" Denn wenn wir auch die Ausbreitung des Reiches Gottes lieben, wurmt es uns doch, daß der Herr andre Knechte uns vorzieht.

Wie sollen wir Herr werden über diesen garstigen Neid? Ein Weg zum Siege ist der, daß wir, die wir für den Herrn und seine Sache arbeiten und streiten, in eine innige, heilige Gemeinschaft treten. Es ist zwar nicht möglich und auch nicht Gottes Wille, daß alle seine Knechte einen persönlichen Freundschaftsbund schließen. Aber ein Bund im Herrn und vor dem Herrn könnte doch und sollte unter jenen Allen stattfinden, in denen der eine Grund gelegt ist, außer welchem kein anderer gelegt werden kann. Vielleicht, wenn zu Sauls Zeiten viele Gläubige für den Herrn und sein Reich geglüht hätten, würden sich David und Jonathan nicht so fest zusammengeschlossen und das Trennende mehr gefühlt haben. Daß der Herr jetzt aller Orten seine Gläubigen erweckt, ist das vielleicht die Ursache, daß wir uns nicht mehr, wie zu jener Zeit, von der unsere Väter uns erzählen, warm und eng zusammenschließen, und darum noch so viel Neidens und Streitens herrscht? O wir Thoren! Wir sind doch und bleiben immerdar ein kleiner, schwacher Haufe. Der Unbeschnittenen an Ohren und Herzen ist Legion. Wir hätten gewiß viele Ursache, uns durch die Noth der Zeit zu einander hintreiben zu lassen, in dem Herrn und vor dem Herrn einen Bund zu machen, um in solcher innigen Liebesgemeinschaft die Kraft zu finden, durch welche wir Neid, Scheelsucht und Mißgunst, dieses giftige Eitergeschwür im inwendigen Leben, siegreich überwinden können. In solchem Bunde würde unser neidlos gewordenes Auge in seliger Mitfreude auf alle Werke hinschauen, die Gottes Gnade durch seine Rüstzeuge geschehen läßt. Auf der andern Seite würden wir auch, was der Herr etwa durch uns thut, nicht geizend für uns allein in Anspruch nehmen, sondern fröhlich mit den Freunden theilen. Als David in etwas späterer Zeit mit seinen sechshundert Genossen den räuberischen Amalekitern von Ziklag aus nachjagte (Cap. 30), blieben zweihundert müde am Bache Besor zurück, und bewachten das Geräthe. Mit den vierhundert vernichtete David die Feinde und riß ihnen ihren Raub ab. Als sie nun zu jenen zurückkehrten, „sprachen, was böse und lose Leute waren: Weil sie nicht mit uns gezogen sind, soll man ihnen nichts geben von dem Raube, den wir errettet haben! Da sprach David: Ihr sollt nicht so thun, meine Brüder, mit dem, das uns der Herr gegeben hat und hat uns behütet? Wer sollte euch darinnen gehorchen? Wie das Theil derjenigen, die in den Streit hinabgezogen sind, so soll auch sein das Theil derjenigen, die bei dem Geräthe geblieben sind und soll gleich getheilet werden! Das ist seit der Zeit und forthin in Israel eine Sitte und Recht geworden, bis auf diesen Tag!" (Cap. 30, 22—25). Ist solches, geistig gedeutet, noch eine Sitte und Recht im neutestamentlichen Israel bis auf diesen Tag? Ach! wir sind recht lose und böse Leute, daß wir unsere Brüder und Freunde, die wegen ihrer Müdigkeit, wegen geringerer Anlagen oder aus sonst einer andern Ursache von Gott an einem scheinbar leichtern und unwichtigern Posten hingestellt sind, keinen Theil am Siege und an der Beute haben lassen, die doch der Herr allein uns gegeben hat! "Es sind mancherlei Aemter, aber es ist ein Herr!" (1. Cor. 12, 5.) Der Siegesgewinn muß Allen gemein sein! Auch das wird wieder Sitte und Recht in Israel werden, und das

Hetzen wie das Neiden wird aufhören, wenn die Arbeiter und
Streiter des Herrn lernen werden, einen Bund im Herrn und
vor dem Herrn zu machen. —

Wenn die guten Tage in schwere sich verkehren, wird die
selbstsuchtslose Mitfreude ein treues Mittragen und Mittrauern.
So froh Jonathan mit David in den Tagen des Sieges-
jubels war, so treu trug er mit ihm die Last der bösen Zeit, und dies
zu dürfen, war eben sein Trost bei der Noth des Freundes.
Frei und muthig steht er vor seinem zürnenden Vater, um dem
Freunde zu helfen, über den das Wetter hereingebrochen war.
(Cap. 19.) Aus allen seinen Worten, die uns in unserm Ca-
pitel erzählt werden, hören wir lebendig heraus, wie er das
Leid Davids als sein eignes Leid mitfühlt. Als er sieht, daß
er die Noth nicht heben kann, „da küsseten sie sich mit einander
und weineten mit einander. David aber am allermeisten. Und
Jonathan sprach zu David: „Gehe hin mit Frieden!
Was wir beide geschworen haben im Namen des Herrn und
gesagt: Der Herr sei zwischen mir und dir, zwischen meinem
Samen und deinem Samen! das bleibe ewiglich." (V. 41. 42.)
„Gehe hin mit Frieden!" So schieden die Freunde und
warfen auf die starken Schultern des Herrn, was für sie zu
schwer war. „Gehe hin mit Frieden!" Das mußte dem David
im Herzen wiederklingen, wenn er nirgend Frieden, überall
Haß sah.

Endlich wurde die Noth Davids so groß, daß er wie
eine einsame Rohrdommel in der Wüste heulen mußte. „Da
machte sich Jonathan auf und ging hin zu David in die Haide
und stärkte seine Hand in Gott, und sprach zu ihm: Fürchte
dich nicht, meines Vaters Sauls Hand wird dich nicht finden,
und du wirst König werden über Israel!" (Cap. 23, 16—18.)
Und zog darnach Jonathan auch wieder heim, und mußte David
in der Wüste bleiben, die Liebe und Treue und der Glaube
und das Gebet Jonathans hatten Davids Hand und Herz
reichlich in Gott gestärkt. —

Als später David erhöht und Jonathan sammt seinem
Vater erschlagen wurde, war David seiner Seits fern von
Schadenfreude über den Fall seines Feindes Saul, frei auch
von der leisesten Lust an Jonathans Tode, der ihm auf dem
Wege zum Throne doch immer noch im Wege stand! Wie treu
und tief ergreifend klingt sein Trauerlied über die gewaltigen
Helden, das in den Herz und Seele durchdringenden Worten

austönt: „Es ist mir leid um dich mein Bruder Jonathan! Ich habe große Freude und Wonne an dir gehabt; deine Liebe ist mir sonderlicher gewesen, denn Frauenliebe ist!" (2. Sam. 1.) Nach Jonathans Tode hat er die Trauer des Hauses Sauls treulich mitgetragen, und Mephiboseth, Sauls Nachkömmling, mit inniger Liebe gepflegt.

Kann der Herr Christus selbst seine Freude nicht bei sich behalten, sondern muß rufen: „Freuet euch mit mir, ich habe mein Schaf gefunden!" so kann er auch die Trauer nicht allein tragen. Er muß, wie wohl er Gottes Sohn ist, sein Herz in eines Menschen Herz schütten. „Meine Seele ist betrübt bis in den Tod!" sprach er zu den schwachen Jüngern in Gethsemane, bleibet hier und wachet mit mir." (Matth. 26, 38. 40.) Wie viel mehr thut es uns Menschen noth, daß wir mit einander unsre Lasten tragen, treu mit einander trauern, treu mit einander wachen und beten, und nicht einschlafen oder gleichgültig werden, wenn des Einen Seele in irgend einer Bedrängniß zittern und zagen muß!

Als in der spätern Zeit Davids die Syrer von Norden, die Ammoniter von Osten das Volk des Herrn zu gleicher Zeit angriffen, sandte Joab, der Feldherr Davids, seinen Bruder Abisai gegen Ammon, während er selbst gegen die Syrer zog. Vor ihrer Trennung sprach er: „Werden mir die Syrer überlegen sein, so komm mir zur Hülfe; werden aber die Kinder Ammons dir überlegen sein, so will ich dir zu Hülfe kommen. Sei getrost und laß uns stark sein für unser Volk und für die Städte unsres Gottes! Der Herr aber thue, was ihm gefällt!" (2. Sam. 10, 11. 12.)

Sind wir nicht Brüder, so viele wir an den Sohn Gottes glauben? Warum leben wir denn im Bruderkrieg? Bedrängen nicht die Feinde aus Nord und Ost und Süd und West die heilige Stadt? Soll nicht endlich ein Bruder dem andern zur Hülfe kommen? einer dem andern Muth zurufen, getrost zu kämpfen für die Städte unseres Gottes? Wenn wir fortfahren, uns unter einander zu fressen und zu beißen, werden wir dann bei den tausend, Zion umwogenden Gefahren sprechen dürfen: „Der Herr thue, was ihm gefällt!" Werden wir es nicht verantworten müssen, wenn das Reich des Herrn Schaden leidet ob unsers Haders?

Wahrlich, es thut noth, den leider zerrissenen oder alt gewordenen Bund im Herrn und vor dem Herrn durch seinen Geist zu erneuern! Er allein lehrt uns das Wort erfüllen: „Einer trage des Andern Last!" Aus ihm fließt eine Erquickung in schwer beladene Herzen, die süßer ist, denn Honig und Honigseim. „Siehe, wie fein und lieblich ist es, wenn Brüder einträchtig bei einander wohnen, wie der Thau, der vom Hermon herabfällt auf die Berge Zions." Wenn der Einzelne müde und matt ist von der Arbeit oder der Hitze der Anfechtung, ist der Bund im Herrn der Hermon, von dem Erquickung in die dürre Seele fließt, wie der Thau auf die dürren Pflanzen des ausgebrannten Feldes. „So ist es ja besser zwei denn einer, denn sie genießen doch ihrer Arbeit wohl. Fällt ihrer einer, so hilft ihm sein Geselle auf. Einer mag überwältigt werden, aber zwei mögen widerstehen." (Pred. 4, 9. 10. 12.) Denn Einer stärket in den Tagen, die dem Fleische nicht gefallen, des andern Hand und Herz in Gott, und wachet und betet mit ihm. Der treue Gruß des Freundes. „Der Herr sei mit dir und sein Friede!" tönt lange im Herzen nach, und leuchtet wie ein tröstendes Licht in dunklen Stunden. — Sind wir durch das Band des Friedens unter einander verkettet, wie die Glieder eines Leibes, also daß einer mit dem andern leidet, einer für den andern steht: dann wollen wir trotz aller Stürme, die um das einzelne Herz oder die heilige Gemeinde brausen, uns glaubensmuthig zurufen: „Sei getrost! Laß uns stark sein und streiten für die Sache unsers Gottes! Der Herr aber thue, was ihm gefällt!" Das ist der Bund im Herrn und vor dem Herrn, das ist der Segen dieses Bundes! —

Schloß ich die früheren Predigten mit der Frage: „Bist du ein Mann nach dem Herzen Gottes?" so wollen wir heute heimgehen mit der Frage im Gewissen: „Ist die Gemeinschaft, in der ich stehe oder die ich begehre, eine Freundschaft nach dem Herzen Gottes? — Amen.

Neidloses Auge.

Manche Kette zwar umstricket,
Herr, mein armes Herze sehr,
Doch vor allen andern drücket
Eine deinen Diener schwer,
Denn wenn Du mit deiner Güte
Ueberströmt den Bruder hast,
Lagert rasch auf mein Gemüthe
Sich des Unmuths schnöde Last.

O Durchbrecher, brich die Stricke,
Gieb ein neidlos Auge mir,
Das mit freudevollem Blicke
Schaut auf meines Bruders Zier,
Und das treu am Tag der Wetter
Mit ihm wacht und mit ihm weint,
Bis, o hoher, heilger Retter,
Uns dein Angesicht erscheint!

Sechste Predigt.

1. Sam. 21. u. 22. 27.

Lügen im Munde des Geliebten Gottes.

„Wer kann das Menschenherz ergründen, das trotzige und verzagte Ding?" hat Gott der Herr, verwundert über die Tiefen der Sünde, einmal selbst ausgerufen. (Jer. 17, 9.) Es giebt verborgene Falten im Herzen, die man nicht ahnen sollte. Aus ihnen bricht, was ganz undenkbar erscheint, plötzlich und erschreckend hervor. Das lernet mit Furcht und Zittern vom Sohne Isais! Er stand bis jetzt in fast unbefleckter Reinheit vor uns. Einmal nur sahn wir ihn in Versuchung, als er fragte: „Was wird man dem thun, der diesen Philister schlägt?" Aber siegreich wies er die ihn beschleichende Lohnsucht aus seinem Herzen. In immer gleicher Demuth klammerte er sich in Freud wie Leid, in Weh wie Wonne mit Glaubensarmen an den lebendigen Gott. Plötzlich tritt er, wie wir schon in der vorigen Predigt in einem andern Zusammenhang sahn, mit einer ausgedachten Lüge vor seinen Freund Jonathan, und überredet ihn, die Lüge nachzusprechen. Heute sehn wir ihn rasch nach einander in eine zweite und dritte Lüge fallen, und eine vierte wird uns aus einer spätern Zeit erzählt. (Cap. 27.) Nur mit tiefem, innerm Beben können wir solche Thatsachen vernehmen. Doch müssen wir — es ist unser Heil! — die Augen mit Ernst auf sie hinrichten.

Lügen im Munde des Geliebten Gottes.

Wir fragen:
    I. Woher die Lügen in solchem Munde?
    III. Was erlöst von solchen Lügen?

I.

„Woher die Lügen im Munde des Geliebten Gottes?" Die Frage bringt wie ein scharfes Schwert durch unsere Seele, und treibt uns den Schlummer aus den träumenden, trägen Augen. Wir müssen, um Antwort zu finden, bis in jene Zeit zurückblicken, wo David, wie ein Missethäter, bei Nacht aus den Fenstern seines Hauses entfliehend, bei Samuel, dem Offenbarer des Rathes und der Werke Gottes, Schutz gesucht und, wie uns schon die vorige Predigt zeigte, in wunderbarer Weise gefunden hatte. (1. Sam. 19, 18—24.)

Angesichts alles Wüthens und Tobens der Feinde, sah er sich wie von einer feurigen Mauer umgeben. Er hätte aus den Thaten Gottes die gewaltige Stimme Gottes vernehmen können: „Rühret meinen Gesalbten nicht an! Wer ihn antastet, der tastet seinen Augapfel an!" Aber das Schnauben seines Feindes, das fort und fort gegen ihn heranstürmte, die Todesangst, von der seine Seele umschauert war, verschloß sein Ohr, daß er über dem Grimme Sauls die gnädige Stimme seines Retters nicht hörte, verschloß sein Auge, daß er nur die Wuth des rasenden Königs, nicht die doch so offenbare Hand Gottes schaute. Sein Glaube, der dem Riesen gegenüber fest gestanden hatte, wie ein Fels, schwankte, als sein Leben nicht bloß in der großen Stunde der Begeisterung, sondern ohne Unterbrechung, Tag auf Tag, Stunde um Stunde vom Tode umschlichen wurde, ähnlich wie Hiob's, unter schwerer Trübsal und Noth anfangs so fröhlicher und stiller Glaube matt wurde, als nach Gottes Zulassung Satans Hand seinen Leib und sein Leben Wochen auf Wochen Tag und Nacht antastete. Denn ein anderes ist es, bei einer einzelnen, sich heranwälzenden Trübsalswoge Glauben beweisen, ein anderes, im Glauben beharren, wenn Woge auf Woge heranbraust, und das erschreckte Auge vor seinen Blicken ein endloses Meer sich ausdehnen sieht. Diese letztere Versuchung bestand David jetzt noch nicht. Zitternd vor der unaufhörlichen Verfolgung Sauls, floh er aus Rama von Samuel fort, obwohl ihm doch Gott dort auf hohem Felsen eine so sichere Hütte bereitet hatte. Er warf sich an Jonathans Brust. Aber er war nicht mehr der David, der Jonathan zuerst umarmt hatte. Zweifelmuth hatte ihn beschlichen und der thörichte Unglaube, daß der Gott, der in Rama viermal so wunderbar und augenscheinlich drein gegriffen und die schnaubenden Mörder gebändigt hatte, nicht auch zum fünften und sechsten Male seinen mächtigen Arm offenbaren könnte. So bald aber der stille Glaube an den lebendigen Gott erschüttert war, mußte der geängstete Mann in der Unruhe des Unglaubens zu sich selber, zu seiner Klugheit, zu den Einflüsterungen seines Herzens Zuflucht nehmen. Was wundern wir uns da noch, daß sein altes, nach Adams Bilde gebornes, von der alten Schlange, dem Vater der Lügen, umstricktes Herz ihm nicht Wahrheit, sondern Lüge zuflüsterte, und daß er wieder seinen Freund zu jener Lüge überredete, von der wir schon in der vorigen Predigt hörten. (1. Sam. 20, 6.) Die Lüge war gesprochen. Die Noth blieb. Sein Gewissen mußte ihm zurufen: „Da siehe! Du hast keine Hülfe, als bei Gott, den du verlassen hast!" Darum eilte er von Jonathan sofort nach Nobe zum Heiligthum Gottes, zum Priester Ahimelech, um durch „das Licht und Recht" des Hohenpriesters (2. Mos. 28, 30.) seinen Gott zu befragen. (Cap. 22, 10. 13. 15.) Er wünschte also zum Glauben und in die Arme seines Gottes zurückzueilen, ohne jedoch seine Abirrung und seine Lüge sich deutlich zu gestehn. Da kommt ihm der Priester Ahimelech, entsetzt über das eigenthümliche, veränderte Wesen Davids, der noch dazu ohne Gefolge war, mit den Worten entgegen: „Warum kommst du allein und ist kein Mann mit dir?" Ist der Glaube erst schwankend, so wird das Herz, auch wenn es sich dunkel nach der Rückkehr zum Glauben sehnt, vom kleinsten Winde umgeweht. Darum genügte jene furchtsame Frage des Priesters, David plötzlich vergessen zu lassen, weßhalb er gekommen war, und ihn in die Gewalt der Lüge zurückzuwerfen. „Der König, antwortete er, hat mir eine Sache befohlen und sprach zu mir: Laß Niemand wissen, warum ich dich gesandt habe, und was ich dir befohlen habe. Denn ich habe auch meinen Knaben etwa hierher oder daher beschieden." Zwei Lügen in einem Athem!

Weil Ahimelech so bestürzt war, hielt sich natürlich David auch bei ihm nicht sicher. Der Flüchtige ließ sich Brot geben, um dann weiter zu eilen. Aber im Unglauben immer mehr sein eignes Wort vergessend: „Der Herr hilft nicht durch Schwert und Spieß!" fragt er: „Ist nicht hier unter deiner Hand ein Spieß oder Schwert!" und um diese fleischliche Waffe, auf die er nun sein Vertrauen setzt, zu erlangen, fügt er die Lüge hinzu: „Ich habe mein Schwert und Waffen nicht mit mir genommen, denn die Sache des Königs war eilend." „Das Schwert des Philisters Goliath, antwortete der Priester, **den du schlugest im Eichgrunde, das ist hier**, gewickelt in einen Mantel hinter dem Leibrock. Willst du dasselbe, so nimm es, denn es ist hier kein anderes, denn das!" Ist es nicht, als wenn Gott der Herr seinem, in die Irrwege des Zweifelmuthes gerathenen Knecht unsichtbar nachwandelte, um gnadenreich ihn wieder zurecht zu bringen? Was war denn mehr geeignet, David daran zu erinnern, wovon er gefallen war, und ihn zur Umkehr zum kindlichen, zweifellosen Glauben wachzurufen, als gerade das Schwert des Philisters? als die Worte Ahimelechs: „**Den du schlugest im Eichgrunde?**" Lebte denn der Gott nicht mehr, der seinen Geliebten aus dem Rachen des Löwen und Bären und aus der Hand des Philisters errettet hatte? „Gib mir's! rief David, es ist seines Gleichen nicht." Statt zur Rückkehr, rieth ihm sein Herz beim Anblick des Schwertes, welches so furchtbar laut von der Nichtigkeit aller fleischlichen Hülfe predigte, zu den Philistern und deren Könige Achis von Gath, zu den Feinden Gottes und seines Volks, seine Zuflucht zu nehmen. Ihr seht, der Unglaube wächst rasch, darum rasch auch die Lüge. Denn als die Philister anfingen, ihren König argwöhnisch gegen den Riesenbesieger zu machen, fürchtete sich David sehr. Hatte er früher zu lügenhaften Worten seine Zuflucht genommen, so verkehrte er jetzt sein ganzes Wesen zur Lüge. „Denn er verstellte seine Geberden vor ihnen und kollerte unter ihren Händen und stieß sich an die Thür am Thor und sein Geifer floß ihm in den Bart." — So überholte Lüge die Lüge, wie eine Woge die andre. Sie kamen alle wie böse, giftige, verwirrende Dünste aus dem schwarzen Abgrunde des Unglaubens. Und das Alles geschah bei David, dem Manne nach dem Herzen Gottes! Unser Herz bebt. Aber Gott will, daß es noch mehr bebe, denn also. David war, wie wir nachher näher sehn werden, wieder zum Glauben und damit zur Wahrheit zurückgekehrt. Er hatte sich wieder an Gott angeklammert und viele und große Proben seines Glaubens gegeben, wie uns spätere Predigten zeigen werden. Aber seine allerdings gewaltige Noth dauerte fort. Plötzlich, wie ein feuriger Pfeil des Bösewichts, überfliegt der Unglaube wieder sein Herz. Denn „er gedachte in seinem Herzen: ich werde der Tage einen Saul in die Hände fallen; es ist mir nichts besseres, denn daß ich entrinne in der Philister

Land!" (Cap. 27, 1.) Er ging wirklich hin. Mit dem Unglauben kehrte sofort auch die Lüge wieder. David machte nämlich von Ziklag aus Streifzüge gegen die Amalekiter. Damit Achis ihn desto ruhiger im Lande wohnen ließe, auch Vertrauen zu ihm gewänne, log er ihm vor, er stritte wider Juda, verstellte sich also vor dem Unbeschnittenen in einen Feind des Volkes Gottes! Um diese Lüge zu verdecken, "ließ er weder Mann noch Weib der gefangenen Amalekiter lebendig gen Gath kommen, und gedachte, sie möchten wider uns reden und schwatzen. Also that David, und das war seine Weise so lange er wohnte in der Philister Lande!" (Cap. 27, 11.) Da höret! Langjährige und gewollte Lüge im Munde des Geliebten Gottes!!

Dreimal hinter einander log auch Simon Petrus, nachdem er im Unglauben die warnenden Worte seines Herrn zurückgewiesen hatte, und schwur: "Ich kenne den Menschen nicht!" Als derselbe Simon Petrus längst gesalbt war mit dem h. Geiste und viele und große Proben seines Glaubens vor allem Volke abgelegt hatte, kam doch wieder eine Zeit schwankenden Glaubens über ihn, in der er nicht richtig wandelte nach der Wahrheit des Evangelii, sondern vor den Abgesandten des Jacobus heuchelte, so daß mit ihm noch die andern Juden und selbst Barnabas in dieselbe Sünde verstrickt wurden. (Gal. 2, 12. 14.) David und Petrus Lügner und Heuchler! Wenn uns die Schrift selbst das nicht erzählte, so müßten wir nach dem uns bekannten Charakter dieser Männer solche Thatsachen für unmöglich halten. Sie konnten irren, würden wir sagen, aber nicht lügen, trügen und heucheln. Sie hatten, würden wir fortfahren, diese starken Geister auch ihre schwache Seite, aber Furcht vor Menschen, die sie in Unwahrheit sollte verführt haben, ist doch bei dem Manne unglaublich, der als Hirtenknabe ohne Wehr und Waffe dem Löwen und Bären ins Maul griff und mit bloßer Schleuder so fröhlich vor dem furchtbaren Riesen stand, ist bei dem unmöglich, dem Christus selbst den Ehrennamen Felsenmann gegeben hat, und der hernach so muthig vor dem hohen Rathe bekannte: "Man muß Gott mehr gehorchen, als den Menschen."

Meine Freunde, wenn der Glaube wankt und Zweifelmuth ins Herz schleicht, dann müssen auch David und Petrus, die Löwenbändiger, die Riesenbesieger, die Felsenleute beben und — lügen! Noch einmal: David und Petrus Lügner und

Heuchler! Werden wir endlich lernen, mit Demuth uns unter das Wort der Schrift beugen: „Alle Menschen sind Lügner?" (Pf. 116, 11.) Oder sind jene Beispiele noch nicht stark genug, uns zur heiligen Furcht vor unserm eignen Herzen zu bekehren? Werden wir noch immer sagen: „In solcher Weise werde ich nimmer mehr darnieder liegen?" „Das sei ferne! Es bleibe vielmehr also, daß Gott sei wahrhaftig, und alle Menschen falsch!" (Röm. 3, 4.) Können wir Alle in dieses Bekenntniß Pauli einstimmen? Wenn man uns wegen Falschheit, Verstellung, Lug, Trug oder auch nur wegen Unaufrichtigkeit, Vermischung der Wahrheit mit der Lüge straft, fahren wir unwillig und empfindlich heraus: „Ich weiß es, ich bin ein Sünder! Ich habe meine Fehler und Schwächen. Ich falle des Tags sieben mal. Aber der Vorwurf des Luges und der Falschheit kränkt zu tief. Solcher Sünden, Gott sei dafür gedankt! bin ich nicht fähig! Ehrlichkeit und Lauterkeit ist mein Ruhm, den will ich mir nicht nehmen lassen!" Wozu nun so lange, empfindliche Reden? Trotz aller Gegenversicherungen des selbstgefälligen Herzens wird es doch dabei bleiben, daß Gott allein wahrhaftig ist. In unserer Selbstliebe belügen wir uns selbst und Andere. Ich bin noch tief betrübt von einem Beispiel solcher mir unmöglich dünkenden Lüge. Es sind noch keine Wochen verflossen, als eine anscheinend schwer bekümmerte Seele mir klagte, es ginge in ihrem innern Leben, wie in ihrem Amte keinen Finger breit vorwärts, sie könnte es hier nicht mehr aushalten, der Herr stünde ihr entgegen, denn sie hätte einen Bann auf sich, weil sie mit unlautern Absichten in den Dienst Christi getreten wäre. Außer diesem Geständniß machte sie unaufgefordert noch andere, so daß mein Herz schon beginnen wollte, sich innig zu freuen. Doch als ich nun die Verheißungen des Wortes Gottes für die geängsteten Gewissen ihr brachte, wollte keine haften, keine wurde verschlungen, wie ein dürres Land Wasser verschlingt. Die fortwährende Antwort blieb: „Ich bin mit unlautern Absichten hergekommen, darum darf ich nicht bleiben." „Das ist Lüge! sagte ich endlich mit großem Ernste, dein Gewissen begehrt nicht Vergebung der Sünden, sondern unter frommem Vorwande willst du das Joch des Dienstes Christi von dir werfen!" Die Empfindlichkeit, welche durch diese Erklärung wach gerufen wurde, will ich nicht beschreiben. Genug, nach kaum drei Tagen offenbarte sich's, daß das scheinbar lautere Bekenntniß der Unlauterkeit

in der That nichts als eine lügnerische Maske gewesen war.
Und doch bin ich weit entfernt, jene Person zu den Ungläubigen
und den Heuchlern zu zählen.

Aehnliche Thatsachen sind bei den wahrhaftigen Knechten
und Mägden des Herrn, — denn nur von solchen rede ich hier,
— leider nicht selten. Ist ein Beruf, eine Arbeit nach meinen
Neigungen und Wünschen, dann erkenne ich sie für den Willen
des Herrn. Geht aber die Sendung und die Arbeit gegen
meine Natur, erfordert sie Verläugnung meines Eigenwillens
und Kreuzigung des Fleisches und seiner Begierden; sofort kann
ich solche Arbeit nicht mehr für den Willen des Herrn erkennen,
und möchte sie mit der frommen Klage von mir weisen, daß ich
keine rechte Freudigkeit des Geistes dazu fände. Ich gestehe es
aufrichtig, es ist mir immer bange, wenn ich jene Ausdrücke
höre, weil ich zu oft erlebt habe, daß eine Lüge dahinter steckt,
die um so gefährlicher ist, je frömmer sie scheinen will, wie auch
die Lüge Davids gegen Jonathan um so garstiger war, je
glaubwürdiger sie durch Berufung auf die Pflicht eines Opfers
werden sollte. (Cap. 20, 6.) Jeder, der mit Lust nach Wahrheit in sein Leben und Wesen zurückgeblickt, wird gestehn müssen, daß er in gleicher Verdammniß ist, daß er seinen Neid und
Haß, seine Herrschsucht, seine geistige oder leibliche Trägheit,
seinen Ehrgeiz, seinen Eigennutz mit gleißenden, lügenhaften
Larven zugedeckt, daß er unter frommem Scheine eigennützige
Zwecke verfolgt hat. „Wie habt ihr das Eitele so lieb
und die Lügen so gerne!" (Pf. 4, 3.) „Der Herr
weiß die Gedanken der Menschen, daß sie eitel
sind!" (Pf. 94, 11.) ruft die Schrift auch uns zu.

Und woher alle diese groben und feinen Lügen, Verstellun-
gen und Heucheleien auch unter uns? Die einzige Quelle ist
der Zweifelmuth, der Unglaube an Gottes ewiges, unwandel-
bares Wort, nach dem allein der Weg des Kreuzes der Weg
zur Krone, der Verlust des Lebens seine Erhaltung, seine Erhaltung aber sein Verlust ist. In diesem Unglauben suche ich mir
eigne, scheinbar leichtere, meinem Fleisch und Blute angenehmere
Wege, und rechtfertige, bewußt oder unbewußt mich und andere
betrügend, die Wahl derselben durch Ausdrücke, welche der
Sprache Kanaans entlehnt sind, kleide mich in lügenhaften
Schein, damit das innere Wesen weder mir noch andern offenbar werde. Dabei bleibt's also: So lange der Glaube noch
schwankt, muß auch die Wahrheit schwanken. So lange der Un-

glaube mich noch beschleicht, muß auch die Furcht in ihrer tausendfachen Gestalt und mit ihr die Lüge mich beschleichen.

II.

Von dem wandelbaren Menschenherzen schauen wir auf den wandellosen, ewig treuen Gott. Die hebräischen Wehemütter hatten einst vor Pharao gelogen, (2 Mos. 1, 19) und Gott ließ ihnen die Lüge gelingen. Rahab, die Hure, hatte den König Jerichos betrogen, und Gott ließ den Betrug ungestraft. (Jos. 2, 4, 5.) Als aber Abraham, der Erwählte Gottes, vor dem Könige von Gerar halbe Wahrheit mit halber Lüge vermengte, ließ derselbe Gott seinen lieben Knecht vor dem heidnischen Fürsten in seiner Lüge gründlich zu Schanden werden. (1 Mos. 20, 9.) Bei den Wehemüttern und Rahab übersah er um des neu aufkeimenden Glaubens willen den zurückgebliebenen, die Lüge gebährenden Unglauben. Bei Abraham hingegen entdeckte er in dem auf größerer Erkenntniß und Gnade beruhenden großen Glauben den aufs neue aufkeimenden, seelenverderblichen Unglauben mit seiner Tochter, der Lüge. Darum kam er über Abraham mit der Ruthe. Wie konnte er mit David anders handeln? Er hört zwar das Seufzen seines Geliebten, er schaut die Angst seiner Seele, es bricht ihm sein Herz über allen seinen Nöthen. Aber eben deswegen stellt er sich hart gegen ihn. Er läßt dem Gejagten, dem angstvoll Hülfe Suchenden keine Lüge gelingen. Immer furchtbarer greift er drein. Immer schrecklicher läßt er die Folgen der Lüge über das Herz und Haupt Davids hereinbrechen, damit er wieder nüchtern würde aus des Teufels Strick.—

Das wissen wir schon, daß jene erste Lüge, zu der David seinen Freund überredete, den schlummernden Zorn Sauls zu neuer, so furchtbarer Flamme anblies, daß dieser auf seinen eignen Sohn Jonathan den Speer schleuderte. (Cap. 20, 33.) Mußte David, als er die Folge dieser Lüge erfuhr, den Spee nicht in sein Gewissen fliegen fühlen? Und wenn uns bei der Trennung der beiden Freunde erzählt wird: „Und sie küsseten sich einander und weinten mit einander. David aber am allermeisten", verrathen es uns nicht diese Thränen, wie schwer Davids Herz daran trug, daß er über den Freund, den er lieb hatte, wie die eigne Seele, den Zorn des wüthenden Vaters gebracht hatte? —

Als David in Nobe beim Priester Ahimelech im Heiligthume log, siehe, — wunderbare Wege des Herrn! — „da war des Tages ein Mann darinnen versperrt vor dem Herrn, aus den Knechten Sauls mit Namen Doeg, ein Edomiter, der mächtigste unter den Hirten Sauls." Dieser Mann war die scharfe Geißel, die Gott über David schwang. Denn Doeg erzählte dem Könige vom Aufenthalte Davids bei Ahimelech. Saul sah darin Hochverrath, und befahl seinen Trabanten, Ahimelech und alle Priester in Nobe zu erschlagen. Die aber schauderten vor solcher Gräuelthat zurück, bis Doeg selbst Sauls Befehl in so grauenhafter Weise ausführte, daß an einem Tage fünf und achtzig Priester ermordet, die ganze Stadt geschlagen und Männer, Weiber, Kinder, Ochsen und Esel erwürgt wurden. Nur ein Sohn Ahimelechs, Abjathar, entrann dem Gemetzel, floh zu David, und verkündigte ihm, daß Saul die Priester des Herrn erwürgt hätte." Was für eine Botschaft für den armen, gejagten David! In tiefster Zerknirschung rief er: „**Ich bin schuldig an allen Seelen deines Vaters Hauses!**" Die Blutschuld von fünf und achtzig erschlagenen Priestern, von einer ganzen erwürgten Stadt fühlte er auf sein Gewissen fallen. Welche Last zu den Lasten, die er trug!" —

Von dem König Achis zu Gath, wohin er von Nobe aus geeilt war, mußte er wie ein Wahnsinniger und Rasender zurückfliehn. Meine Freunde, ich will euch nicht den damaligen Zustand Davids, der uns in der Schrift nur in einigen derben Zügen entworfen wird, näher schildern, wiewohl das ein Bild würde, davor einem das Herz graute. Aber ich muß doch erzählen, daß ich in diesen Tagen in einer Bilderbibel das Bild des sich wahnsinnig geberdenden Davids sah. Es war richtig nach den Andeutungen der Bibel gezeichnet. Aber es schnitt mir zu tief in die Seele. Ich mußte das Buch zuschlagen, und sagte halb laut vor mich hin: „Der Gesalbte Gottes in solcher Gestalt! Das ist der Fluch der Lüge und der Verstellung!" Denket dieser Strafe nach: Der Gesalbte Gottes „kollert unter den Händen der Philister und läßt seinen Geifer in seinen Bart fließen." (Cap. 21, 13.) Als David in solcher Gestalt aus Philistäa wieder nach Juda geflohn war, brach die Verfolgung Sauls auf's neue und planmäßiger denn je über ihn herein. Und eben in dieser Lage traf ihn die Nachricht von dem schon erwähnten Blutbade zu Nobe!

Wir müssen endlich noch auf die Frucht jener letzten Lüge Davids blicken, in der er dem Philisterkönige Achis vorspiegelte, daß er gegen Juda kämpfte. Achis glaubte es. Da nun ein neuer Krieg zwischen den Philistern und Israel entbrannte, mußte David mit seinen Männern als Bundesgenosse der Unbeschnittenen gegen das Volk Gottes in den Streit ziehn. Er kam bis mitten ins Herz des gelobten heiligen Landes, bis gen Aphek. (Cap. 29, 1.) Hier bei Aphek war's, wo vordem die Bundeslade Gottes in die Hände der Unbeschnittenen gefallen war, wo das Blut Hophnis und Pinehas die Erde getränkt hatte, hier in der Nähe Apheks war's wiederum, wo Samuel, der Freund Gottes, die jubelnden Philister vernichtet und sein Eben Eser, den Denkstein der Hülfe, aufgerichtet hatte. Hier bei Aphek lagerte jetzt David, er, der Gesalbte Gottes, im Heere der Feinde Gottes, als eine Schutzwache für den Philisterkönig! (V. 2) Die Bibel erzählt uns nur diese einfache Thatsache, und verschweigt die Gedanken und Gefühle, die durch Davids Herz und Seele gingen. Aber mußte seine Lage nicht eine Hölle für ihn sein! Was waren das für Tage, an denen er, als Söldling der Unbeschnittenen, die Kinder seines Volkes vor sich schaute! Mußte er vor ihrem Anblick sich nicht verkriechen? Was waren das für Nächte, deren jede in einen Tag enden konnte, an dem er sein Schwert gegen den heiligen Samen zu kehren gezwungen wurde! Welche Donnerpredigt hielt ihm gerade diese Gegend, wo die Geister Hophnis und Pinehas ihm zuriefen: „Wer vom Herrn sich los reißt, wird hingeworfen, wie ein verachtetes Gefäß, und wäre er selbst Hüter der heiligen Bundeslade Gottes!" wo der Geist Samuels über die Gefilde schritt und weinend und mit zerrissenem Kleide fragte: „Ist das David, den ich gesalbt habe zum Streiter Gottes, der dort das Schwert der Philister gegen seinen Gott wendet!" Jene Zeit in Aphek gehört gewiß zu den qualvollsten im Leben Davids. Dort mußten ihn mehr als die Schrecken des Todes, dort mußten die Bäche Belials ihn umgeben und Angst der Hölle auf ihn fallen.

Nachdem Gottes ernste Richterhand die Seele seines Knechtes in diesem selbst gesponnenen Stricke geängstet und seinen Zweck an ihn erreicht hatte, führte er ihn mit großem Erbarmen aus dem Abgrund heraus, ehe es zu dem Aeußersten gekommen war, daß David seine Hand gegen sein eigen Volk erhoben hätte. Aber mit dem Erbarmen blieb doch die Ruthe verbunden, damit er auch nach der Rettung noch seiner Sünde gedächte.

Als nämlich David nach Ziklag zurückkehrte, waren während jener Zeit, in der er mit den Philistern gegen Israel ziehen mußte, die Amalekiter hereingefallen, hatten die Stadt mit Feuer verbrannt, und alle Weiber, Söhne, Töchter, auch die beiden Weiber Davids Ahinoam und Abigail sammt aller Habe fortgeführt. „Da hub David und das Volk, daß bei ihm war, ihre Stimmen auf, und weinten, bis sie nicht mehr weinen konnten. Und David war sehr geängstet, denn das Volk wollte ihn steinigen. Denn des ganzen Volkes Seele war unwillig." (Cap. 30, 4. 6.)

Was hat dieser heilige, strafende Ernst Gottes bei seinem Geliebten bewirkt? In unserer Geschichte werden uns nur wenige, aber desto wichtigere Züge hierüber mitgetheilt. Er nahm alle Strafe willig und ohne Murren hin und wurde dadurch zur rechtschaffenen Buße und zum lebendigen Glauben zurückgeführt. Jene offenbart sich uns herrlich in dem zwar kurzen, aber gewaltig ernsten Schuldbekenntniß: „Ich bin schuldig an allen Seelen deines Vaters Hauses!" Dieser athmet aus den Worten, die er an den Moabiter König richtete: „Laß meinen Vater und meine Mutter bei euch aus und eingehn, bis ich erfahre, was Gott mit mir thun wird!"

Fortan ließ er nicht mehr seinen Kopf sein Licht und seinen Meister sein, sondern fragte in jeder Bedrängniß und bei allen Plänen seinen Gott um Rath, und warf sich ihm in die Arme, ohne dessen Willen kein Sperling vom Dache fällt, wie uns die nächste Predigt aus dem 23. Cap. noch deutlicher zeigen wird.

Auch als er in Ziklag ob des Jammers sich satt geweint hatte, wachte unter dem Geschrei des aufrührerischen, mit Steinwürfen drohenden Volkes sein Glaube wieder auf. Er ließ seine Klugheit fahren, „stärkte sich in dem Herrn, seinem Gott", flehte um die Erkenntniß des göttlichen Willens, siegte, endete allen Jammer, schrieb dem lebendigen Gott allein die Hülfe zu und ließ eben darum auch die an der Beute Theil nahmen, welche wegen ihrer Müdigkeit nicht mitgekämpft hatten. (Cap. 30, 6 ff.)

Diese Doppelfrucht, das aufrichtig bekennende Herz, welches alle Schuld auf sich nimmt, und der kindliche Glaube, der statt durch Lug und Trug sich zu helfen, endlich Gott walten läßt, ist ein seliger Preis, der durch alle harten Strafen nicht zu theuer erkauft ist.

Doch wir müssen aus den Geschichtsbüchern noch in die Psalmen blicken, in denen uns David sein ganzes Herz offen legt und den ewigen Gewinn anpreist, den er gerade aus jenen Tagen erlangt hat. Doeg gegenüber bricht er, nach seinem ersten Sündenbekenntniß, in die gläubig triumphirenden Worte aus: „Was trotzest du denn, du Tyrann, daß du kannst Schaden thun, so doch Gottes Güte noch täglich währet! Ich werde bleiben, wie ein grüner Oelbaum im Hause Gottes: Ich verlasse mich auf Gottes Güte immer und ewiglich. Ich danke dir ewiglich, denn du kannst es wohl machen, und will harren auf deinen Namen, denn deine Heiligen haben Freude daran!" (Ps. 52. 3. 10. 11.) Habt ihrs auch verstanden? Der Tyran Doeg kann doch David, wiewohl er schwer gesündigt hatte, nicht stürzen, weil Gott seinen Geliebten durch die Strafe wieder zu sich ruft und der Geliebte in der Strafe Güte sieht und eine Weisheit, für die er von Herzen zeitlich und ewiglich danken will, weil sie ihn gelehrt hat, wieder zu glauben und im Glauben zu harren.

Tief und gründlich lernte David unter jenen Streichen seine Lüge verabscheuen. Wenn er an jene Zeit zurückdachte, wo er vor Achis sich verstellt hatte, und an die Nöthen, die darnach über ihn zusammmenschlugen, dann sprach er: „Kommt her, Kinder, höret mir zu; ich will euch die Furcht des Herrn lehren. Wer ist, der gut Leben begehret, und gerne gute Tage hätte? Behüte deine Zunge vor Bösem, und deine Lippen, daß sie nicht falsch reden!" (Ps. 34, 12—14.) Allem Lügenwerk gegenüber, womit man sich retten will, preist er mit fröhlichem Munde die Hülfe des Herrn. „Welche ihn ansehen und anlaufen, derer Angesicht wird nicht zu Schanden. Der Engel des Herrn lagert sich um die her, so ihn fürchten, und hilft ihnen aus. Schmecket und sehet, wie freundlich der Herr ist! Wohl dem, der auf ihn trauet! (Ps. 34, 6—9.) Hatte David im Unglauben auf sein trügerisches, lügnerisches Wort gehofft, so singt er nach der Strafe vor aller Welt: „Wenn ich mich fürchte, so hoffe ich auf dich. Ich will Gottes Wort rühmen; auf Gott will ich hoffen und mich nicht fürchten. Was sollte mir Fleisch thun? Ich will rühmen Gottes Wort, ich will rühmen des Herrn Wort! Auf Gott hoffe ich und fürchte mich nicht. Ich habe dir Gott gelobt, daß ich dir danken will. Denn **Du** hast meine Seele vom Tode errettet, meine Füße vom Gleiten, daß ich wandeln mag vor Gott im Licht der Lebendigen." (Pf. 56, 4. 5. 11—14.)

David hat unter der Züchtigung Gottes Anfangs freilich sich krümmen müssen, wie ein Wurm. Sie hat aber in seiner Seele jenen Haß gegen die Lüge, jene Sehnsucht nach Wahrhaftigkeit geboren, mit der er in späterer Zeit ausrief: „Wohl dem Menschen, in deß Geist kein Falsch ist!" (Pf. 32, 2.) „Ich weiß, mein Gott, daß du das Herz prüfest, und Aufrichtigkeit ist dir angenehm." (1. Chr. 30, 17.) „Die Lügenmäuler sollen verstopfet werden. (Pf. 63, 12.) „Falsche Leute halte ich nicht in meinem Hause, die Lügner gedeihen nicht bei mir." (Pf. 101, 7.) Und sich fürchtend vor seinem Herzen, das ihn so oft in Unwahrheit verstrickt hat, betete er vor dem Herzenskündiger und Nierenprüfer: „Du hast Lust zur Wahrheit, die im Verborgenen liegt." (Pf. 51, 8.) „Erforsche mich Gott und erfahre mein Herz, prüfe mich und erfahre, wie ich es meine. Und siehe ob ich auf bösem Wege bin, und leite mich auf ewigem Wege!" (Pf. 139, 23. 24.) Doch ehe der Geliebte Gottes bis zu diesen Bekenntnissen und Gebeten sich durchgearbeitet hat, durch wie viel Ruthenschläge mußte er zubereitet werden! wie mußte Gottes gewaltige Hand Tag und Nacht so schwer auf ihm liegen, sein Gebein verschmachten durch sein täglich Heulen, sein Saft vertrocknen! Er möchte uns diese Strafe ersparen, uns von dem Zweifel zum Glauben, von der Lüge zur Wahrheit führen, ehe wir in dieselbe grausame Grube gestürzt werden, in der er schmachtete. Darum mahnt er: „Seid nicht, wie Rosse und Maulthiere, die nicht verständig sind, welchen man Zaum und Gebiß muß in das Maul legen, wenn sie nicht zu dir wollen!" (Pf. 32, 9.)

Was soll ich noch weiter sagen? Sonst bin ich gewohnt, was ich von den Männern oder Frauen Gottes erzählt habe, dem einzelnen Gewissen als einen Spiegel vorzuhalten. Heute will ich es nicht thun. Ich will die Worte Davids selbst reden lassen. Sie werden, hoffe ich, wie Schwerter und wie Balsam in eure Seele bringen. —

Ich habe von den Lügen des Geliebten Gottes gesprochen. Doch frage ich am Schlusse der Predigt: „Wer ist ein Mann nach dem Herzen des Herrn? „Jeder, antwortet die Geschichte, Jeder, der nach der Verstrickung in Trug willig und bußfertig sich strafen, und zum dankbaren Glauben und zur ungefärbten Lauterkeit zurückführen läßt. Nun sage mir: „**Bist Du ein Mann nach dem Herzen Gottes?**" Amen.

Wahrheit.

Herr, deines Geistes Klarheit,
Die allen Trug besiegt,
Lehr mich die Lust zur Wahrheit,
Die im verborgnen liegt,
Daß ich nicht mehr verhehle,
Was doch dein Auge sieht,
Daß tief durch meine Seele
Noch Schein und Lüge zieht.

Mich drücken ihre Ketten,
Das klag ich dir mit Reu,
Du nur kannst mich erretten;
Sohn Gottes, mach mich frei!
Treib stets mich mit der Ruthe
Zurück in deinen Schooß,
So wird, ob es auch blute,
Das Herz vom Truge los.

Siebente Predigt.

1. Sam. 22, 1—5; Cap. 23, 24 u. 26.

Wie man die schweren Tage nach dem Herzen Gottes tragen soll.

———

„Wenn du den Narren im Mörser zerstießest mit dem Stempel, wie Grütze, so ließe doch seine Narrheit nicht von ihm." spricht der Geist Gottes durch den Mund Salomos. (Spr. 27, 22.) Ich kenne kein anderes Wort, welches den Unterschied zwischen dem, was die Schrift Narrheit, und dem, was sie Weisheit nennt, uns in so volksthümlich derbem und anschaulichem Bilde vorhält. Saßest Du schon einmal in solcher Enge wie in einem Mörser, und haben die Ruthenschläge von der starken Hand Gottes dich schon so getroffen, daß es dir war, als müßtest du mit Hiob sagen: „Gott hat mich beim Halse genommen und zerstoßen; er hat mich zerbrochen um und um?" (Hiob 16, 12 u. 19, 10.) Prüfe Dich! Ist in solchen Stunden oder Tagen deine Narrheit, ich meine, deine Gottesvergessenheit und Weltseligkeit, auch deine gute Meinung über dich selbst dir ausgetrieben? oder haftet sie noch fest in jeder Faser deines Wesens? Wer in sich verspüret, daß er durch die mannigfachen Streiche und Stöße Gottes von sich und der Welt ein wenig losgerissen und zum lebendigen Gott hingetrieben ist, der soll gutes Muthes sein, denn er gehört nicht mehr in die Zahl der Thoren, sondern in die Reihe der Weisen, die angenehm sind vor Gott.

Als David Gottes sichere Hütte verließ und im Unglauben zu Lug und Trug seine Zuflucht nahm, wurde er zwar für eine Zeit lang im eigentlichsten Sinne des Wortes zum Narren. Aber in der furchtbaren Kelter der Trübsal ließ er alle Narrheit, alle Gottesvergessenheit und alles Vertrauen auf

Menschenwitz sich gründlich auspressen. Darum war und blieb
er der Freund und Geliebte Gottes. Erfreuten wir daran
unser Herz schon in der letzten Predigt, so wird es von den
heutigen Geschichten noch mehr erquickt werden. Denn sahen
wir im Beginn der vorigen Predigt, wie die Trübsal dem Erwählten Gottes zum Strick wurde, so können wir heute von
ihm lernen:

Wie man die schweren Tage nach dem Herzen Gottes tragen soll.

Drei Hauptpunkte treten uns entgegen:
I. Indem man, auf alle Selbsthülfe verzichtend,
gläubig an Gottes Herz flüchtet, um dort
Flehn und Danken zu lernen.
II. Indem man in eigner Noth Herz und Hand
für fremde Noth aufthut.
III. Indem man mit den Waffen der Sanftmuth
und Demuth gegen die vermeintlichen oder
wirklichen Urheber der schweren Tage streitet.

I.

Wie im Wahnsinn sich kollernd, den Bart vom Geifer
befleckt, war der Gesalbte Gottes den Händen der Philister
entkommen. Er fand endlich Ruhe in den wilden, wüsten Stein-
klüften von Etham, die vor Jahresfrist auch mein Fuß durch-
wanderte, und die als das Bild einsamster Oede noch vor
meinen Augen stehn. In jenen unwirthbaren Felsenmassen,
etwa zwei Stunden südlich von Bethlehem, liegt an kaum
zugänglichen Abhängen, die große, mit enger Oeffnung ver-
sehene Höhle Adullam, die der Hirtenknabe von Bethlehem,
wenn er die Schafe seines Vaters hin und her im Gebirge
weidete, ohne Zweifel kennen gelernt hatte. Jetzt floh er als
Gesalbter Gottes, als ein hoch gepriesener, aber über Alle ge-
plagter Mann, in diesen Schlupfwinkel, wo düstere Nacht
herrschte, die ein angezündetes Hirtenfeuer nur noch schauriger
machte. Dort saß er nun in der Einsamkeit, Lug und Trug
auf seinem Gewissen. Dort konnte er Einkehr in sein Herz
halten. In der äußern Finsterniß ging ihm das innere Licht
wieder auf. Er erkannte seine Schuld, sah, wovon er gefallen
war, und rief zu seinem Gott empor: „Sei mir gnädig,
Gott, sei mir gnädig!" (Ps. 57, 2.) Sofort war auch die

Hoffnung auf Heil und Hülfe durch Klugheit und Lüge geschwunden. Er kehrte kindlich gläubig in die verlassenen Arme Gottes zurück und betete: „Auf Dich trauet meine Seele, und unter dem Schatten Deiner Flügel habe ich Zuflucht, bis daß das Unglück vorüber gehe. Ich rufe zu Gott, dem Allerhöchsten, zu Gott, der meines Jammers ein Ende macht. Er sendet vom Himmel und hilft mir von der Schmach meines Versenkers." (Pf. 57, 2—4.) Gott versuchte, auf solches Flehen hörend, seinen Knecht, ob er nun endlich bei ihm bleiben, oder doch wieder von ihm eilen würde. Denn „da seine Brüder von ihm hörten und das ganze Haus seines Vaters, kamen sie zu ihm hinab daselbst hin. Und es versammelten sich zu ihm allerlei Männer, die in Noth und Schuld und betrübtes Herzens waren; und er war ihr Oberster, daß bei vierhundert Mann bei ihm waren." Zu diesen Männern gehörten die größten und edelsten Helden, Jasabeam, Eleasar und Samma, die auch bereit waren, für David das Leben zu lassen, die, um ihrem Herrn nur einen Trunk Wasser zu holen, mit kühnem Muthe bis in die Mitte des philistäischen Lagers brangen, das damals zu Bethlehem war. (2. Sam. 23, 8—16.) Solche Männer hätten für David Alles gewagt. Welche Versuchung für den kaum zum Glauben Zurückgekehrten, Fleisch für seinen Arm zu halten und mit seinem Herzen vom Herrn zu weichen! Aber er blieb dabei: „Meine Seele ist stille zu Gott, der mir hilft, denn Er ist mein Hort. Aber Menschen sind doch ja nichts, große Leute fehlen auch; sie wägen weniger denn nichts, so viel ihrer ist. Gott hat ein Wort geredet, das habe ich etliche Mal gehöret, daß Gott allein mächtig ist!" (Pf. 62, 2. 10. 12.) Sein sehnsüchtiges Verlangen, Gott stille zu halten, wurde That. Er brachte seine Eltern zum Könige der Moabiter, mit denen seine Familie von der Zeit Naemis und Ruths her vielleicht noch Verbindungen aufrecht erhielt, und sprach das schöne Wort: „Laß meinen Vater und meine Mutter bei euch aus und eingehn, bis ich erfahre, was Gott mit mir thun wird." Er selbst kehrte in die Höhle Adullam' zurück. „Aber der Prophet Gad sprach zu David: Bleibe nicht in der Burg, sondern gehe hin und komme in das Land Juda." Eine neue Prüfung. Mußte nicht seine Vernunft ihm sagen: „In der Höhle, die mit ihrem engen, steilen Eingange wie eine natürliche, uneinnehmbare Burg ist, bin ich sicher. Hier kann ich mich mit meinen vierhundert Treuen gegen alle Tyrannei Sauls vertheidigen! Ist es nicht Thorheit, sie verlassen und ins Land Juda ziehn!" Er hörte nicht mehr, was seine Vernunft sprach, hörte nur, was sein Gott durch seinen Propheten gebot. "Da ging David hin und kam in den Wald Hareth." Wie er dort, in der dürren, felsigen Wüste Juda zu seinem Gott stand, zeigt uns der 63. Psalm, den er damals betete: "Gott, du bist mein Gott! frühe wache ich zu dir. Es dürstet meine Seele nach dir, in einem trockenen und dürren Lande, da kein Wasser ist. Daselbst sehe ich nach dir in deinem Heiligthum, denn deine Güte ist besser, denn Leben. Wenn ich mich zu Bette lege, so denke ich an dich; wenn ich erwache, so rede ich von dir. Denn du bist mein Helfer und unter dem Schatten deiner Flügel rühme ich." Die Offenbarung Gottes durch das "Licht und Recht" des Hohenpriesters blieb fortan seine Zuflucht in allen Anliegen und Nöthen, (Cap. 23, 2. 4. 11. 12.) und wenn er sich ja einmal wieder von der ungläubigen Klugheit seines Herzens verlocken ließ, trieben die Schläge von der Hand Gottes ihn bald in die verlassenen Vaterarme zurück. (Cap. 30, 6. 7.) Darum ist David in seinem Harren und Rühmen nicht zu Schanden geworden. Wohin er auch seine flüchtigen Schritte wenden mochte, überall, im Walde Hareth „in der Wüste Juda, in Kegila, in der Wüste Siph, auf dem Hügel Hachila, in der Wüste Maon und Engedi, im Kampf wider Philister und Amalekiter, überall, wie uns unsere Textgeschichte ausführlich erzählt, sah er es mit seinen Augen, was er in der Höhle Adullam gläubig gesungen hatte: "Seine Güte ist, so weit der Himmel ist, seine Wahrheit, so weit die Wolken gehn!" (Ps. 57, 11.) In immer anderer, aber immer wunderbarer Weise trat der allmächtige Gott zwischen seinen Knecht und dessen Verfolger, und offenbarte es vor aller Welt, daß er viel tausend Wege finden kann, wo die Vernunft nicht einen sieht. In Kegila rettete er seinen Geliebten durch sein Licht und Recht. (1. Sam. 23, 10.) Als derselbe, verrathen von den Siphitern, in der Wüste Maon von Sauls Soldaten umzingelt war, da mußten die Philister selbst, plötzlich wie durch die Winde des Himmels herbeigeweht, David retten, und sein Wort aus der Höhle Adullam zur Wahrheit machen: "Der Herr sendet vom Himmel und hilft mir!" Also lernte David, die elenden Krücken des ungläubigen Sorgengeistes hinwerfend, in Gebet und Flehn, auffahren mit

Flügeln, wie die Adler. Er lernte jenen unerschütterlichen, köstlichen, im Feuer der Trübsal siebenmal durchläuterten Glauben, der auch in den guten Tagen die Seele im lebendigen Gott festhält, und durch den ein Mensch aus Gottes Macht bewahret wird zur Seligkeit. Als er aus seinem Hause vor den Mördern geflohn war, hatte er — wir hörten es schon früher, gesungen: „Ich will des Morgens rühmen deine Güte. Ich will dir mein Hort lobsingen!" (Ps. 59, 17. 18.) In der Höhle Adullam jauchzte er: „Mein Herz ist bereit, Gott, mein Herz ist bereit, daß ich dir singe und lobe! Ich will dir danken unter den Völkern, ich will dir lobsingen unter den Leuten!" (Ps. 57, 8. 10.) und in der Wüste Juda: „Deine Güte ist besser, denn Leben; meine Lippen preisen dich!" (Ps. 63, 4.) Dieser Geist des Lobens und Dankens, der eins ist mit dem Glauben an die allgegenwärtige, gnadenreiche Nähe Gottes, erhielt seine Seele in allen ihren Bekümmernissen. Als er darum wieder, — war es in dieser oder in einer spätern Zeit, das wissen wir nicht, — im tiefsten Leiden seufzte und keine Hülfe wußte, da zwang er sein Auge, aus seiner elenden Gegenwart in die wunderbare Vergangenheit zu schaun, sah all die Thaten der Treue und Liebe, womit sein Herr ihn damals gerettet hatte, und statt zum Jammern öffnete sich sein Mund zum freudigen Danke: „Er hat mir ein neu Lied in meinen Mund gegeben, zu loben unsern Gott!" als wenn die Sonne des Glückes ihm geschienen hätte, während er doch in einer so tiefen und büstern Noth war, daß er sagte: „Es hat mich umgeben Leiden ohne Zahl! Es haben mich meine Sünden ergriffen, daß ich nicht sehen kann!" Aber jene dankbare Versenkung in die längst erfahrene Liebe Gottes half ihn über alle Noth hinweg. Still und getrost schließt er sein Gebet: „Der Herr sorget für mich! Du bist mein Helfer und Erretter!" (Ps. 40.)

Nun sagt mir: Ist es nicht seliger für uns, also die schweren Zeiten tragen, als durch Unglauben und Lüge ihnen entfliehen, oder durch Menschenwitz sie leichter machen wollen, was doch unmöglich ist? Alle zwar haben wir's mit Zittern erfahren, daß wir durch Zweifelmuth, durch unsere klugen Sorgen, durch die elenden Versuche der Selbsthülfe uns immer mehr verstrickt, die Last verzehnfacht und was das schwerste ist, das Gewissen mit mannigfacher Schuld beladen haben. Aber haben wir auch Alle unsere Höhle Adullam gehabt, ich meine den einsamen, wenn auch öden Ort, wo unsere, von Gott und seinem Heil weit abgeirrte Seele endlich wieder zur Einkehr kam, wo es uns wie Schuppen von den Augen fiel, und wir mit Beben sahn, welchen treuen, starken Herrn wir verlassen und welche ohnmächtige, jämmerliche Götzen wir für ihn erwählt hatten, bis das zerbrochene Herz zu Gott empor seufzte: „Sei mir gnädig, Gott, sei mir gnädig!" und wie die Taube Noahs, die geängstet von den großen Fluthen, nirgend einen Ort zur Ruhe für ihre Füße sah, in die verlassene Arche, den Schooß Gottes, zurückkehrte? Der Herr empfängt uns nicht mit Schadenfreude, wenn wir, zerarbeitet in der Menge unserer Wege, zuletzt wider mit schüchternem Glauben flehend an seine Thür anklopfen, um in seiner Hütte Zuflucht zu finden, bis daß das Unglück vorüber gehe. Es ist ihm nichts angenehmer, als solches Anklopfen. Er lauscht, bis daß er es höre. — Sobald wir nur unter seinen Flügeln wieder recht heimisch, an seinem Herzen recht warm geworden sind, wird auch der rechte, einfältige, selige Kindessinn wieder stark und lebendig, mit dem wir in großen, wie kleinen Nöthen betend unser Anliegen auf ihn werfen, harren und stille sind, bis wir erfahren, was Gott mit uns thun wird. —

Was wird denn Gott mit uns thun? Der uns durch seinen Sohn zu Priestern und Königen berufen und gesalbt hat, sollte der nicht den rechten Weg zum Throne und zur Krone wissen? Der auch seines eingebornen Sohnes nicht hat verschonet, sondern hat ihn für uns Alle dahingegeben, sollte uns der mit ihm nicht Alles schenken? Was Gott mit uns thun wird? Er wird mit der Ruthe der Zucht wacker zuschlagen, damit er die Thorheit, die in unserm Herzen steckt, ferne von uns treibe. Er wird uns, die wir eine kleine Zeit leiden müssen, stärken, kräftigen, gründen, vollbereiten. Er wird uns auserwählt machen im Ofen des Elends. Er wird uns demüthigen unter seine gewaltige Hand, damit er uns erhöhe zu seiner Zeit. Wenn wir solches wissen und glauben, haben wir auch die Kraft, nicht allein stille zu sein, sondern auch stille zu bleiben, wenn wir, wie David durch seine Vierhundert, durch mancherlei Umstände sollten gereizet und gelockt werden, aus unserer eigenen Festung wieder zu entfallen, um durch die Hoffnung auf glänzende, verheißungsreiche, aber doch eitle und nichtige Dinge eine Mauer von Sand um uns zu bauen! Wie David dem Propheten Gad und dem Licht und Recht des

Hohenpriesters, so lauschen wir der Stimme unsers Hirten, lassen von ihm uns rathen, und dem Worte Mariens folgend: "Was er euch sagen wird, das thut!" beten wir in aller Dunkelheit mit Paulo: "Herr, was willst du, daß ich thun soll?" Was er auch antworten wird, wir werden ihm noch danken, daß er uns gerathen hat. Solche kindlich gläubige Unterwerfung unter seinen Rath, solches unverrücktes, vertrauensvolles Hangen an seinem Mund, das ist's, was er sucht bei seinen Knechten, denen er Tage schickt, die ihnen nicht gefallen. Nur stille! Er weiß Rath. Und ist auf Erden kein Mittel, so sendet er vom Himmel und hilft mir! **Darum soll meine Seele stille sein zu Gott, bis ich erfahre, was Er mit mir thun wird!**" Und bis ich's erfahre, sorge ich nicht, sondern lasse alle meine Dinge in Gebet und Flehen mit Danksagung vor Gott kund werden. "**Mit Danksagung!**" das vergiß nicht, meine Seele, wie seltsam es dem natürlichen Verstande auch klingen mag. Versenke dich in Davids Leidensgebete! Laß den 40sten Psalm nicht vergebens in der Bibel stehn. Weißt du dir gar nicht mehr zu helfen, so danke für Alles, was Gott ehedem an dir gethan hat, danke, daß du zu ihm schrein kannst. Du bist nicht der erste, der sein Leid durch Danken vom Herzen fortgewälzt hat. Du kennst das Jubellied: "O daß ich tausend Zungen hätte!" das wie eine Lerche gen Himmel jauchzt. Der fromme Mentzer hat es gesungen, als er Haus und Hof durch die Flammen verloren hatte. Du kennst die süßen Danklieder Paul Gerhards. Sie sind meist alle aus einer Zeit, die ihn, wie Einer gesagt hat, eher zum Schreien, als zum Singen hätte bringen sollen. — Willst du die schweren Tage tragen lernen, so lerne danken. Denn "**wer Dank opfert, der preiset mich, und das ist der Weg, daß ich ihm zeige das Heil Gottes!**" (Ps. 50, 23.)

II.

Hat der Glaube das schwache Menschenherz mit dem starken Vaterherzen Gottes auf's neue verbunden, und die unruhige Seele stille gemacht, dann hebt sich das niedergebeugte Haupt wieder empor, das Auge, das vorher nur auf das eigne Leid schauen konnte, blickt auf, blickt um sich, schaut viel fremdes Leid und fremde Noth, thut das Herz ihr auf und die Hand dazu und — vergißt und überwindet die eigene Pein.

Die Philister besaßen damals Bethlehem. Davids Vater und Mutter und mit ihnen viele Andere, die den Unbeschnittenen nicht unterthan sein wollten, flohen von dannen. Es gesellten sich Andere zu ihnen, die in jenen, unter Sauls Regierung immer gesetzloser werdenden Zeiten in Schuld und Noth geriethen, oder sonst betrübten Herzens waren. Derer Aller nahm sich David an, ward ihr Oberster, ihr treuer Berather und Warner, der sie in strenger, heilsamer Zucht hielt, daß sie an Saul sich nicht vergriffen. Seinen Vater und seine Mutter aber brachte er in Sicherheit jenseits des Jordans, denn er konnte es nicht tragen, daß ihr Leben um seinetwillen täglich sollte in Gefahr sein. — Bald darauf wurde ihm gemeldet, daß auch Kegila, eine Stadt im Stamme Juda, von den Philistern hart bedrängt war, und daß die Bewohner, von ihrem rechtmäßigen Könige Saul in Stich gelassen, ihre ganze Ernte an die unheiligen Feinde verloren hatten. David, seine eigne Noth kaum noch fühlend, glühte vor erbarmender Liebe und Begier, den Bedrängten zu helfen. Er fragte den Herrn, um nicht in fleischlichem Eifer eigne Wege zu wählen. Der, an solchem Mitleiden sich erfreuend, hieß ihn ziehn. Aber die Vierhundert, an sich nur und ihre Sicherheit denkend, sprachen murrend: „Siehe, wir fürchten uns hier und wollen hingehn gen Kegila zu der Philister Zeug? Zum zweiten Male fragte David seiner Freunde wegen den Herrn, um auch den Schein eigenmächtigen Dreingreifens von sich abzuwenden. Zum zweiten Male antwortet der Herr: „Auf! ziehe hinab gen Kegila, denn ich will die Philister in deine Hände geben!" Und er eilte hin, frisch und fröhlich, mit klaren Augen und festem Angesichte, als wenn kein Kummer ihn gedrückt hätte, schlug die Philister in einer großen Schlacht und errettete die zu Kegila. —

Begehren wir, liebe Gemeinde, auch also unsere schweren Tage zu tragen? Ihr wißt, die Trübsal macht leicht sehr selbstsüchtig. Sie verschließt das Herz gegen die Bedrängniß der Brüder und die großen Angelegenheiten des Reiches Jesu Christi. Der Angefochtene pflegt nur ein Auge für sein eignes, kleines, unbedeutendes Leid zu haben, das ihm berggroß erscheint, während alles fremde Weh ihm nichts dünkt. Ihr aber sollt wissen, daß eben dieselbigen Leiden, wie über euch, über eure Brüder in der Welt ergehn. Schauet auf sie hin. Nehmet getrost zur eignen noch fremde Bürde, sammelt allerlei Leute betrübten Herzens um euch, und wenn ihr selbst weinet, so gehet zu den Weinenden. Ihr werdet mit erstauntem Herzen merken, daß es besser ist, in das Klaghaus gehn, denn in das Trinkhaus. (Pred. 7, 3.) Laßt mich hier eine Geschichte erzählen, die ich aus dem Munde des Bischofs Gobat von Jerusalem habe. Als dieser theure Mann noch Missionar in Abessynien war und auf einer Reise in die Heimath auch in Straßburg verweilte, berichtete er in einer Abendgesellschaft Mancherlei von den Leiden und Freuden seiner Arbeit. Ein gelehrter und frommer Mann, — ich könnte seinen Namen euch nennen, — der in tiefem Schweigen da gesessen hatte, fragte ihn plötzlich, doch schüchtern: „Und was thaten Sie, wenn Sie in Ihrem Amt in Noth und Bedrängniß waren?" „Ich flüchtete mich, antwortete Gobat, an einen einsamen Ort, oft in eine Höhle, suchte mein eigen Leid zu vergessen, und ließ alle die, welche ich näher kannte, an meinem Geiste vorüber gehn, stellte mir ihre Bedürfnisse und ihre Betrübniß vor, betete für sie, und ehe ich zu Ende war, hatte die Beschäftigung mit fremder Noth meine eigne siegreich vertrieben, wie die Sonne den Nebel verscheucht." Der Professor schwieg nachdenksam. Als Gobat später ihn wiedersah, erzählte ihm derselbe: „Ich war damals sehr schwermüthigen Herzens. Ich habe es gemacht, wie Sie, und auch an fremdes Leid gedacht. Jetzt ist mein Herz frisch und fröhlich." Der freudig erstaunte Gobat erzählte dieses Ereigniß seiner Schwester, die in der Schweiz in der Pflege Schwermüthiger thätig war, und diese sprach davon zu einem schwer betrübten Herzen, das durch kein Licht zu erhellen gewesen war. Auch diese, schloß Gobat seine Erzählung, hat durch Mitleiden und Mittragen fremder Lasten ihre Last von der Seele geworfen. Sie ist, schreibt mir meine Schwester, voll geistiger Freude, und findet jetzt selbst ihre Lust daran, in Würtemberg Schwermüthige zu pflegen."

Was soll ich zu dieser Geschichte noch viel hinzusetzen? Nur das Eine will ich bekennen. Mein Herz war oft unzufrieden und mürrisch. Vermeintliche oder wirkliche Noth machte mich sauer. Mein Amt führte mich in das Klaghaus zu vielen und schweren Leiden Leibes und der Seele. Da stand ich bald, schamroth über mein murrendes, undankbares Herz. Getrost und in Frieden und Freuden kehrte ich von den Stätten des Elends in mein Haus zurück, das ich ungeberdig verlassen hatte. Ich bin der guten Zuversicht, daß ich euch nichts Unbekanntes gesagt habe, daß ihr vielmehr oftmals dasselbe erlebt habt. Darum wollen wir unser Amt preisen, das uns, wenn Ungemach oder Beschwerde unser Herz selbstsüchtig verengen wollen, mit Gewalt zu denen hinausschickt, die da trauern, und uns zwingt, ihnen ein Tröpflein Erquickung zu reichen. Wozu uns zuerst vielleicht nur das Amt bringt, dazu wird uns nach solchen beschämenden und doch seligen Erfahrungen das Gewissen und die Liebe treiben, und uns also lehren, dem Herrn zu einer Lust und uns zum Segen unser Joch tragen. —

III.

Noch ein dritter, wichtiger Punkt bleibt uns zu betrachten übrig. Davids größte Noth kam nicht von den Feinden, den Philistern, sondern von Saul, seinem Nächsten, dem Vater seines Weibes, der sein Freund hätte sein sollen. Eben hierin lag der schmerzhafteste Stachel seiner Trübsal. Gott, nach dessen Herzen er auch im dunklen Thal zu wandeln begehrte, lehrte ihn die Kunst, auch diesem Stachel seine verwundende Schärfe zu nehmen. Abermals nämlich von Saul und dreitausend seiner jungen Mannschaft gejagt, war David mit den Seinen in eine Höhle in der Wüste Engedi geflohen. Gott fügte es, daß Saul, müde von seiner Verfolgung, vorn in der Höhle zum Schlafen sich niederlegte. David, von den Seinen gereizt, die von Gott selbst gegebene Gelegenheit, seines Feindes sich zu entledigen, rasch zu benutzen, schnitt leise einen Zipfel vom Rocke Sauls. „Aber darnach schlug ihm sein Herz, daß er den Zipfel Sauls hatte abgeschnitten." Wenn er bis zu dieser Stunde etwa noch Haß und Bitterkeit gegen den Urheber seiner Noth in der Seele verborgen hatte, so wurde er jetzt mit Schmerzen inne, daß auch das leiseste Nachgeben einer geheimen Rachsucht das Gewissen mit einer unerträglichen Last beschwerte und das Herz schmerzhafter klopfen machte, als wenn er wie ein Hund oder Floh sich jagen ließ. Jede persönliche Gereiztheit, jeden Versuch, sich selber Recht zu schaffen, jede Reizung, dem Gefühle der Bitterkeit freien Lauf zu lassen, wies er jetzt mit beharrlicher Festigkeit von sich. „Das lasse der Herr ferne von mir sein, daß ich meine Hand an den Gesalbten des Herrn legen sollte!" Saul selbst wurde von solcher verschonenden Sanftmuth für einen Augenblick ergriffen. Er hub seine Stimme auf und weinete und sprach: „Du bist gerechter, denn ich! Du hast mir Gutes bewiesen, ich aber habe dir Böses bewiesen!"

Nachdem David einmal die Süßigkeit der Sanftmuth und verschonenden Liebe und ihre Macht über den Widersacher erfahren hatte, wartete er nicht mehr, bis ihm Gott etwa wieder Gelegenheit gäbe, den Fluch Sauls mit Segen zu vergelten. Sein Gewissen trieb ihn, den Urheber seiner Noth mit Liebe, Wohlthun, Lindigkeit und Sanftmuth gleichsam zu verfolgen, um mit diesen mächtigen Waffen den Haß desselben zu überwinden und dadurch seine und die eigne Pein zu enden. — Der sonst vor Saul floh wie eine gejagte Hindin, derselbe geht, — so erzählt das 26. Cap. — als er gewiß erkundet hatte, daß er von Saul mit dreitausend Mann umstellt war und erwürgt werden sollte, des Nachts hinab zur Wagenburg seines Feindes, um den mit den Waffen der Sanftmuth zu schlagen, der ihn mit der Schärfe des Schwerts zu schlagen gekommen war. Das ist angenehm vor Gott. Um seinem Knechte in diesem heilgen Streite zu helfen, hatte er, so wird ausdrücklich berichtet, einen tiefen Schlaf auf Saul und seine Mannschaft fallen lassen. Zur schonenden Sanftmuth fügte David noch eine heilige, mächtige Waffe, die bußfertige, zur Versöhnung bereite Demuth. Denn David sprach zu Saul: „Warum verfolget mein Herr also seinen Knecht? Was habe ich gethan? Und was Uebels ist in meiner Hand? Reizet dich der Herr wider mich, so lasse man ein Speisopfer riechen!" Mit den letzten Worten wollte er sagen: „Ich bin mir zwar keiner Sünde gegen dich bewußt. Sieht aber Gottes helles Auge dennoch verborgenes Unrecht in meiner Seele, und gebraucht er deine Sünde, um mir die verborgene Missethat unter die Augen zu stellen, so wollen wir dem Herrn ein Opfer bringen, daß er uns versöhnt, und unsere Missethat von uns genommen werde!" Das ist die rechte Demuth, welche durch das Unrecht, das ihr geschieht, sich treiben läßt, das Auge in das eigne Herze zu schlagen, um in der verborgenen Sünde die Ursache der Noth zu entdecken. Diese Waffe, im Verein mit jener nachgehenden, schonenden Sanftmuth, trifft auch das Herz harter Feinde. „Ich habe gesündigt, rief selbst der versteinte Saul, komm wieder, mein Sohn David, ich will dir kein Leid fürder thun, darum, daß meine Seele heutiges Tages theuer gewesen ist in deinen Augen. Siehe, ich habe thörlich und sehr unweislich gethan. — Gesegnet seist du, mein Sohn David, du wirst es thun und hinausführen." Und wie David betete: „Wie heute deine Seele in meinen Augen ist groß geachtet gewesen, so werde meine Seele groß geachtet vor den Augen des Herrn, und errette mich von aller Trübsal!" so ist es von diesem Tage an herrlich geschehn. Davids Trübsal, die ihm von Saul bereitet wurde, war geendet. Sie schloß damit, daß der Feind, der ihn vernichten wollte, ihn segnen mußte, und der gnädige Gott den Segen zur Wahrheit machte.

Wer diese Geschichte sich ins Herz schreibt, der wird die selige Kunst lernen, alle Nöthen nach dem Herzen Gottes zu überwinden. Sagt mir, die ihr im Dienste des Herrn steht, woher kommen eure meisten Bekümmernisse, die meisten schweren Stunden und Tage und Wochen? Nicht von den Feinden! von denen vielmehr, die uns die Nächsten sind und unsere Freunde. Die zusammen arbeiten und streiten und siegen und ihres Herrn sich freuen sollten, die bereiten sich gegenseitig geheime und öffentliche Plagen, und laden sich einander unerträgliche Lasten auf, der Bruder dem Bruder, die Schwester der Schwester, die Kinder den Eltern, der Vater dem Sohne, der Mann dem Weibe und das Weib dem Manne! Die Fälle, wo der Eine unschuldig ist, wie David, sind die seltenern; zu allermeist tragen Beide Schuld. — Soll das unter uns so fort gehn? Giebt's gegen solche Trübsal kein Mittel? Mein Freund, giebt Gott dir Gelegenheit, deinem Unwillen, deiner Gereiztheit, deiner Schadenfreude gegen deinen Nächsten Luft zu machen, ihm in spitzer, scharfer Rede einen Hieb, oder wenigstens einen Seitenhieb zu versetzen, so überwinde, solltest du gleich von falschen Freunden zur Rache gelockt werden, die natürlichen, aber sündlichen Gefühle der Bitterkeit durch schonende Sanftmuth. Giebst du jenen auch nur leise nach, so wirst du's mit Schmerz erfahren, daß du dein Herz, statt von der Last es zu entladen, nur zur quälenden Unruhe und dein Gewissen zum Schlagen bringst. — Aber, fragst du mich, wie vermag ich's, für Bitterkeit meinem Nächsten Lindigkeit zu beweisen? Hast du nicht gehört, was David sagte: „Ich will meine Hand nicht an ihn legen, denn er ist der Gesalbte des Herrn!" Erkenne nur in deinem Nächsten den Gesalbten Gottes, den auf den Namen des dreieinigen Gottes Getauften, den, um dessen willen Christus gestorben ist. Du wirst dich zu derselben schonenden Liebe durchkämpfen, die so wunderbar aus dem Worte Pauli redet: „Lieber, verderbe den nicht mit deiner Speise —

aber auch nicht mit deinem Worte, — um welches willen Christus gestorben ist!" (Röm. 14, 15.) Auch wenn wir zur Einsicht gekommen sind, daß wir uns gegenseitig Trübsal zugewendet haben, gehn wir so leicht Jeder seines Weges, der Zeit und den Umständen die Heilung überlassend. Das mag Gott nicht gefallen! Er will, daß, wie David dem Saul, Einer dem andern in versöhnlicher Liebe und Lindigkeit nachgehe, ob er ihn überwinden möge. Solche Gänge sind freilich vor vielen andern schwere und saure, wie auch Davids Gang zur Wagenburg. Aber Gott hilft; denn diese Gänge sind nach seinem Herzen. — Nur vor Einem hüte dich, wozu deine Natur dich treiben wird, vor der unmerklich aufkeimenden und rasch wachsenden Lust, dich zu entschuldigen und die Ursache der Trennung und Trübsal auf den Nächsten zu wälzen. Hier muß mit jener Demuth gekämpft werden, die durch das wirkliche Unrecht, was Gott zu tragen giebt, die verborgenen Sünden erkennt, um derer willen Gott in diese Trübsal gestoßen hat. — Als Joseph zu seinen Brüdern sagte: „Ihr seid Kundschafter! Kundschafter seid ihr!" und sie als solche behandeln ließ, waren sie freilich in diesem Punkt unschuldig. Aber eine andre, größre Schuld lag schon über zwanzig Jahre, ohne sie zu drücken, auf ihrem Gewissen. Diese erkannten sie plötzlich durch jene unverdiente Trübsal. So läßt es Gottes Güte zu, daß unser Nächster mit einem unverdienten Worte uns das Herz trifft. Nur keine Erbitterung dann! Verdient ist's doch, wenn auch einer andern, vielleicht lange vergessenen Sünde wegen. „Der Herr hat es ihm geheißen!" sagte David, als Simei ihn fluchend einen Bluthund nannte, und sein Gewissen wurde vom treuen Herrn an alte, bereute und längst vergebene Schuld erinnert. So väterlich wacht Gott auch über dich, wenn wirklich oder vermeintlich die Zunge des Nächsten dir Unrecht thut. Lasset, die ihr durch That oder Wort euch gegenseitig Pein bereitet habt, vielleicht eine lange qualvolle Zeit hindurch, lasset endlich beide ein Speisopfer riechen! Versöhnt Euch beide mit Eurem Gott. Was gilts, Ihr werdet noch den gegenseitigen Fluch, das Seufzen wider einander in Segen und Fürbitte verwandeln, werdet Einer vor dem Andern weinen und bekennen: „Ich habe gesündigt! Komm wieder! Ich will dir fürder kein Leid mehr thun!" — So trägt und überwindet man die Trübsale nach dem Herzen Gottes! —

„Bist **Du** ein Mann nach dem Herzen Gottes?"
Amen.

Unterwerfung.

Mein armes Herz, was murrst du doch,
Daß du in deinen Tagen,
Das Gott bestimmt dir hat, das Joch,
Von früh bis spät mußt tragen?
Wie du dich sperrst, wie du dich sträubst,
Du machst, wo du nicht stille bleibst,
Nur größer deine Plagen.

Es wird dir wahrlich allzuschwer,
Gen Gottes Stachel löcken,
Gott ist zu treu, liebt dich zu sehr,
Läßt ihn im Fleisch dir stecken.
Drum, Herz, willst du in Frieden ruhn,
Harr, bis was Gott mit dir wird thun,
Du schauen wirst und schmecken!

Achte Predigt.

1. Sam. 25.

Der Gerechte schlage mich freundlich und strafe mich!

———

„Wer sich auf sein Herz verläßt, ist ein Narr!" (Spr. 28, 16.) Diese Worte, scharf wie die Spieße, und eckig, wie die Nägel, mögen schon mancher eitlen, durch Schmeichelei verzärtelten Seele ein Stein des Anstoßes gewesen sein. Aber auch der, welcher in seiner guten Meinung von sich bereits um ein Bedeutendes herabgestimmt ist, kann sich schwer jenem harten Urtheil unterwerfen. Er hält sich für so weit gereist, um wenigstens bis auf einen gewissen Punkt für sein Herz Gewähr zu leisten. Ist etwas im Stande, uns endlich von dieser Selbsttäuschung zu befreien und uns Mißtrauen gegen unser Herz einzuflößen, so ist's die Geschichte Davids, des Hochbegnadigten, der gleichwohl in solche Sünden gefallen ist, die er selbst vor der That wohl eben so unmöglich gehalten haben würde, wie Simon die Verläugnung des Herrn. Lüge und Verstellung ist uns von ihm schon berichtet. Andere schwere Sünden und Laster werden wir später noch vernehmen müssen. Auch der heutige Abschnitt erzählt uns in seinem Beginne einen dunkeln Zug aus Davids Leben, der zu dem lieblichen Bilde, was wir aus der vorigen Predigt gewinnen mußten, durchaus nicht passen will, während er freilich in seinem Fortgang und Schlusse die Flecken von dem Erwählten Gottes wieder abwäscht. Laßt uns Beides genauer ansehn. Ich wüßte nicht, welche bezeichnendere Ueberschrift ich dieser Geschichte geben sollte, als Davids eignes Wort aus dem 141. Psalm:

Der Gerechte schlage mich freundlich und strafe mich!

Drei Punkte werden wir erkennen:
I. Auch der Geliebte Gottes fällt, wenn er sein Herz nicht bewacht, in strafwürdigen Zorn.
II. Der gnädige Gott sendet seinem Geliebten durch Menschenmund die verdiente Strafe.
III. Die Art und Weise, wie Jemand die Strafe annimmt, offenbart es, in wie weit er ein Mann nach dem Herzen Gottes ist.

I.

Sauls Herz, an der Oberfläche durch Davids Liebe für einen Augenblick erweicht, hatte sich bald wieder verhärtet. David flüchtete vor der neu beginnenden Verfolgung immer tiefer in die Wildniß. Wir treffen ihn heute, südlich von Hebron, in der öden Wüste Paran. Dort war keine Nahrung für ihn und seine sechshundert Freunde. Zu den andern Nöthen kam noch der Hunger. Da hörte er, daß in dem benachbarten Carmel, ein Mann Namens Nabal, der fast großen Vermögens war, Schafschur hielt und seinen Knechten ein großes Fest bereitete. David sandte zehn Jünglinge zu Nabal und ließ um Speise bitten. Sie kamen mit abschläglicher Antwort zurück. „Da sprach David zu seinen Männern: Gürte ein Jeglicher sein Schwert um sich! Gott thue dies und noch mehr den Feinden Davids, wo ich diesem bis licht Morgen überlasse Einen, der an die Wand pisset, aus Allem, was er hat! Und ein jeglicher gürtete sein Schwert um sich, und David gürtete sein Schwert auch um sich, und zogen ihm nach hinauf bei vierhundert Mann, aber zweihundert blieben bei dem Geräthe." (V. 13 u. 22.) O Gott, möchte man hier rufen, was ist das Menschenherz! Derselbe, dem das Gewissen schlug, als er vom Rocke seines Feindes nur einen Zipfel geschnitten hatte, der, von seinen drängenden Freunden zu Zorn und Rache gereizt, in seiner Ruhe und Sanftmuth nicht zu erschüttern gewesen war, der durch sein bloßes Wort und seine Gegenwart sechshundert heißblütige Männer so im Zaum gehalten hatte, daß sie auch nicht ein in der Wüste herumlaufendes fremdes Schaf für sich zu nehmen wagten, (V. 7 u. 15) derselbe läßt plötzlich, als ein thörichter Mann seine Bitte nicht

gewährt, seinen Zorn in so maßloser Weise hervorbrechen, daß
er alle Herrschaft über sich verliert, daß er, das Schwert in
der Hand, an der Spitze von vierhundert Bewaffneten, ein
ganzes, unschuldiges Haus ausrotten will, weil Einer aus demselben mit einem Worte ihn verletzt hat. O, was ist das
Menschenherz! Wie sollen wir uns einen solchen Jähzorn, eine
solche Rachlust bei einem Manne erklären, der in der Höhle zu
Engedi eben so große Selbstüberwindung, als Zartheit gezeigt
hatte? Die heilsame Antwort ist nicht schwer zu finden. Von
Saul wußte David seit langer Zeit, daß er sein Todfeind
war, wußte, daß er von ihm nichts zu erwarten hatte, als Haß
und Verfolgung, und Böses für Gutes, wußte zu gleicher Zeit,
daß sein Peiniger der unantastbare Gesalbte des Herrn war.
Darum trug er ihm gegenüber seine Seele in seiner Hand,
war voller Vorsicht und Wachsamkeit. Was Saul auch für
Pläne schmieden mochte, David war auf Alles gefaßt, auf
Alles vorbereitet. Nichts überraschte ihn. Das ist Nabal
gegenüber Alles ganz anders. David, der Verfolgte, hatte
dem reichen Heerdenbesitzer viele und große Dienste geleistet.
Fern davon, ihm mit seinen 600 Mann auch nur ein Schaf
zu rauben, hatte er die ganze Habe desselben gegen die räuberischen Bewohner der Wüste geschützt, so daß Nabals eigne
Knechte von David und den Seinen bezeugen mußten: „Sie
sind uns sehr nützliche Leute gewesen, und haben uns nicht
verhöhnet, und hat uns nichts gefehlet an der Zahl, so lange
wir bei ihnen gewandelt haben, wenn wir auf dem Felde
waren; sondern sie sind unsre Mauern gewesen Tag und Nacht,
so lange wir die Schafe bei ihnen gehütet haben." Als nun
das große Fest der Schafschur kam, sendete David seine Jünglinge zu Nabal und gebot ihnen: „Wenn ihr zu Nabal
kommt, so grüßet ihn von meinetwegen freundlich, und sprechet!
Glück zu! Friede sei mit dir und deinem Hause und allem,
was du hast!" Ihn dann an die vielen geleisteten Dienste
erinnernd, forderte er nicht, — wozu er wohl ein Recht gehabt
hätte, — sondern bat in aller Bescheidenheit um das nur, was
er gerade unter Händen hätte: „Laß die Jünglinge, sind seine
Worte, Gnade finden vor deinen Augen, denn wir sind auf
einen guten Tag gekommen. Gieb deinen Knechten und
deinem Sohne David, was deine Hand findet!"
Athmet diese Rede nicht ungeheuchelte Liebe und Friedfertigkeit?
Konnte David demüthiger, freundlicher, herzlicher bitten? Mußte

solche Bitte nicht guten Erfolg haben? David rechnete fest
darauf. Er erwartete nichts Anders als Dienst für Dienst,
Freundlichkeit für Freundlichkeit. Er war ganz sicher, wachte
nicht, ahnte nicht, daß eine Versuchung auf ihn lauern könnte.
Da plötzlich kam die unerwartete, in der That überaus höhnische und herausfordernde Antwort: „Wer ist der David?
Und wer ist der Sohn Isais? Es werden jetzt der
Knechte viele, die sich von ihren Herren reißen.
Sollte ich mein Brot, Wasser und Fleisch nehmen, das ich für meine Scheerer geschlachtet habe,
und den Leuten geben, die ich nicht kenne, wo sie
her sind?" Was sollen wir uns wundern, daß Davids Herz,
weil es sicher und sorglos und nicht wie mit Thor und Riegel
verschlossen war, sein altes Wesen wie in einem offenen, furchtbaren Strome hervorbrechen ließ, und das um so mehr, je
mehr und länger vorher die alte Lust durch mächtige Dämme
zurückgehalten war? Wir begreifen das leicht, weil wir selbst
ähnliche Rückfälle in die natürliche Bosheit des Herzens zu oft
erlebt haben. So lange wir vor einem Manne standen, dessen
Ansehn und Würde uns unwillkürlich zwang, auf der Hut zu
sein, uns zu beherrschen, mit Fleiß zu bedenken, was wir
redeten und thaten, vermochten wir, vielleicht oft ohne große
Mühe, unsere Worte auf die Goldwage zu legen, und erschienen als besonnene, sanftmüthige Leute. Kehrten wir aber in
den Kreis der Unseren zurück, in dem wir die Wachsamkeit für
unnöthig achteten, und uns darum, wie man es ausdrückt, gehn
ließen, o welche Worte voll Haß, Zorn und Bitterkeit strömten
da schon bei geringfügiger Veranlassung über unsre Lippen!
Wo wir Dank gar nicht zu ernten begehrten und auf Undank
von vornherein gefaßt waren, konnten wir vielleicht einmal
den schwärzesten Undank still hinnehmen. Wenn wir aber auf
unsere Aussaat der Liebe, Lindigkeit, Demuth und des Friedens
zwar keine reiche, aber doch eine bescheidene Ernte von Gegenliebe sicher erwarteten: wie konnten wir aufbrausen, wie bitter
und ungeberdig, oder auch wie niedergeschlagen, kleinmüthig,
verzweiflungsvoll werden, wenn uns Dornen, Disteln und
Nesseln entgegengebracht wurden! Wäre Einer, der uns früher
nur in unsern bewachten Stunden beobachtet hat, in solchen
unbewachten Augenblicken Zeuge unserer Geberden und Rede,
müßte er nicht entsetzt ausrufen: „Ich kenne den Menschen nicht
mehr?" Aber wer sind wir? Selbst von Paulus und Bar-

nabas wird erzählt, daß sie scharf an einander kamen, und eine Zeit lang Jeder seinen eignen Weg ging. (Apstlg. 15, 39.) Selbst später noch ließ Paulus, nachdem er doch immer mehr seinem Herrn entgegengereift war, von Gereiztheit und Zorn sich überwältigen. Als er im Gerichte auf Befehl des Hohenpriesters Ananias auf's Maul geschlagen wurde, rief er: „Gott wird dich schlagen, du betünchte Wand! Sitzest du, und richtest mich nach dem Gesetz, und heißest mich schlagen wider das Gesetz?" (Apstlg. 23, 3.) Rufen uns solche Beispiele nicht in's Ohr: „Behüte dein Herz mit allem Fleiße, denn daraus gehet das Leben!" (Spr. 4, 23.) „Was ich aber euch sage, das sage ich **Allen: Wachet!**" (Mark. 13, 37.)

Allen! Und hättest du selbst solche Sanftmuth und Selbstbeherrschung bewiesen, wie David gegen Saul, und wärest du so mächtig schon vom Geiste des Herrn gebunden und versiegelt, wie Barnabas, ja wie Paulus: „so du nicht wirst wachen, spricht der Herr, werde ich über dich kommen, wie ein Dieb! (Offb. 3, 3.)

Drum hüte deine Zunge wohl!   O lieb, so lang du lieben kannst!
Bald ist ein herbes Wort gesagt.   O lieb, so lang du lieben magst!
„O Gott! es war nicht bös gemeint!"   Die Stunde kommt, die Stunde kommt,
Der Andre aber geht und klagt.   Wo du an Gräbern stehst und klagst!

„Wo du an Gräbern stehst und klagst!" an Gräbern derer, die dir an's Herz gewachsen, die ein Stück deines eignen Lebens sind. Wirst du das nicht vergessen, so wirst du darin die Kraft haben, dein Herz zu bewachen, um alle herben und bittern Worte noch im Entstehn zu tödten, gleich wie David Sauls schonete, weil er das Haupt ansah, das der Herr gesalbt hatte. —

Die fortwährende Wachsamkeit, die beständige Bereitschaft, von einer Versuchung, als wie von einem Fallstrick, überrascht zu werden, ist eines der schwersten und doch nothwendigsten Stücke des Christenlebens. „Ich schlafe, aber mein Herz wachet!" (Hohel. 5, 2.) sagt die Braut des Herrn. Wir sind zu diesem unaufhörlichen Wachen noch wenig geschickt, noch wenig geneigt, überall, wo wir gehn, stehn oder liegen, auf Versuchungen und Anfechtungen vorbereitet zu sein. Was würde aus uns werden, wenn Gottes Gnade nicht wachte!

II.

Kaum hatte David sein Schwert ergriffen, um an der Spitze seiner Schaar das Verderben zu Nabals Hause zu wälzen, als der erbarmungsreiche Gott, dessen Auge über seinem Knechte offen stand, auch schon die Strafe vorbereitete, durch welche er den vom Zorn Berauschten zur Nüchternheit wach rufen wollte. Einer nämlich von den Jünglingen Nabals hatte die unbillige, schnaubende Antwort seines Herrn gehört und Abigail, das verständige Weib desselben, sogleich davon in Kenntniß gesetzt. Diese machte der Herr zur Vollstreckerin seiner Strafe. Gebraucht dich Gott auch einmal als heilsame Ruthe für Einen seiner schlafenden Knechte, oder hat er dir gar das heilige Strafamt befohlen, so lerne von Abigail beides, die liebevolle Weisheit und die ernste Wahrheit, womit die Strafe nach Gottes Herzen ausgeübt werden soll.

Ihre Jünglinge mit Brot, Wein, Mehl und andern Gaben vor sich her sendend, eilte sie, das schwache, einsame Weib „im Dunkel des Berges," im engen, hohlen Felsenthale David und seinen Leuten entgegen, um durch ihre bittende und zugleich strafende Stimme vierhundert gezückte Schwerter in die Scheide zu führen, und mit dem Hauch ihres Mundes die lodernde Flamme des Zornes auszulöschen, ehe sie Brand und Verwüstung anrichtete. Sie sah David und seine Schaar kommen, warf sich von ihrem Thiere auf ihr Angesicht zu seinen Füßen nieder und sprach: „Ach, mein Herr, mein sei diese Missethat! Mein Herr setze nicht sein Herz wider diesen Nabal, den heillosen Mann, denn er ist ein Narr, wie sein Name heißt, und Narrheit ist bei ihm. Ich aber, deine Magd, habe die Jünglinge meines Herrn nicht gesehn, die du gesandt hast!" Sie bekennt zuerst mit weiser Demuth das offenbare Unrecht, wodurch Davids Zorn gereizt war, und nimmt die ganze Schuld auf sich, weil sie, Nabals Härte und Boshaftigkeit kennend, nicht treu genug über ihn und sein Thun gewacht hatte. Dann aber wendet sie sogleich ihre Bitte als ein strafendes Schwert gegen David, daß er, der Weise, der Geliebte Gottes, durch einen heillosen Mann, durch einen Narren, zu noch größerer Narrheit und Sünde sich wolle verführen lassen. „Willst du, so tönt es David und uns aus ihren Worten entgegen, willst du, der nicht mehr ein Neuling in Gottes Wegen ist, durch Thorheit und Frevel Eines, der Gott nicht kennt, dich zu seines Gleichen machen? Sollte man nicht billig von dir erwarten, daß du schon fester in Gott eingewurzelt wärest, als daß das spöttische Wort eines Gottlosen dich sofort aus deinem Lebensgrunde losrisse?

Laß dich nicht das Böse überwinden! denn die da stark sind, sollen der Schwachen Gebrechlichkeit tragen, und so ein Mensch etwa von einem Fehler übereilet würde, hilf ihm wieder zurecht mit sanftmüthigem Geist, der du geistlich bist. Und siehe auf dich selbst, daß du nicht auch versuchet werdest!

Ist Jemand thöricht, sei du klug,
Und segne den, der hart dich schlug!
Es muß ein Knecht des Herrn auf Erden
Durch böse Zungen besser werden!

Die Strafe wurde noch bitterer. „So wahr der Herr lebet, redet Abigail weiter, und so wahr deine Seele lebet, der Herr hat dich verhindert, daß du nicht kämest wider das Blut und hat dir deine Hand erlöset!" „Blut!" mußte es laut und schrecklich durch Davids Seele widertönen. Die Sünde, in die er rannte, war ihm ungeschminkt und ungeschmückt bei ihrem wahren, furchtbaren Namen genannt. Abigail trat mit ihrer Person ganz zurück. „Der Herr, sagt sie mit Bedeutung, der Herr will dich am Blutvergießen verhindern. Darum sendet er mich, das arme, schwache Weib. David! Nicht ich, der Herr stellt sich dir auf deinem gefährlichen Wege strafend entgegen. David! Nicht ich, der Herr ruft dir ins Gewissen: Tauche deine Hand nicht in unschuldiges Blut! Der Herr spricht den furchtbaren Namen deiner noch verborgenen Sünde mit unerbittlichem Ernste aus, stellt, was jetzt in den Tiefen des Herzens noch gährt, als geschehene That in ihrer nackten Gestalt vor deine erschrockenen Augen, auf daß er dir deine Hand erlöse! Der Herr thut's!

Nachdem das schreckliche Wort: Blut! gesprochen ist, hält die Botin Gottes dem immer noch stummen David mit beredtem Munde die Hoheit und Würde seines Berufes vor, daß der Herr ihm ein beständiges Haus machen werde, daß er, David, des Herrn heilige Kriege führe und gesalbt sei zum Herzog über Israel. „Darum, fährt sie dann fort, laß kein Böses an dir gefunden werden dein Leben lang!" Dieser Glorie seines Berufes gegenüber mußten seine Zorn- und Rachegedanken um so schwärzer, mußten die an seinen Händen klebenden Tropfen unschuldigen Blutes um so verdammungswürdiger erscheinen.

Indem Gott durch das Weib seinen Knecht mit dem eisernen Stabe seines Mundes züchtigt, offenbart er ihm zugleich, wie ich schon andeutete, den heiligen Zweck der Strafe, daß seine Hände sollten erlöset werden. Nachdem die Strafe ausgerichtet ist, läßt er ihn den ganzen Segen fühlen, der denen bereitet ist, welche unter die Strafe sich beugen. Denn Abigail sprach weiter: „Die Seele meines Herrn wird eingebunden sein im Bündlein der Lebendigen bei dem Herrn, deinem Gott; aber die Seele deiner Feinde wird geschleudert werden mit der Schleuder. Wenn dann der Herr alles das Gute meinem Herrn thun wird, das er dir geredet hat, und gebieten, daß du ein Herzog seist über Israel: so wird es dem Herzen meines Herrn nicht ein Stoß noch Aergerniß sein, daß du nicht Blut vergossen hast ohne Ursach und dir selbst geholfen; so wird der Herr meinem Herrn wohl thun und wirst an deine Magd gedenken!"

Theure Gemeinde, wie lieb muß der Herr seinen Knecht David gehabt haben, daß er solchen Strafer ihm auf seinem Sündenwege entgegenstellte, so voll Weisheit, Lindigkeit, Demuth, Ernst, Wahrheit, Liebe! Wir lernen hier das Wort nachsprechen: „Siehe, selig ist der Mensch, den Gott straft!" (Hiob 5, 17.) Sollen wir, im Bewußtsein unserer Versuchbarkeit, nicht Tag um Tag inbrünstig zu Gott emporrufen: Laß mich nicht hingehn im Irrthume meiner Wege! Sende mir deinen Strafer entgegen, und o Herr, wenn es möglich ist, solchen Strafer, wie deinem Knechte David!"

Seid getrost, der Herr ist treu. Er züchtiget, die er lieb hat. Er stäupet einen jeglichen Sohn, den er aufnimmt. Er hat auch für die Tage, die noch vor uns liegen, seine Strafer für uns schon bereit, nur nicht solche, wie wir sie uns wünschen, solche nur, die Er für uns heilsam findet. Aber dabei sollet ihr Eines nicht vergessen. Nachdem uns der gnädige Gott seinen ganzen Rath und Willen zu unserer persönlichen Seligkeit offenbart hat, gilt uns das Wort: „Alle Schrift, von Gott eingegeben, ist nütze zur Strafe, zur Züchtigung!" Schone deiner unr nicht selber, wo du fehlest, sondern gebrauche das Wort der Schrift, daß du dich selbst damit schlagest. Ist dir's um eine Ruthe zu thun, deine Thorheit aus deinem Herzen zu treiben, in der Schrift kannst du stets die rechte Ruthe finden. Laß nur Abigail dir immer in den Weg treten. Nenne dir nur mit unerbittlicher Wahrheitsliebe die nackte That, zu welcher deine geheimen, sündlichen Lüste und Gedanken ausgeboren werden müßten, wenn sie freien Lauf hätten. Ruft dir auch Niemand das furchtbare Wort „Blut!" entgegen, doch nennt dich Gottes Stimme: „Todschläger! Ehebrecher!" Denn es steht geschrieben: "Wer seinen Bruder hasset, der ist ein Todschläger!" und "Wer ein Weib ansiehet, ihrer zu begehren, der hat schon die Ehe gebrochen mit ihr in seinem Herzen!"

Bist du nicht auch berufen, des Herrn Krieg zu führen, seinen geistlichen Krieg? Kennst du deine Waffen nicht? "So nun deinen Feind hungert, so speise ihn, dürstet ihn, so tränke ihn, wenn du das thust, wirst du feurige Kohlen auf sein Haupt sammeln!" "Selig sind die Sanftmüthigen, denn sie werden das Erdreich besitzen!" Bist du nicht berufen, heilig zu sein und unsträflich vor ihm in der Liebe? dich zu reinigen von aller Befleckung des Fleisches und des Geistes, und demüthig zu sein vor deinem Gott? nicht erwählet, Gottes Kind zu heißen und ein Jünger Jesu und zu ererben, was kein Auge gesehen, kein Ohr gehöret hat, und was in keines Menschen Herz gekommen ist? Wohl! So halte gegen diesen Beruf deinen Neid, Zorn, Haß, Argwohn, deine Untreue, Hoffahrt, Bitterkeit und Unreinigkeit, deine Selbstsucht, deine Weltseligkeit! Fühlst du den Strafer nicht, dessen Schläge bis ins Leben bringen?"

O meine Mitknechte, laßt mich euch noch einmal das schöne Wort Abigails wiederholen: "Wenn nun der Herr alles das Gute dir thun wird, dann wird es dir kein Anstoß und Aergerniß sein, daß du nicht Blut vergossen hast ohne Ursache und dir selbst geholfen!" Das ist für uns zornmüthige und lieblose Menschen eines der heilsamsten Worte. Stelle dich an den Sarg oder das Grab derer, mit denen du hier arbeitest und zusammen gen Jerusalem pilgerst, gewiß, es wird dich nicht gereuen, wenn du ein herbes, bitteres Wort zurück gehalten, und so lange sie bei dir waren, um die Liebe gefleht hast, die alles trägt und glaubt und hofft und duldet! Versetze dich auf dein eigenes Todtenbett! Gewiß, es wird dich nicht gereuen, daß du Auge, oder Hand, oder Fuß, die dich ärgerten, nicht hast in Ruhe gelassen, sondern sie abgehauen und von dir geworfen. Stelle dich vor den Richterstuhl Christi! Gewiß, es wird dich nicht gereuen, daß du drunten auf der armen Erde dir nicht hast selbst geholfen, die Hand nicht nach der Weltlust und nach guten Tagen und nach Ehrenkronen ausgestreckt, und deinen Fuß nicht hingewendet auf die breite, leichte, lustige Straße! Es wird dich nicht gereuen, und du wirst an den Knecht gedenken, der sich hier im Namen des Herrn in deinen Weg stellte, um dir solches Alles kund zu thun!

III.

David glühte noch vor Zorn und Rache. Da traf ihn Abigails ernstes, einschneidendes, aber wahres und von Liebe zeugendes Wort. Das fuhr in seine Seele, wie ein Lichtstrahl, die innere Finsterniß erhellend. Nein! Es zündete in ihm, wie ein Blitz zündet, und erleuchtete nicht allein seine Nacht, sondern zerschmetterte in einem Schlag seinen stolzen Zorn, seine hochfahrende Rache. „Gelobet, rief David als Abigail geendet hatte, gelobet sei der Herr, der Gott Israels, der dich heutiges Tags mir hat entgegengesandt. Und gesegnet sei deine Rede, und gesegnet seist du, daß du mir heute erwehret hast, daß ich nicht wider Blut gekommen bin und mich mit eigener Hand erlöset habe!" Wenn ich in der ganzen Bibel keine zweite Geschichte zu nennen weiß, in der uns so klar und lieblich, wie in den Worten Abigails, gelehrt wird, in rechter Weisheit, Wahrheit und Liebe zu strafen, so weiß ich auch keine zweite, die, wie dieser Zug aus Davids Leben, uns zeigt, in welcher Weise wir die Strafe aus Menschenmund hinnehmen sollen. Nicht ein Wort der Gereiztheit, der Entschuldigung und Beschönigung oder Anklage Anderer kommt über Davids Lippen. Er gesteht offen und ehrlich seine ganze Schuld, verhehlt sich nicht die tödtliche Gefahr des Weges, auf dem er wandelte, den düstern Abgrund, dem er zueilte. „Wahrlich, so wahr der Herr, der Gott Israels, lebet, der mich verhindert hat, daß ich nicht übel an dir thäte, wärest du nicht eilend mir begegnet, so wäre dem Nabal nicht Einer übergeblieben auf diesen lichten Morgen!" Weil er in sich die Sünde und vor sich ihre furchtbaren Folgen schaute, erkannte er in den Worten des Weibes das gnädige Walten seines Gottes, der seine Hand von Blutschuld und Frevel erlösen wollte. Darum war das erste Wort, in das der Gestrafte ausbrach, ein inniges, dankbares Lob der Gnade des Herrn, die gerade in der Strafe so glorreich sich ihm offenbaret hatte, das zweite ein freudiger Segen über das menschliche Werkzeug der göttlichen Züchtigung. — Wer so die Strafe hinnimmt, auf den schaut Gottes Auge mit Wohlgefallen. Nabal wurde nach zehn Tagen vom Herrn geschlagen, daß er starb. David stieg höher und höher. Abermals sprach er: „Gelobet sei der Herr, der meine Schmach gerochen hat an dem Nabal, und

seinen Knecht enthalten von dem Uebel!" Er gedachte Abigails,
wie sie geredet hatte. Sie wurde sein Weib, damit er allezeit
eine solche Warnerin, als sein zweites Gewissen, um sich hätte.
Er wartete hiernach nicht mehr, bis die Strafe über ihn käme.
Weil er beides, ihre Nothwendigkeit und ihre Heilkraft erlebt
hatte, that er später seinen Sohn Salomo unter die Hand
Nathans, der scharfen Ruthe in der Hand Gottes, und bat
für sich selbst um Strafe in dem schönen, von seinem göttlichen
Leben laut zeugenden Worte: „**Der Gerechte schlage mich
freundlich und strafe mich; das wird mir so wohl
thun, wie ein Balsam auf meinem Haupte!**" (Pf.
141, 5). Weil ihm Abigails Strafe so wohl gethan, und seine
Seele gerettet hatte, ließ es ihn keine Ruhe, bis auch er seinem
Nächsten gleiche Barmherzigkeit erwies. Sogleich im folgenden
Cap. wird uns erzählt, daß er trotz eigner, großer Gefahr seinem
Feinde Saul, gleichwie Abigail ihm, mit Liebe nachging und mit
strafender Sanftmuth entgegentrat. Ob er dies gethan und
jenen schönen Sieg erfochten haben würde, von dem schon die
vorige Predigt sprach, wenn er vorher nicht selbst erfahren hätte,
welcher Balsam den Zorn heilen kann? —

Wie nimmst du die Strafe auf? Die Antwort ist der Prüf‍stein deines Christenthums, eine Offenbarung, wie fern oder
nahe du dem Herzen Gottes stehest. Die Jünger des Herrn
haben, so lange er mit ihnen wandelte, viel Thorheit, Unver‍stand, Wankelmuth, Unglauben bewiesen. Aber so oft der Herr
sie gestraft hat, haben sie die Hand auf ihren Mund gelegt,
und still und willig mit der Ruthe seines Mundes sich schlagen
lassen. Wollt ihr davon ein einzelnes Beispiel? Die schärfste
Strafe hat wohl Petrus erfahren müssen. Als er fast unmittel‍bar nach seinem fröhlichen Glaubensbekenntniß den Herrn er‍mahnte, seiner selbst zu schonen, ward ihm auf seine doch gute
Absicht die furchtbare Antwort: „**Hebe Dich, Satan, von
mir, du bist mir ärgerlich!**" Petrus nahm sie schweigend
hin. (Matth. 16, 23). Das erste Wort, was der erbarmungs‍reiche Herr zu den in Traurigkeit ganz versunkenen Emmaus‍jüngern sagte, war die scharfe Zurechtweisung: „**O ihr Thoren
und träges Herzens, zu glauben Allem dem, das
die Propheten gesagt haben.**" Sie hängten sich so fest
an den ernsten Züchtiger, daß sie ihn, als er von ihnen gehen
wollte, nöthigten: „Bleibe bei uns!" — Als, wie ich vorhin
anführte, Paulo ein ungeziemendes Wort gegen den Hohen‍

priester entfahren war, und die Umstehenden ihn straften, gab
er sich ohne Umstände schuldig und sprach: „Liebe Brüder, ich
bedachte nicht, daß es der Hohepriester ist. Denn es steht geschrieben: Dem Obersten deines Volkes sollst du nicht fluchen!"
Nehmen wir die Strafe aus Menschenmund auch also willig
und unbedingt hin? Meine Brüder, wenn Jemand also gegen
uns im Unrecht wäre, wie Ananias gegen Paulus, Nabal gegen
David war, mit welcher Beredsamkeit und selbst Gereiztheit
würden wir die Strafe von uns weisen! Wie sehr würden wir
unsere Schuld vergessen und nur die des Nächsten sehn, anstatt
die des Nächsten zu vergessen und allein die unsrige zu sehn.
Und nun noch mitten in der Strafe Gott danken und ihn
loben und den Strafer segnen, und das Beides vom innersten
und tiefsten Herzensgrund! Wer von Euch ist soweit in der
Nachfolge des Herrn gereift? Ich nicht, das muß ich schamroth
bekennen. Das Höchste, wozu ich es bis jetzt gebracht habe, ist
dies, daß ich, in der Stunde der Strafe gegen Gott murrend,
gegen den Strafer gereizt, nach vielen vergeblichen und qual-
vollen Anstrengungen, wider den Stachel zu löcken, endlich mich
gefangen gab und mir schweigend, aber selten fröhlich gestand,
daß ich für die Strafe, als für ein heilsames Gut, hätte danken
sollen. Mit euch wird es wohl auch so sein. Sendet Gottes
Liebe uns einen Züchtiger, einen Tadler, und will unser Herz
sich sträuben und laut oder leise widerbellen, o daß wir dann
mit unsern Geistesaugen den zürnenden David und vor ihm
die strafende Abigail sähen, vor deren Schlägen der aufbrausende
Löwe plötzlich zum Lamme ward! Daß wir fort und fort die
heiligen Worten hörten, mit denen er den strafenden Gott lobt
und sein Rüstzeug segnet!

Warum sträuben wir uns denn also vor der Strafe? Sie
ist wahrlich keine böse Gabe! „Wer sich gerne strafen
lässet, wird klug werden, wer aber ungestraft sein
will, der bleibet ein Narr." (Spr. 12, 1.) Das Buch
der Sprüche ist voll solcher gnadenreichen Verheißungen über
den Segen der Strafe. Suche sie dir heraus, wie Perlen, und
binde sie, wie eine Schnur, an deinen Hals. Du wirst auch
das dort bestätigt finden, daß die Art, wie Einer die Strafe
hinnimmt, seine innere Stellung zu seinem Gott offenbart.
„Strafe den Spötter nicht, heißt es, er hasset dich!
Strafe den Weisen; er wird dich lieben! (Sp. 9, 8.)

Ich bitte euch, achtet mit Ernst auf dieses Merkmal des Unterschiedes, der zwischen dem Spötter ist und dem Weisen!

Ihr kennet Alle das Wort des Herrn: „Wenn der Tröster kommt, der wird die Welt strafen!" Das süße Trösteramt des h. Geistes beginnt mit der **Strafe**. Wer sie von sich weist, der wird ewiglich ungetröstet bleiben. Und niemals wird sich vom h. Geiste strafen lassen, wer sich von Menschen nicht strafen lässet.

Darum **„bitten wir euch, liebe Brüder, daß ihr erkennet, die an euch arbeiten und euch vorstehen in dem Herrn und euch vermahnen. Habt sie desto lieber um ihres Werks willen, und seid friedsam mit ihnen!"** (1 Thess. 5, 12.)

Lobet Gott und seine Güte, daß ers euch nicht an unbestechlichen Vermahnern fehlen lässet! Segnet die Lippen, durch die er vermahnet! Welche also loben und also segnen, die nennt der Herr die Leute nach seinem Herzen. Bist **Du ein Mann nach dem Herzen des Herrn?** Amen. —

Menschenschläge.

Wenn, Herr, Fleisch und Blut mich blenden,
Daß ich weich von deinem Pfad,
Wollst du dich von mir nicht wenden,
Sondern mir voll Huld und Gnad
Einen Freund und Strafer senden,
Zu verstören meinen Rath!

Waffne ihn mit deinem Lichte,
Laß ihn reden treu und kühn,
Daß aus seinem Angesichte
Deine Flammenaugen glühn,
Und aus seinem Strafgerichte
Deine Feuerworte sprühn!

Aber ich will tief mich beugen, —
So du Gnade mir verleihst, —
Vor den Schlägen deines Zeugen,
Drob mein Mund dich einst noch preist,
Und mich schamroth und mit Schweigen
Strafen lassen deinen Geist!

Neunte Predigt.

2. Sam. 6. u. 7.

Das selige Geheimniß, in den Tagen der Erhöhung und der Ruhe fest zu stehn.

―――

Wir treten heute wie in eine neue Welt. Die dunklen Thäler, in denen die Bäche Belials rauschen, sind verschwunden. Die sonnigen Höhen der Ehre und des Glückes liegen vor uns. Saul fiel von eigner Hand auf den Bergen Gilboas. „Der todte Hund, der einige Floh," trägt die Königskrone und wohnt im Cedernpalaste. Die Zeiten der Erniedrigung haben die Zeit der Erhöhung geboren. Die Thränensaat ist zur Freudenernte geworden. Nicht umsonst also hat David, unter die gewaltige Hand Gottes sich beugend, still geharrt, bis er sähe, was sein Herr mit ihm thun würde. Von Stufe zu Stufe führte Gott, sobald seine Stunde schlug, seinen Gesalbten aus dem Feuerofen zur Herrlichkeit. Zuerst ward David König über Juda allein zu Hebron. Jsboseths Aufruhr, von Abner angeschürt, wurde rasch niedergeworfen. Die Stämme und die Aeltesten Jsraels machten den Sieger zum Könige über das ganze Volk des Herrn. Darnach zog David gegen Jerusalem und die Burg Zion, darin noch die Jebusiter wohnten, die in ihrer Feste sich so sicher dünkten, daß sie dem Gesalbten Gottes höhnend zuriefen: „Blinde und Lahme werden dich abtreiben!" (2 Sam. 5, 6.) Aber er stopfte ihnen das hoffärtige Maul und setzte seine Wohnung auf den Berg Zion. „Und David ging und nahm zu, und der Herr, der Gott Zebaoth, war mit ihm." (2 Sam. 5, 10.) Hiram selbst, der gewaltige König der noch gewaltigern Stadt Tyrus, deren Kaufleute Könige und ihre Krämer die Herrlichsten im Lande waren, sandte Boten zu

David und Cedernbäume vom Libanon, daß er ihn ehrete. — (V. 11.) Die Philister, die unter Sauls gottlosem Regimente fast Herren des Landes geworden waren, wurden zweimal auf's Haupt geschlagen. Also war David herrlich geworden „und der Herr hatte ihm Ruhe gegeben von allen seinen Feinden umher." Da siehest du:

„Aus der Enge in die Weite,
Aus der Tiefe in die Höh
Führt der Heiland seine Leute,
Daß man seine Wunder seh!"

Doch größere Wunder noch als diese, sind die, daß er auch auf der Höhe und in der Herrlichkeit seine Geliebten vor dem Gleiten zu bewahren, aus dem Falle zu erheben und zum siegreichen, seligen Ende zu führen weiß. Diese Wunder offenbaren sich uns im zweiten Abschnitt der Lebensgeschichte Davids. Heute zunächst lehrt uns der Geist:

Das selige Geheimniß, in den Tagen der Erhöhung und der Ruhe fest zu stehn.

Es gehört dazu:
I. Demüthige, unbedingte Unterwerfung unter das Zeugniß Gottes.
II. Treues, lautres, eifriges Arbeiten für die Ehre des Herrn und seines Reiches.
III. Dankbares Stillehalten, wenn der Herr, unsere Arbeit für ihn zurückweisend, an unserm eignen Herzen arbeiten will.

I.

Saul, als Jüngling klein und niedrig in seinen Augen, fiel, als er das irdisch Beste und Höchste in Israel erlangt hatte. Salomo, der sein königliches Amt mit dem Gebete um ein gehorsames Herz begonnen hatte, ließ auf dem Gipfel der Macht seine Seele in den Staub ziehn. Hiskia, in seiner Krankheit der Spiegel eines zerschlagenen Herzens, wurde in seiner Gesundheit in jenen Ehrgeiz gestürzt, der die Schätze Jerusalems gen Babel führte. (Jef. 39). Welche Macht hat David, der auch von Fleisch und Blut nicht unangefochten war, vor gleichem Loose behütet?

Verstrickt und gestürzt durch seine lügenspinnende Klugheit, war David, wie wir aus frühern Predigten wissen, endlich zum festen Wort und Zeugniß des lebendigen Gottes, als dem einzigen Licht und Halt für das dunkle, schwankende Menschenherz, zurückgekehrt, hatte vom geoffenbarten Worte des Propheten Gad und vom Licht und Rechte des Hohenpriesters seine Anschläge und Thaten leiten lassen. „Ich will rühmen Gottes Wort, ich will rühmen des Herrn Wort!" hatte er gerufen. (Pf. 56, 11.) Dies feste Wort, was ihm Licht und Stecken im dunklen Thal gewesen war, nahm er mit auf die Höhe des Thrones. Darum sprach er zu allen Fürsten und zu der ganzen Gemeine: „Gefällt es euch und ist es von dem Herrn, unserm Gott, so laßt uns allenthalben ausschicken zu den Andern, unsern Brüdern in allen Landen Israels, daß sie zu uns versammelt werden, und laßt uns die Lade unsers Gottes zu uns wieder holen, denn bei den Zeiten Sauls fragten wir nicht nach ihr!" (1 Chr. 14, 2. 3.) „Und er machte sich auf und ging hin mit allem Volk, das bei ihm war, daß er die Lade Gottes heraufholete, welcher Name heißt: „Der Name des Herrn Zebaoth wohnet darauf über den Cherubim!" David erkannte also mit klarem Auge in der Nichtachtung des göttlichen Gesetzes den Quell, woraus unter Sauls Regiment alles Verderben für die Einzelnen, wie das ganze Volk entsprungen war. Um die verzweifelt bösen Schäden des Volkes zu heilen, und sein Herz vor dem tiefen Fall Sauls zu behüten, griff er mit großem Ernste nach dem einzigen Heilmittel, der Offenbarung Gottes. Die Lade des Herrn, welche das ewige, unantastbar heilige Gesetz einschloß, die aber zugleich über den Flügeln der Cherubim den gnadenreichen Namen des Herrn Zebaoth trug, wollte er allezeit vor seinen Augen haben. Die Nähe des lebendigen Gottes sollte seinen Rath, seine Reden und seine Werke regieren. Er begehrte, sein ganzes Wesen und Leben unter die Doppelmacht des Gesetzes und der Gnade zu stellen. Wie lauter und tiefgehend dieses Begehren war, zeigt sich am besten in jener lebendigen, unverhohlenen Freude, mit der er, wie unsre Geschichte ausdrücklich hervorhebt, das Heiligthum des Herrn von Gibea gen Jerusalem zu bringen begann.

Wo Gott Einen sieht, der sich unter den Schutz seines Wortes flüchten will, den erzieht er also, daß er sich unbedingt darunter beugen lernt, nicht Gottes Wort und Menschen Wort ferner mit einander vermischt und vermengt. Zwar

war, menschlich geredet, die Absicht Davids lauter und gut, als
er dem Herrn zu Ehren die Lade Gottes auf einem neuen Wagen
führen ließ. Es war aber dennoch gegen Gottes ausdrückliches
Wort. Die Lade des Herrn, darauf der Name des Allerhöchsten
wohnte, sollte von den Leviten auf Stangen getragen, und von
keinem Staubgeborenen berührt werden, damit sie sich's bewußt
blieben, welch ein Unterschied sei und eine Trennung zwischen
dem Heiligen und dem Unheiligen. (4 Mos. 4, 15. 20. und
7, 9.) Als die Rinder des Wagens unterwegs einen Fehltritt
thaten, und die Lade in Gefahr war zu fallen, griff Usa, um
das schwankende Heiligthum Gottes zu halten, dasselbe gegen
Gottes Wort mit unheilger Hand an. Des Herrn Zorn ergrimmte, und schlug ihn um seines Frevels willen, daß er daselbst starb bei der Lade Gottes. David entsetzt über die unnah-
bare Heiligkeit des Herrn und seine eigne Sündhaftigkeit, rief
aus: „Wie soll die Lade des Herrn zu mir kommen?"
und ließ sie in das Haus Obed Edoms bringen. Den segnete
der Herr um der Lade willen. Da David das vernahm, begann
er zu ahnen, daß die Nähe des Herrn nur dem Ungehorsamen
und Widerwärtigen ein verzehrendes Feuer ist, aber dem, der
seinem Worte sich unterwirft, ein gnadenreicher Quell himmlischen
Segens. Er lernte, sich unbedingt unter den geoffenbarten
Willen Gottes beugen und scheute sich hinfort, aus menschlich
guter Absicht auch einen Buchstaben desselben aufzulösen. „Die
Lade Gottes, sprach er nun, soll Niemand tragen ohne die Leviten,
denn dieselben hat der Herr erwählet, daß sie die Lade des
Herrn tragen!" und sprach weiter zu den Leviten: „Vorhin,
da ihr nicht da waret, that der Herr, unser Gott, einen großen
Riß unter uns, darum, daß wir ihn nicht suchten, wie
sich's gebühret." Man brachte jetzt die Lade in ihre Hütte
„nach dem Worte des Herrn," nicht mehr nach eignem
klugen, guten Ermessen. (1 Chr. 16, 2. 13. 15.) Dazu opferten
sie Brandopfer und Dankopfer, daß der Herr nicht ansähe ihre
Unreinigkeit. David war voller Freude, weil er spürte, daß
die gänzliche Beugung des Herzens unter Gottes Offenbarung
recht frei und selig macht. Er konnte seine heilige Wonne nicht
fassen. Begürtet mit einem leinenen Leibrock, wie die Priester
Gottes, tanzte er mit aller Macht vor dem Herrn her und mit
hellem Jauchzen, und sie spielten und sangen laut mit Freuden.
Als die Lade in ihrer Hütte stand, brach er, im Anschauen der
herrlichen Offenbarungen Gottes unter seinem Volk Israel, in

jenes lebendige, feurige Loblied aus, das mit seligster Freude beginnt und mit seligster Freude schließt. „Es freue sich das Herz derer, die den Herrn suchen. Es freue sich der Himmel, und die Erde sei fröhlich, und man sage unter den Helden, daß der Herr regieret! Das Meer brause, und was darinnen ist, und das Feld sei fröhlich und alles, was darauf ist. Und lasset jauchzen alle Bäume im Walde vor dem Herrn, denn er kommt, zu richten die Erde!" (1 Chr. 17.)

Ein Herz, welches mit allen Fasern seines Daseins so fest, so fröhlich an Gottes Offenbarung sich anklammert, oder vielmehr in sie hineinwächst, aus ihr alle Nahrung zieht, alles Licht empfängt, trägt als köstliche Frucht jene ungeheuchelte, unerschütterliche Demuth, deren herzerquickendes Bild die heutige Geschichte uns vor Augen stellt. Als nämlich David ausgeopfert, das Volk in dem Namen des Herrn Zebaoth gesegnet, und demselben seine Liebesgaben ausgetheilt hatte, trat er in sein eigen Haus, um auch das zu segnen. Michal, sein Weib, Sauls Tochter, die nichts von einer Beugung unter Gottes Wort kannte, wußte auch eben darum nichts von Beugung und Demuth vor Menschen. Sie verachtete den König in ihrem Herzen, weil er in der Freude über Gottes Offenbarung vor dem Herrn gesprungen und getanzt hatte. Er kam zu segnen; sie um zu höhnen. „Wie herrlich, rief sie, ist heute der König von Israel gewesen, der sich vor den Mägden seiner Knechte entblößet hat, wie sich die losen Leute entblößen!" David voll der Freude noch an dem Gesetz Gottes, antwortet mit einer Demuth, die er nicht aus sich selber geschöpft hat: „Ich will dem Herrn spielen, der mich erwählet hat vor deinem Vater und vor allem seinem Hause, daß er mir befohlen hat, ein Fürst zu sein über das Volk des Herrn, über Israel, und will noch geringer werden, denn also, und will niedrig sein in meinen Augen, und mit den Mägden, davon du geredet hast, zu Ehren werden!"

Wer mit solcher Demuth vor Gott und Menschen wandelt, dessen Auge wird nicht geblendet vom Sonnenschein guter Tage, sein Herz und Haupt nicht schwindlig auf der Höhe des Glückes. Er steht fest, ob ihn Gott in's dunkle Thal oder eine Stufe höher oder auf den Gipfel führt. Aber, — uns Allen ist es gesagt, — solche Demuth wird nur aus der absoluten Beugung unter Gottes Gesetz und Zeugniß geboren. — Giebt es nicht immer

noch viele Michal in Israel, Leute mein ich, die, wenn sie ein
wenig empor gehoben sind, toll und thöricht werden vor Aufge-
blasenheit? Unter den vier Dingen, die ein Land unruhig machen,
nennt Salomo auch: "einen Knecht, wenn er König wird, eine
Magd, wenn sie ihrer Frauen Erbe wird." (Spr. 30, 21). Es
ist nicht nöthig, daß ein Knecht König, eine Magd Herrin oder
Jeder von uns etwas Großes wird, es ist genug, daß wir nur
eine kleine Stufe höher steigen, um jene Michalnatur in uns
allen wach zu rufen, die uns vor Gott und Menschen zu unleidlichen Narren macht, und der das Wort gesagt ist: "Wer zu
Grunde gehn soll, der wird zuvor stolz, und stolzer Muth kommt vor dem Fall." (Spr. 16, 18.) sammt
dem andern: "Die Hoffart des Menschen wird ihn
stürzen!" (Spr. 29, 23.) Willst du, um fest zu stehn, wie
David lernen, niedrig zu sein in deinen Augen und immer
geringer zu werden, je höher du etwa steigen solltest, so mußt
du fort und fort jenes lebendige und kräftige Wort als eine
Macht über dir und in dir fühlen, welches, schärfer denn kein
zweischneidiges Schwert, durchdringet, bis daß es scheidet Seele
und Geist, auch Mark und Bein, als ein Richter der Gedanken
und Sinne des Herzens, welches wie ein Hammer Felsen zerschmeißt, aber auch die Albernen weise und die Narren klug
und die Blinden sehend und die Trunkenen nüchtern und die
Schwachen stark und die Fleischlichen geistlich macht! — Was
dem Einzelnen gilt, gilt auch unserer ganzen Zeit. Sie ist ja
sehr hoch gekommen in Glanz und Herrlichkeit und Kraft, fast,
wenn man ihr eignes Zeugniß annehmen will, bis an die
Sterne hoch! Demuth thut ihr noth, wahrhaftige Demuth, sonst
wird sie zu Boden geschmettert, wie Babels Thurm. Wo soll
ihr die Demuth herkommen? Allein aus der unbedingten Beugung unter den geoffenbarten Willen Gottes, unter sein Gesetz
und seine Gnade. "O Land, Land, Land, höre des
Herrn Wort!" (Jer. 22, 29.) Was geschrieben steht, daran
rüttelt nicht und mäkelt nicht, auch nicht in guter Meinung,
um den Herrn zu ehren oder sein Heiligthum zu retten. Thut
nichts hinfort vom Worte, um das Uebergebliebene für die
Kinder dieser Zeit genießbarer zu machen. Thut nichts hinzu,
im Wahne, mit euren Händen, Meinungen, Ordnungen,
Satzungen die schwankende Kirche festzuhalten. Sagt mir, die
ihr an Gott glaubet, war's denn ein Ohngefähr, daß die Rinder
an der Tenne Nahors beiseits traten und die heilige Lade in

Gefahr brachten? oder war es nicht der lebendige Gott selber, der solches wollte, derselbe Gott, der später seinem Knechte Amos im Tempel gebot: „**Schlage an den Knauf, daß die Pfosten beben!**" (Amos 8, 1.) Dasselbe Herr der Kirche läßt noch heute die, so vor ihm sind wie die Rosse und Maulthiere, einen Fehltritt thun, daß sein Heiligthum schwankt, schlägt selbst an die Säulen seiner Kirche, daß sie beben. Wollt Ihr sie halten mit euren Erfindungen, da doch geschrieben steht: „**Das Land zittert und Alle die darinnen wohnen; aber Ich halte seine Säulen fest!**" (Pf. 75, 4) Gedenket alle, die ihr, um dem Herrn und seinem Heiligthum zu helfen, in irgend einer Weise Menschenwitz zu Gottes Wort fügt, an Perez Usa, damit nicht um solcher Nichtachtung seines Wortes willen ein großer Riß an uns geschehe! Ein gänzliches Verzichten auf alle eigne Weisheit, ein gänzliches Hangen am geoffenbarten Worte giebt allein jene Freude am Herrn, die unsre Stärke ist, jene Demuth in dieser höhnisch stolzen Zeit, die sich des Bekenntnisses Jesu Christi nicht schämet, wenn gleich tausend Michal durch's Fenster kuckten oder spottend uns entgegenträten!

Unbedingte Beugung unter Gottes Offenbarung! Das merke, wer fest stehn will!

II.

David ruhte ganz in Gott, in seinem Willen und Wort. Aber eben deßwegen konnte seine dankbare Gegenliebe und sein Eifer für die h. Sache des Herrn nicht ruhen. Die regte sich kräftig und lebendig. Denn da der König in seinem Hause saß und der Herr ihm Ruhe gegeben hatte von allen seinen Feinden umher, sprach er zu dem Propheten Nathan: „Siehe, ich wohne in einem Cedernhause und die Lade Gottes wohnet unter den Teppichen! Die Liebe zum Gesetz und Gnadenstuhl band seine Selbstliebe, öffnete ihm die Augen, daß er mit tiefer Schamröthe die Herrlichkeit seines Hauses mit der ärmlichen und unscheinbaren Zelthütte verglich, darin die Wohnung des Allerhöchsten war. Er konnte nicht anders, er mußte die Zeit seiner Ruhe, und was er gewonnen und erarbeitet hatte in den Zeiten den Streites für den Herrn und sein Heiligthum hingeben. Er schwur dem Herrn und gelobte dem Mächtigen Jacobs: „Ich will nicht in die Hütte meines Hauses gehn, noch mich auf das Lager meines Bettes legen, Ich will meine Augen nicht schlafen laſſen, noch meine Augenlider ſchlummern, bis ich eine Stätte finde für den Herrn, zur Wohnung dem Mächtigen Jacobs!" (Pſ. 132, 2—5.) So lange David auf der Höhe ſeiner Macht neben dem Bilde ſeines hohen Palaſtes das der armen Hütte Gottes, neben dem ſeines Glückes und ſeiner Freude das des elenden Zuſtandes Israels ſo lebendig vor Augen hatte, daß es ihn nicht ſchlafen ließ und ſelbſt in ſeine Träume drang, ſo lange hatte es keine Gefahr, daß jene tauſend gleißenden Phantaſiebilder, die in den Tagen des Glanzes und Glückes vor den Augen gaukeln, ihn in den Abgrund lockten. So lange die ganze Kraft ſeines Geiſtes das als Ziel des Lebens und Strebens verfolgte, ſeine Zeit, Macht, Hoheit und allen Arbeits- und Siegesgewinn ſeinem Herrn zu Füßen zu legen, damit ſeine Ehre den Menſchenkindern kund würde und die herrliche Pracht ſeines Königreiches, ſo lange war ſein Fuß unverſtrickbar von den unzähligen Netzen ſelbſtſüchtigen Strebens, die auf den Höhen der Erde vom Fürſten dieſer Welt gelegt ſind, und die den Menſchen verſenken in Verderben und Verdammniß. — Das erkennend, ſprach Nathan, der Prophet Gottes, zu David: „Gehe hin, Alles was du in deinem Herzen haſt, das thue; denn der Herr iſt mit dir!"

Als zu Amos Zeiten Israel einmal Ruhe hatte und über die Feinde empor gekommen war, ſahe Jedermann nur auf das, was ſein war, lebte und arbeitete für ſeine Luſt, nicht für Gottes Ehre und das Heil des immer noch zerriſſenen Volkes. „Ihr ſchlafet, rief ihnen Amos in's Gewiſſen, auf elfenbeinernen Lagern und treibet Ueberfluß mit euren Betten; ihr eſſet die Lämmer aus der Heerde und die gemäſteten Kälber, und **ſpielet auf dem Pſalter, und erdichtet euch Lieder, wie David,** und trinket Wein aus den Schalen und ſalbet euch mit Balſam, und **bekümmert euch nichts um den Schaden Joſephs!"** (Amos 6, 4—6). Dies Wort trifft auch uns! In den Zeiten der Erhöhung und der Ruhe verirren wir uns leicht und gern in ein behagliches Chriſtenthum. Wir verleben guten Muths unſere Tage, genießend, was uns Gott gegeben, ohne die Noth der Chriſtenheit an unſer Herz ſchlagen zu laſſen, ohne Ahnung darum von der Bedeutung des Wortes: „Der Eifer um dein Haus hat mich gefreſſen!" Um dem Gewiſſen zu genügen, ſpielen wir in ſolchem Wohlleben wohl auch auf dem Pſalter, ſingen oder erdichten gar Lieder, wie David, aber nicht um das

Herz zu Davidseifer und Davidsthaten wach und frisch zu singen, sondern um die ernste und verleugnungsvolle Arbeit mit gutem Scheine von uns zu weisen. Das ist der nächste Weg zum Falle, wie ihr euch überzeugen könnet, wenn ihr im Amos nur etliche Verse weiter leset. —

Diese verderbliche Behaglichkeit des Lebens, diese Unlust, durch den elenden Zustand der Gemeine Gottes sich in seiner Ruhe stören, aus der weichlichen Selbstsucht aufrütteln und zu selbstentäußernden Arbeiten und Thaten für den Herrn und sein Volk treiben zu lassen, sah der Herr auch über sein aus Babel erlöstes Israel hereinbrechen, und damit einen neuen Untergang. Darum sprach er durch Haggai, den Propheten: „Dies Volk spricht: Die Zeit ist noch nicht da, daß man des Herrn Haus baue! Aber eure Zeit ist da, daß ihr in getäfelten Häusern wohnet? Und dies Haus muß wüste stehn?" Wir wollen diese Frage auch in unser Gewissen bringen lassen, damit wir nicht, vielleicht uns unbewußt, Schritt vor Schritt abwärts gleiten. —

Wenn der gnädige Gott schon jeder Berufsarbeit den Segen mitgegeben hat, daß sie das arge Herz vor müßigen Gedanken bewahrt, so ist die eifrige, treue Arbeit für die Ehre des Herrn und sein Reich ganz insbesondere geeignet, uns, wenn wir auf irgend einer Höhe des menschlichen Lebens angelangt sind und Ruhe und Erquickung haben, vor jenem eigennützigen und erschlaffenden Wohlleben, vor jener einschläfernden Behaglichkeit und allen daraus entspringenden Sünden zu behüten, die in solchen Zeiten schnell und üppig aufschießen, wie das Unkraut, wenn nach dunklen Regentagen die helle, warme Sonne scheint.

So lange wir unsere Augen offen halten für den Schaden Israels, für die Lücken in den Mauern Zions, für die Lücken im heil. Tempel Gottes, so lange lässet auch dieses Bild uns nicht schlafen, unser Herz sich nicht verschließen, unsere Hände nicht in träger Ruhe liegen. Wir können nicht anders, wir müssen, was wir sind und haben und vermögen, zur Ehre des Herrn als Bausteine zu seinem geistlichen Tempel herzutragen, und werden eben durch diese Arbeit vor jenem tiefen Falle behütet, der uns von Salomo erzählt ward, nachdem er den Tempel vollendet hatte, seine Arbeit für den Herrn aufhörte, und sein Leben in Ruhe und Genuß dahin zu fließen begann. Auch die geistlichen Kräfte bleiben, wie die leiblichen, frisch und stark, wenn sie durch Arbeit geübt werden. Darum richtet wieder auf die müden Hände und die lässigen Kniee. Thut eure Hand nicht ab, denn das Werk hat seinen Lohn!

III.

Jedoch die Schlange, die den Weg selbst in's Paradies gefunden hat, schleicht sich, um die Knechte Gottes zu fällen, auch in die eifrigste Arbeit für den Herrn. In solcher Gefahr kann nur das immer wache Auge unsers Hüters retten. Nathan, doch auch erleuchtet vom Geiste und erfahren in Gottes Wegen, konnte in Davids Eifer für den Tempelbau nur Treue und Lauterkeit sehn. Und in der That war dieselbe auch unwidersprechlich. Dennoch sah das Flammenauge Gottes in ihr eine geheime Gefahr für seinen Knecht. „Solltest du mir, ließ er ihm darum sofort durch Nathan sagen, ein Haus bauen, daß ich darinnen wohnte. Habe ich doch in keinem Hause gewohnet seit dem Tage, daß ich die Kinder Israel aus Egypten führte. Habe ich auch je geredet: Warum bauet ihr mir nicht ein Cedernhaus?" Davids Beruf war ein anderer. An den läßt ihn Gott erinnern. Er sollte Fürst sein über sein Volk Israel; er sollte die Kriege des Herrn führen, in der Kraft Gottes die Feinde ausrotten und Israel Ruhe geben. Indem er ohne Auftrag, ja ohne Wink von oben her den Plan faßte, dem Herrn einen Tempel zu bauen, war er in Gefahr, trotz seines treuen und lautern Eifers über der selbsterwählten Arbeit den befohlenen Beruf zu vergessen, und doch wollte der Herr nicht Opfer irgend welcher Art, sondern Gehorsam. Zugleich lag die Versuchung nahe, unmerklich den geistlichen Hochmuth in sich aufsteigen zu lassen, als vermöchte er Etwas zur größern Verherrlichung des Herrn, als wäre seine Arbeit dem Allerhöchsten unentbehrlich, als müßte sie ihm eben deswegen gelingen. „Bisher wohnte der Herr in ärmlicher Hütte. Meine Hand, mein Eifer hat ihm ein Haus gebaut, das seiner Majestät würdig ist!" so würde sein Herz in nicht ferner Zeit geredet haben. Darum weiset der Herr ernst und strenge den Dienst und die Arbeit Davids zu seiner Verherrlichung von sich. Er bedarf seiner nicht. — Ich wüßte im ganzen Verlauf der heil. Geschichte kein Beispiel, daß Gott so eifrige Arbeit, so lautern und treuen Dienst für seine Ehre so ernst und unbedingt zurückweist. Doch aber ist die strenge Zurückweisung von so gnadenvollen Verheißungen begleitet, daß kein Zweifel übrig bleibt, daß die Lauterkeit, Treue und der Eifer Davids vor Gott wohlgefällig gewesen sind. "Solltest **Du mir** ein Haus bauen?" Das ist der Kern der zurechtweisenden Strafe. "Der Herr will dir ein Haus machen." Das ist die kurze Summe der unendlichen Gnaden, zu deren williger Annahme jene Strafe bereiten sollte. "David, wollte der Herr sagen: "Willst du für mich etwas thun? Laß mich für Dich erst Ueberschwängliches thun! Willst du für mich arbeiten? Laß mich vorher für dich und an dir die nothwendigste Arbeit verrichten! Du willst mir dienen? Laß deiner Armuth viel mehr von dem Reichthume meiner unergründlichen Gnade dienen!" Und welches ist die gnadenvolle Arbeit, mit welcher der Herr selbst dem Knechte dienen will? Er verheißt ihm ein ewiges, unvergängliches Königthum, dessen Abbild und Vorbereitung sein irdisches Königreich ist. Er verheißt ihm einen Sohn, der dem Namen des Herrn einen Tempel bauen sollte, und läßt ihm durch diese Verheißung die tausendmal höhere und hellere hindurchleuchten, daß dieser Sohn ein Vorbild eines andern, ewigen Sohnes, und dieser Tempel das Abbild des wahrhaftigen ewigen Tempels sei; verheißt ihm zugleich, daß er alle diese Worte trotz der tausendfachen Sünden und Verirrungen der menschlichen Werkzeuge zur glorreichen Erfüllung führen werde. So hoch gehn die Wogen der göttlichen Gnade über Davids Haupt. Der läßt, schweigend und demüthig, seine treue und lauter gemeinte Arbeit für Gottes Ehre zurückweisen, um dem Herrn aller Herrn stille zu halten, der sich aufgemacht hat, die ganze Fülle seiner Gnade in sein durstendes Herz zu gießen. Ueberwältigt von dem Reichthum der göttlichen Segnungen, beugte er sich nieder vor Gott, wie die Blume unter den strömenden Güssen eines gnädigen Regens. Er blieb vor Gott. (V. 18.) Er fand jetzt erst recht sein Herz, wie er sich ausdrückt, (V. 27) und Herz und Mund öffnete sich zu jenem Gebete, in dem die tiefste Demuth, das lebendigste Gefühl der Unwürdigkeit, der kindliche Glaube, die jubelnde Freude über Gottes grundlose Erbarmung, jauchzender Dank, inbrünstiges Flehen, Gluth der Liebe, Zuversicht der Hoffnung, und was sonst vor Gott angenehm und wohlgefällig ist, in ein heiliges, seliges, wunderbares Himmelslied zusammenklingt. Vertiefet euch selbst mit Ernst in dieses Gebet, um seine Schätze zu heben, um staunend aus ihm die vielen und starken Bande zu erkennen, wo-

mit Gott seinen Geliebten an sich gekettet hatte. Eines dieser
Seile, ein neues und das gewaltigste, muß ich mit euch näher
betrachten. Nachdem David, auf die Wunder der vergangenen
Tage zurückschauend, alle Ehre, alles Verdienst im unmittel=
barsten, ungeheuchelten Gefühle seines Nichts von sich abge=
wiesen, und Alles dem lebendigen Gott zugeschrieben hatte in
dem einfach demüthigen Worte: „Wer bin ich, Herr,
Herr, und was ist mein Haus, daß du mich bis
hieher gebracht hast!" da erhob er sein Auge bis
in die ferne Zukunft, sah vor seinen verwunderten Blicken
das verheißene, ewige Königreich, und auf dem Throne den
ewigen König. Anbetend faßten seine Lippen, was seine
überwältigte Seele fühlte und dachte, in das kurze, geheimniß=
volle Wort zusammen: „Das ist eine Weise eines
Menschen, der Gott der Herr ist!" Er wollte sagen:
„Ein ewig Königreich! Ein ewiger König! Kann das nach
Menschenweise, nach dem Gesetz menschlicher Ent=
wicklung geschehen, o Gott Jehovah? Ein ewig Königreich
ist nicht mehr ein irdisches, zeitliches. Der König des ewigen
Thrones ist den Schranken der Endlichkeit und der armen,
sündigen, gebrechlichen Menschheit entrückt! Ein solches König=
reich ist nicht von unten her, das ist von oben her! Ein solcher
König, aus meinem Samen stammend, muß ein Mensch sein,
der doch der Herr ist!" Hier also zum ersten Male wird sein
Geist durchleuchtet und durchglüht vom ahnenden Glauben an
jenes selige, kindlich große Geheimniß, das auch die Engel ge=
lüstet zu schauen: „Gott ist geoffenbaret im Fleisch!"
Und er, er selbst ist berufen, zum hochbegnadigten Rüstzeuge,
durch welches Gott dieses selige Geheimniß zu vollenden be=
schlossen hat! —

Sollen wir nun noch fragen, was den Sohn Isais auf
der schwindelnden Höhe des Glückes und der Herrlichkeit vor
jähem Falle behütet hat? Die ewige Liebe hatte ihn in ihren
Schooß gezogen. Er fühlte sich im tiefinnersten Grunde seiner
Seele mit seinem Gott verkettet, mit ihm in eins verwachsen.
Wie konnte er, so lange er in ihm blieb, weichen und wanken,
wie gefährlich auch die Stürme sein mögen, die um die Häupter
der Hohen auf Erden brausen? Meine Mitarbeiter auf dem
Ackerfelde Gottes! — Keinen von uns zwar wird der Herr
aus Davidischer Tiefe zu Davidischer Höhe führen. Aber er
läßt uns doch einmal ein Werk gelingen, führt unsre Füße auf

einen freien Raum, auf irgend welche Höhe. Wer in solcher
Stellung sich demüthig und mit Freuden unter Gottes Wort
gebeugt hat, und durch dasselbe getrieben, seinem Heilande als
die Opfer des Dankes nicht müßige Worte, sondern Leib und
Leben darzubringen, für ihn und seine Ehre zu wirken begehrt,
so lange es Tag ist; der soll still bleiben und seinen Mund
zum Murren nicht aufthun, wenn der Herr auch seine beste,
lauterste, eifrigste Arbeit verschmäht! Das Auge, welches in
jenem treuen, lautern, glühenden Eifer Davids keimende Sünde
und geheime Gefahr für seinen Knecht entdeckt hat, sollte plötzlich so blöde geworden sein, daß es in unserer Arbeit, und wär'
es die beste, nicht den alten Adam sich regen sähe? Oder sind
wir auf einmal zu lebendigen Heiligen geworden, deren Anschläge und Thaten nichts mehr mit der Sünde gemein haben?
So lange wir allabendlich beten müssen: „Vergieb uns unsre
Schulden!" wird die Schuld auch an unsern Werken haften.

Gedenket an Petrus! Es war ja guter, lauterer, eifriger
Wille, als er dem Herrn rieth: „Schone deiner selbst!" (Matth.
16, 22.) als er im Garten Gethsemane für ihn das Schwert
zog und drein schlug. Doch wies der Herr den ersten Dienst
mit dem Worte zurück: „Hebe dich, Satan, von mir, du bist
mir ärgerlich!" und den andern mit der Warnung: „Wer das
Schwert nimmt, soll durchs Schwert umkommen!" Erst als
Petrus jenen, durch Menschenwort nicht zu beschreibenden Blick
des Heilandes an sich hatte arbeiten lassen, und mit den bittern
Thränen die Decke von seinen Augen gefallen war, so daß er
glaubend die Liebe erkannte, mit der sein Meister ihm zu dienen
gekommen war, da stand er für die Zeiten der Leiden und
Freuden fest, daß ihn kein Fall stürzen konnte, wie groß er war!

Darum, ich sag' es noch einmal, sei stille, wenn der Herr
deine Arbeit für ihn verwirft. Er verwirft sie aus Liebe zu
deinem leicht verführbaren Herzen. Er will dir dienen, will
für dich und an dir arbeiten. Er will dich in die Stille
führen! Du sollst dein Herz finden! Du sollst deinen Heiland
finden, ganz ihn finden, wiewohl du ihn schon hast. Er will
von deinem Herzen die Decke, von deinen Augen die Schuppen
nehmen, damit du immer klarer die Länge und Breite und
Höhe und Tiefe seiner Liebe erkennen, und auch in die fernste
Zukunft schauen mögest und anbetend die Herrlichkeit ahnen,
die Gott durch seinen Sohn denen bereitet hat, die ihn lieb
haben. Du sollst die tausend Liebesseile immer lebendiger fühlen,

mit denen Gott dein Herz an sein Herz bindet. Du sollst alle Wurzeln und Fasern deines Lebens, all dein Fühlen, Sinnen, Denken, Wollen, Hoffen, Fürchten in sein Leben tiefer hineinwachsen lassen, auf daß du in Ihm gegründet und gewurzelt seiest, und fest und unbeweglich stehest, und nicht einmal einen großen Fall thuest!

So liegt denn das große, selige Geheimniß, wie man auch in den Tagen des Gelingens, des Emporsteigens, der Ruhe fest stehn kann, dreifach offenbart vor unsern Augen. Wer darauf merket und durch den Geist Gottes es zu lernen begehret, der ist der Mann nach seinem Herzen.

„Bist **Du** ein Mann nach dem Herzen des Herrn?" Amen.

Auf der Höhe.

Du hast mich aus den Wogen,
O Gnadenhort, gezogen
Mit treuer, starker Hand.
Doch bleibts dem Herzen bange,
Weil ach! die alte Schlange
Auf Höhn auch ihre Stricke spannt.

Halt mich in deinen Schranken,
Laß, Herr, mich nimmer wanken
Vom Zeugniß und Gesetz!
Am Stuhle deiner Gnaden
Kann mir der Feind nicht schaden,
Des Geistes Schwert zerreißt sein Netz.

Daß deine sanften Hürden
Hier meine Heimath würden,
Du guter, treuer Hirt!
Bis ich den Lauf vollende,
Und durch der Engel Hände
Die Seele heim getragen wird!

Zehnte Predigt.
2. Sam. 11.
Der Fall des Mannes nach dem Herzen Gottes.

Nur mit tiefem innern Beben, das ich nicht in Worte zu fassen vermag, kann ich die Erklärung der heutigen Geschichte beginnen. Wie es den Engeln war, als sie den Herrlichsten von ihnen von Gott sich losreißen und aus dem ewigen Licht in die äußerste Finsterniß herab stürzen sahn, so muß es den Knechten Gottes ums Herz sein, wenn der Mann, dessen Gleichen nicht war, den der lebendige Gott an sein Herz gezogen, den er zum Offenbarer seiner Herrlichkeit und Gnade erwählt hatte, vor unsern Augen plötzlich in solche Sünde und Schande fällt, die auch schändlich zu sagen ist. Er kannte das selige Geheimniß, auch auf der gefährlichen Höhe des Glanzes und Glückes fest zu stehn. Er stand fest, und heute liegt seine Seele in dem Schlamm der tiefsten und grausamsten Grube. Eine solche Thatsache ruft lauter, als die Posaunen von zehntausend Engeln: „Wachet!" Wer durch sie nicht aus dem Schlummer der geistlichen Sicherheit und Trägheit aufgerüttelt wird, der, fürchte ich, wird nie zum Wachen kommen. Wenn aus dieser Geschichte kein heiliger Schrecken von Gott unsere Seele und unser Gebein durchbebt, so werden wir schwerlich jemals dahin kommen, uns zu fürchten vor dem eignen Herzen, und das Wort zu verstehn: „Schaffet, daß ihr selig werdet mit Furcht und Zittern!" oder dies andere: „Wer da meinet, er stehe, der sehe wohl zu, daß er nicht falle!"

Wer denn Ohren hat zu hören, der höre! Ohne Schminke, nackt und wahr, wird uns heute

Der Fall des Mannes nach dem Herzen Gottes

erzählt. Wir suchen zuerst Antwort auf die Frage:
  I. Was brachte den Geliebten Gottes zu so tiefem Falle?

und werden darnach sehn:
  II. Wer sich der Sünde einmal hingiebt, der wird ihr Sclav und von ihrer Macht immer tiefer und tiefer gestoßen.

I.

Ehebruch und Todschlag! so heißt die Doppelsünde Davids. **Ehebruch!** Ein furchtbares Wort, aber dreifach furchtbar bei einem Manne, der uns nun in neun Predigten von immer andern Seiten als der Mann nach dem Herzen Gottes erschienen ist. Welches ist die Straße, die ihn bis in diese Tiefe geführt hat?

Wir müssen, um Antwort zu finden, in Davids früheres Leben zurückblicken. Dort entdecken wir eine Sünde, die ich bis jetzt nicht erwähnt habe, die aber heute zur Sprache kommen muß. Das ist die Vielweiberei. Es war dieses zwar eine allgemein herrschende Sünde, die uns auch von Gideon, Jacob, selbst von einem Moses und Abraham erzählt wird, und die Gott um der Herzenshärtigkeit der Menschen willen duldete. Sie war aber und blieb ohne alle Widerrede Uebertretung des heiligen Willens Gottes. Weil sie nicht als Sünde erkannt und gefühlt wurde, hatte sie ihre Macht über das ganze Zeitalter und das ganze Volk ausgebreitet. Auch David war in sie verstrickt. Für ihn war diese Sünde doppelt bedenklich, denn den Königen hatte sie Gott, um in ihrem gefährlichen Stand ihnen eine starke Stütze zu geben, mit dürren, unzweideutigen Worten verboten: „Der König soll auch nicht viele Weiber nehmen, daß sein Herz nicht abgewendet werde!" (5. Mos. 17, 17.) Um dies Wort noch tiefer in die Gewissen zu drücken, war hinzugesetzt: „Wenn er nun sitzen wird auf dem Stuhl seines Königreichs, soll er dies andere Gesetz von den Priestern auf ein Buch schreiben lassen. Das soll bei ihm sein, und soll darinnen lesen sein Leben lang, auf daß er lerne fürchten den Herrn seinen Gott, daß er halte alle Worte dieses Gesetzes!" (5. Mos. 17, 18. 19.) Als sollten wir eigens darauf aufmerksam gemacht werden, wie weit David dieses Gebot hinter sich warf, wird uns erzählt, daß er gerade zu der Zeit, als er merkte, daß ihn der Herr zum Könige über ganz Israel bestätigt hätte, noch mehr Weiber und Kebsweiber nahm. (2. Säm. 5, 12. 13,) Er ließ, trotz Gottes Warnung vom mächtigen Strome der Zeitsünden fortgerissen, dem Fleische eine größere Herrschaft, als gut war, und wurde dadurch verhindert, seinen Leib zu betäuben und zu zähmen, sein Fleisch zu kreuzigen sammt den Lüsten und Begierden. Die Sünde hatte einen zwar verborgenen, doch starken Faden um sein Herz geschlungen, an welchem sie ihn mit sich fortziehn konnte. Das Gefährlichste war dieses, daß er durch die Einwilligung in die allgemeine Zeit- und Volkssünde an dem klaren und offenbaren Wort Gottes rüttelte. Hat der allein, — wie die vorige Predigt lehrte, — innere Festigkeit, welcher sich mit seinem ganzen Wesen und Leben der Offenbarung unterwirft, so mußte die widergöttliche Vielweiberei schon seit Jahren, wie ein geheimer Wurm, an dem geistlichen Marke Davids genagt haben!

„Daß sein Herz nicht abgewendet werde!" hatte Gott gewarnt. Es schien lange, als sollte dies Wort an David nicht in Erfüllung gehn, als vermöchte er trotz der Losreißung von dem genannten Gebote bei seinem Gott zu verharren. Aber irret euch nicht, Gott läßt sich nicht spotten! Wer ein Wort aus dem Zeugniß Gottes herausbröckelt, dem fällt es, früh oder spät, wie ein zermalmender Fels, auf das Haupt. Es war umsonst, daß David sich immer tiefer und unbedingter unter Gottes Gesetz und Zeugniß zu beugen suchte, so lange er, wenn auch, ohne es klar zu wissen und zu wollen, ein Wort desselben fort und fort unter die Füße trat. Wer an Einem sündigt, der ist des ganzen Gesetzes schuldig! Es konnte nicht anders kommen, David mußte einmal plötzlich und schrecklich abgewendet werden, damit Gott Recht behalte in seinen Worten! (Pf. 51, 6.)

Von Noah rühmt die Schrift: „Er führte ein frommes Leben zu seinen Zeiten." Er ließ sich, ist die Meinung, in seinen, von der Sünde ganz und gar beherrschten Tagen nicht bethören und verstricken, sondern blieb fest beim lebendigen Gott. Wie ist's mit uns? Es giebt auch jetzt Sünden, die wie ein schwerer Bann über das ganze Zeitalter oder doch über einzelne Kreise und Stände liegen, und eben so wenig, wie damals Vielweiberei, für Unrecht gelten, wiewohl sie als solches durch das Wort Gottes klar erkannt werden könnten. Wir werden am jüngsten Tage erstaunen, daß wir so manches für erlaubt hielten, was gegen Gott ist, wie wir uns jetzt verwundern, daß fromme Leute damals in Vielweiberei lebten. Solche Zeitsünden sind die allgemeine und gierige Sucht nach Gewinn, selbst wenn der Erwerb nach bürgerlichem Gesetz rechtlich ist, die Pracht und Verschwendung in Nahrung und Kleidung, die Entheiligung des Sonntags, die Lust nach Freiheit und Unabhängigkeit, die Begierde, höher zu steigen und mit der Zeit vorwärts zu schreiten, der Geist des Streitens, Neidens, Urtheilens und der Partheiungen, der durch die verschiedenen Kreise in der Kirche verderbend schleicht, die Weltförmigkeit, in welche die Kirche Christi sich hat verlocken lassen. Wenn der einzelne, aufrichtige Christ von solchen herrschenden Strömungen sich ergreifen läßt, wird er, ehe er es selbst gewahr wird, leider nur zu oft auf einen Punkt hingetrieben, auf dem zu stehn, er früher gezittert haben würde. Bist du vielleicht nicht auch schon in Kreise und Gesellschaften hineingezogen worden, die von einer unerkannten Sünde, etwa von einer heitern, ehrbaren, schöngeistigen Weltseligkeit wie gebannt waren? Hast du da nicht erlebt, wie nach und nach der sittliche Ernst, das heilige Streben, selig zu werden, die jungfräuliche Zartheit des Gewissens Schaden litten, wie du unmerklich ein Anderer wurdest, die Meinungen und Anschauungen jener einsogest, und bald für erlaubt hieltest, was du sonst miedest? O selig, wer aus solchem Banne aufgerüttelt wird, und die Kreise flieht, in die er nicht gehört, ehe der Zauber des gleißenden, aber befleckten Weltgeistes ihn bis zum Tode vergiftet hat!

Das ist das Gefährlichste auch für uns, daß die widergöttlichen, aber als solche nicht erkannten Zeitströmungen hier und da ein Stücklein aus dem Worte Gottes hinwegspülen, so daß man den festen Felsengrund unter den Füßen verliert und zu Fall kommen muß.

    Wenn sein Wort nicht mehr soll gelten,
    Worauf soll der Glaube ruhn?
    Mir ist's nicht um tausend Welten,
    Aber um dein Wort zu thun!

Wem es ganzer Ernst ist, selig zu werden, für den gilt es, unverrückt zu achten auf die helle Leuchte des prophetischen Wortes, um bei ihrem hellen Scheine auch die unerkannten Sünden der Zeit zu durchschauen, und von ihnen sich nicht be-

thören zu lassen. „Rühret kein Unreines an!" mahnt die
Schrift. „Stellet euch nicht dieser Welt gleich, haltet euch unbefleckt von derselbigen! Gehet aus von ihnen! Machet euch
nicht fremder Sünden theilhaftig!" Wer, solchen Rath ver-
achtend, von Zeitmeinungen und Zeitgeistern und Zeitmoden
und Zeitwerken, oder vom Tone, den Sitten, den Anschauungen
weltlicher, wenn auch geistreicher Kreise sich blenden, fangen
und vom unantastbaren Worte Gottes abführen läßt, der ist,
ohne daß er es ahnt, vielleicht indem er sogar noch für die
Ehre des Herrn und sein Heil sich müht, auf dem Wege zu
einem tiefen und traurigen Falle. Plötzlich wird es und mit
Schrecken offenbar werden!

Doch zu David zurück. Er hatte einen geheimen Funken
der Sünde in seinem Herzen. Es bedurfte nur eines Luftzugs,
um das Fünkchen zur Flamme anzublasen. Der König Israels
lag im Kampf mit den Kindern Ammon. Wiewohl es, so
wird absichtlich erzählt, die Zeit war, wo die Könige pflegten
auszuziehn, blieb er zu Jerusalem, ohne hier von seinem
Amte gefesselt zu sein. Und doch war es Davids eigentlichster
Beruf, die Kriege des Herrn zu führen und die Feinde des
erwählten Volkes zu überwinden. Eben darum durfte er dem
Allerhöchsten kein Haus bauen, weil der Herr wohl wußte, wie
gefährlich für David die Ruhe war. Er selbst hat auch vor
diesem Zeitpunkt, wie namentlich nachher wohl erkannt, daß
diese Arbeit für den Herrn seine Lebensaufgabe war, in der er
selbst dem Ziele entgegenreisen sollte. Denn in eben diesem
Streite war er gegen die Syrer, die mächtigen Bundesgenossen
der Ammoniter gezogen. (Cap. 10, 17.) Später ließ er sich bis
in sein graues Alter hinein, als er schon „müde ward" an der
Spitze seines streitenden Volkes finden, so daß seine Treuen zu
ihm sprachen: „Du sollst nicht mehr mit uns ausziehn in den
Streit, daß nicht die Leuchte in Israel verlösche!" (2. Sam.
21, 15. 17.) Damals aber blieb David zu Jerusalem, fern von
dem Orte, wohin ihn die Pflicht rief. Zu dieser allgemeinen
Untreue kam an jenem Tage noch eine besondere. In den
Zeiten der Noth hatte er gerufen und gelobt: „Des Abends,
Morgens und Mittags will ich klagen und heulen,
so wird er meine Stimme hören!" (Ps. 55, 18). Heute
hatte er des Mittags statt zu beten, geschlafen. Als er am
Abend aufstand vom Lager, vergaß er abermals des Wachens
und Betens und der Arbeit dazu, und ging müßig umher auf

dem Dache seines Hauses. Müßige Stunden gebären müßige Gedanken, und müßige Gedanken sind nichts anders, als dürres Brennholz, das nur auf einen Feuerfunken wartet, um plötzlich in loher Flamme empor zu schlagen. Das hatte schon Eva erlebt. Es war ihr Amt, den Garten zu bebauen und zu bewahren. Wäre sie in diesem Berufe geblieben, so hätte sie keine Zeit gefunden, jenes Gespräch mit der Schlange fortzuspinnen, das damit begann, dem Weibe das Wort Gottes wankend zu machen, und mit dem ersten großen Falle endete. Wir Alle haben es mit Schmerz erfahren, daß unsere Sünden oftmals ihre Wurzeln in der Lässigkeit und Untreue im Berufe haben. So lange wir in unserm Amte wandeln und arbeiten, sind wir von einer Mauer umschanzt. Sobald wir aus unserm Amte fallen, entfallen wir aus unserer eignen Festung, und werden ein Raub des Widersachers, der umher geht, wie ein brüllender Löwe und suchet, welchen er verschlinge. Außerhalb des Amtes liegen überall die Stricke dieses großen Jägers. Sehet auf David! Da er auf dem Dache seine Blicke umherschweifen ließ, sahe er ein Weib sich waschen, und das Weib war sehr schöner Gestalt. Die böse Lust regte sich. Die Sünde lag vor der Thür. Der König trat der beginnenden Begierde nicht mit ernstem Kampf entgegen. Er ließ ihr den Willen, so daß sie rasch die Herrschaft bekam. Der König aber, mit der Sünde spielend, glaubte die sündliche Lust auf sündlose Weise befriedigen zu können. Er ließ nach dem Weibe fragen, in der Hoffnung ohne Zweifel, sie wäre eine ledige Jungfrau, die er zu seinen andern Weibern auch noch zum Weibe nehmen könnte. Der Bote kam zurück mit der Nachricht:*) „Ist das nicht Bathseba, die Tochter Eliams, das Weib Urias, des Hethiters?" „Sie ist, heißt also die warnende Antwort, eines Andern Weib, deines treuen, wackern Uria Weib!" Gott reichte in diesen Worten seinem gleitenden Knechte die starke Hand, arbeitete strafend und lockend an seinem Herzen, indem er ihm mit jener Frage einen wiederhakigen Pfeil ins Herz werfen und zugleich das scharfe Schwert reichen wollte, mit dem er die Sünde tödten konnte. Aber er ließ den Allmächtigen nicht an seinem Herzen arbeiten, wies Strafe und

---

*) V. 3 ist richtig zu übersetzen: „David sandte hin und ließ nach dem Weibe fragen. Und man (nämlich der zurückkehrende Bote) sagte: „Ist das nicht ꝛc.

Liebe zurück. Er hatte der aufsteigenden Lust geschont. Sie war nun zu stark geworden. „Er sandte Boten, sie zu holen. Und da sie zu ihm hinein kam, schlief er bei ihr!" O, laß deine Augen nicht fliegen dahin, das du nicht haben kannst, denn dasselbe macht ihm Flügel, wie ein Adler, und fliegt gen Himmel!" (Spr. 23, 5.) Auch das Weib, die Mutter aller Lebendigen, schauete an, daß von dem Baume gut zu essen wäre und lieblich anzusehn, daß es ein lustiger Baum wäre, weil er klug machte, und nahm von der Frucht und aß! —

Offenbarte uns die letzte Predigt, daß das treue, unwandelbare Halten und Hangen an Gottes Wort, die lautere, eifrige Arbeit für seine Sache, die Willigkeit, sich vom Herrn aller Herrn dienen, die aufkeimende Sünde tödten zu lassen, das Geheimniß ist, auch in guten Tagen fest zu stehn, so mußte David, das ist uns jetzt klar, wanken und fallen, sobald er von diesem dreifachen Geheimniß seine Seele nicht mehr binden ließ. — Indeß ist es zur völligen Erklärung seiner Sünde nöthig, noch zwei andere Punkte in's Auge zu fassen, einerseits die allgemeine und tiefe Verderbtheit des menschlichen Herzens, die auch in den Knechten Gottes eine furchtbare Macht der Sünde zurückläßt, und andererseits die ewige, unantastbare Heiligkeit Gottes, die aus grundloser Erbarmung den Menschen fühlen läßt, was er ist, und wohin er geräth, wenn er einen Schritt nur von ihm sich entfernt. — Die Sünde kann sich verkriechen in den verborgensten Winkel des Herzens, als wäre sie ganz verschwunden. Sie kann dort schlafen, wie die Schlangen Winters in ihren Schlupfwinkeln wie todt daliegen. Man kann sie mit Füßen treten. Sie regen sich nicht. Plötzlich, wenn ein warmer Sonnenstrahl kommt, wenn die Gelegenheit lockt und reizt, bricht die alte Sünde, in ungeahnter, furchtbarer Gestalt hervor, so daß es kaum begreiflich scheint, wie bei solchen Männern solche Sünden sich zeigen können, und es in der That auch so lange unbegreiflich bleibt, bis man die ganze Macht der Sünde, die Tiefen des Satans, wie die Schrift sagt, durchschaut hat!

Gott will, daß wir an dem Falle seines Geliebten die Furchtbarkeit der noch ungebrochenen, sich verbergenden Kräfte der alten Natur erkennen und fürchten lernen. Darum ist uns Davids Fall so nackt und ungeschminkt erzählt. Wenn die nicht völlig getödteten, ungöttlichen Triebe in dem Manne nach dem

Herzen Gottes so rasch und zu solcher Stärke heranwuchsen, als er einen Finger breit vom Wege des Herrn abwich und der Herr ihn gehn ließ, wie wird's dann mit den ungebrochenen Lüsten in unsern Herzen sein! Denn bedenkst du auch mit Ernst, wer dieser David war? Wollt' ich euch den ganzen, vollen Eindruck seiner heutigen Sünde geben, so müßt' ich alle Predigten noch einmal halten, müßte noch einmal reden von der gänzlichen Uebergabe seines Willens an den Willen seines Herrn, von seiner ungeheuchelten Demuth gegen Gott und Menschen, von seinem Glauben und seinem Eifer, von der rührenden Willigkeit, die verborgenen Sünden sich aufdecken und strafen zu lassen, von seinem lautern und ernsten Willen, in bösen und guten Tagen unter Gottes heilige Majestät sich zu beugen und durch seine Nähe Gedanken und Thaten zu beherrschen, von seinen inbrünstigen Gebeten, seinen herzinnigen Lob- und Dankliedern, von Allem mit einem Worte, was ihn so sehr zum Manne nach dem Herzen Gottes machte, daß er das Vorbild des ewigen Königs geworden ist, daß er die Verheißung des Messias empfangen hat; von dem allen müßt' ich noch einmal reden, so lebendig, so eindringlich, so wahr reden, wie die Schrift selbst, und dann rufen: "**Der Mann ist zum Ehebrecher geworden!!**"

Wenn uns von solcher Predigt die Ohren nicht gellen unser Leben lang, so wird kein Wort aus Gottes Munde in Ohren und Herzen auf die Dauer nachtönen. Wem solche Geschichte nicht in die unergründliche Tiefe der Sünde und ihrer Macht hineinleuchtet, der wird niemals lernen, was Sünde ist! —

Wohl wollen wir nicht vergessen, sondern Gottes Gnade preisen, daß wir in der Zeit des neuen Bundes leben, in der uns die Liebe Gottes und Jesu Christi so viel heller und flammender vor die Augen gemalt ist, als den Frommen des alten Bundes, und darum auch um so stärker in uns zu wirken und walten und die geheimsten Sündenketten zu verbrennen vermag: aber dem gerade, welcher am tiefsten und wahrsten für solche Gnade danken gelernt hat, wird die Geschichte Davids am schneidendsten und nachhaltigsten durch die Seele beben und fort und fort zurufen: "Wachet und betet, daß ihr nicht in Anfechtung fallet!" Denn ist nicht David Ehebrecher geworden, nachdem er mit solcher Gnade überströmt war, daß er rief: "Das ist die Weise eines Menschen, der

Gott der Herr ist!" nachdem er also das selige Geheimniß der ewigen Liebe Gottes, der Menschwerdnng seines Sohnes, geahnt hatte? Muß nicht Gottes Stimme Jedem, der wahrhaftige Glaubensblicke in das Geheimniß der Erlösung gethan hat, fort und fort in die Seele donnern:

"Bewahre dein Herz mit allem Fleiß!" "Erschrecket, ihr Stolzen! Zittert ihr Sichern!" "Siehe auf dich selbst, daß du nicht auch versuchet werdest!"
Noch ist Alles nicht bezwungen,
Was der Seele schaden kann!

II.

Die heilsame Furcht wird noch stärker und nachhaltiger, wenn wir mit unsern Augen schaun, wie David, von der Sünde einmal überwältigt, rasch ihr Sclav wird, sich von ihr umstricken und sich von Abgrund zu Abgrund schlendern läßt. Das sahn wir schon, wie die Verflechtung in die Zeitsünde und die Untreue im Amte müßige und lose Blicke, der lose Blick böse Lust, die Lust Begierde, die Begierde Leidenschaft, die Leidenschaft die That gebar. Was, fragen wir, was wird die That gebären?

"Das Weib ward schwanger und sandte hin und ließ David verkündigen und sagen: "Ich bin schwanger geworden!" Um seine Schuld, die offenbar zu werden drohte, vor Menschen zu verbergen, griff der gefallene König zu Mitteln, die noch häßlicher und stinkender sind vor Gott wie Menschen, als die erste Sünde selbst. Denn diese war im plötzlichen, sündhaften Rausche geschehn. Aber jetzt handelte er mit Ueberlegung. Seine Pläne wurden immer düsterer, garstiger, widerwärtiger. Es ist die deutliche Absicht der Bibel, die folgenden Frevel Davids gegen Uria in ihrer ganzen Häßlichkeit erscheinen zu lassen. Darum hebt sie die biedere Treue, die unbedingte Ergebenheit, den feurigen Unterthanen-Eifer dieses Mannes so lieblich und lebendig hervor. (V. 11). Gegen ihn, nicht gegen einen Feind brütete David die Pläne, die falsch und finster sind, wie die Hölle. Zuerst machte er, um seine und Bathsebas Frevelthat zu verdecken, jenen doppelten, schmutzigen Versuch, der uns vom 6. bis 13. V. erzählt wird. Als derselbe an der edlen Selbstlosigkeit und Aufopferung Urias für seinen König und sein Volk scheiterte, fiel Davids Seele auf Mordgedanken. Ohne Verzug und mit kaltem Blute wurden sie ausgeführt. Ein Unterthan, Joab, ward vom Könige zum Mitmörder eines unschuldigen, edlen Mannes gemacht. Als ein Bote den glücklich gelungenen Todschlag meldete, blieb David unempfindlich, hart, wie ein Stein, und nahm die Wittwe des Erschlagenen zum Weibe! Sein Gewissen, — wie konnte es anders sein! — war unter der Wucht solcher schreienden Sünden wie erstickt und erstorben. Kein Gedanke mehr an Gott. Nur Menschen machten ihm Angst. Blieben ihnen nur seine Frevel verborgen, das Flammenauge Gottes beunruhigte ihn nicht. Daß Uria zu seinem Weibe geht, ist's denn Sünde? fragt ihn in Schlummer singend das Gewissen. Daß ich, der König, Uria im Streite dahin stelle, wohin ich will, ist das nicht mein Majestätsrecht? lügt das Gewissen ihm weiter vor. — Als er endlich nach vollbrachtem Mord in äußerlich ungestörtem Genuß seiner sündlichen Lust sich befindet, schläft sein Gewissen den Todesschlaf, schläft schier ein ganzes, langes Jahr den Todesschlaf, rührt sich nicht, regt sich nicht. Ein David hat Ehebruch und Todschlag auf dem Gewissen und fühlt es nicht und merkt es nicht und kann noch aufrecht gehn und die Sonne anschaun?! Sein ganzes Wesen ist wie umgewandelt. Seine ungeschminkte Demuth hat maßloser Hoffart, seine Gerechtigkeit und Milde heidnischer Härte und Grausamkeit Platz gemacht. Denn als Rabba, die Hauptstadt der Ammoniter, genommen war, setzte David die von Gold und Edelgestein glänzende Krone des gefangenen Königs auf das eigne Haupt, die er als Dankopfer seinem Gotte zu Füßen hätte legen sollen. Das Volk aber, das allerdings zum Gerichte reif war, legte er unter eiserne Sägen und Zacken und eiserne Keile und verbrannte sie in Ziegelöfen, und also that er allen Städten der Kinder Ammons. (2. Sam. 12, 30. 31).*) So wiederholte sich bei David, nur in noch bejammernswertherer Weise, dieselbe Erscheinung, die von dem abgefallenen Saul erzählt wird. (1. Sam. 14, 24. ff.) Statt über die eigne Sünde Gericht zu halten, strafte

---

*) Diese Begebenheit wird uns, um die Geschichte des Sündenfalls und der Begnadigung nicht zu unterbrechen, erst nach letzterer erzählt. Sie fällt aber ohne Zweifel in die lange Zeit zwischen dem Schluß des 11. und Anfang des 12. Cap. Auch die Erzählung 1 Chr. 21, 1 macht durchaus den Eindruck, daß die Belagerung Rabbas nicht sehr lange gedauert hat. — Ueber die Strafe der Ammoniter vergl. Anhang I. 1. —

er in ungerechter und grausamer Weise fremde Missethaten.*) Dadurch wurde das eigne Gewissen nur noch mehr verhärtet. Als etwa ein Jahr nach dem Ehebruch Nathan von Gott zu dem königlichen Sünder gesandt ward und um sein Gewissen aufzurütteln, die Geschichte von dem Schäflein des Armen erzählte, das der Reiche raubte und schlachtete, schlief der Geliebte Gottes in starrem Todesschlummer weiter. Er fuhr zwar mit dem Worte: Der Mann ist ein Kind des Todes! abermals in maßlosem Zorn gegen die fremden Sünden auf; aber die Last der eignen, schweren, gen Himmel schreienden Missethaten fühlte er noch immer nicht. Es will mich dünken, als sei dieses gänzliche Erstorbensein des Gewissens, das so viele Monate fortdauerte, noch zehnfach schmerzlicher und entsetzlicher, als die beiden Frevelthaten selbst.

Auch Simson der ein Verlobter Gottes war von Mutterleibe an, den der Geist des Herrn zu wunderbaren Thaten stärkte, vermochte nicht mehr sein eigner, freier Herr zu bleiben, nachdem er in die erste Sünde gewilligt und gegen Gottes ausdrückliches Gebot und die ernsten Warnungen seiner Eltern eine Philistäerin zum Weibe genommen hatte. Er war hinfort gefangen im Netz von Weiberhaaren, bis wir ihn in Delilas Schooße Lüge auf Lüge häufen, als ein Sclave der Verrätherin mit seiner göttlichen Begabung ein leichtfertiges Spiel treiben und endlich das Geheimniß seiner Kraft oder vielmehr das äußerliche Gnadenpfand derselben der heidnischen Schlange preisgeben sehn. Für immer geschändet, mußte der Held Gottes im Gefängniß der Unbeschnittenen die Arbeit niedrer Sclavinnen verrichten. Glaub' es endlich meine Seele: „Wer Sünde thut, der ist der Sünde Knecht!" Er ist ihrer Macht anheimgefallen, an ihren tyrannischen Willen verkauft. Er ist in einem Zauberkreis festgebannt, aus dem er sich nicht erlösen kann und will. Sein Herz ist wie ein Fahrzeug, das, vom Sturm in einen Strudel geschleudert, von diesem immer rascher und unaufhaltsamer dem Abgrunde zugetrieben wird. Verstehst du nun, was die Schrift sagt: „Dein Schaden ist verzweifelt böse!" oder das alte, einfache, längst gelernte Sprüchlein: „Erzittre vor dem ersten Tritte! Mit ihm sind auch

---

*) Vergl. was in der Geschichte König Sauls S. 81 ff. gesagt ist über die Neigung, durch fleischlichen Eifer, durch Zürnen gegen die Sünden Anderer sich der Buße zu überheben.

die andern Schritte Zu jedem nächsten Fall gethan!" — Wie
der giftige Same, in den Schooß der Erde gelegt, aufgeht und
hundertfältige Frucht trägt, wie die eine Wurzel sich in hundert
neue verzweigt, den ganzen Acker durchwuchert, und aller Orten
die wilden Schößlinge emportreibt, nicht anders ist es mit der
Sünde, die ein Mensch in seinem Herzen birgt. Nach innen
schlägt sie ihre Wurzeln tiefer, breiter, mächtiger, nach außen
bringt sie überreichliche Frucht. Sie blendet das Auge, ver-
stopft das Ohr, versteint das Gefühl, tödtet das Gewissen.
Sie zerreißt alle zarte Bande, macht stumpf und starr gegen
Alles, was man sonst Liebes und Heiliges auf Erden hatte,
und mit Ehrerbietung behandelte. Die heilige Scheu verschwin-
det, die Riegel werden vom Herzen fortgestoßen, und gemeine,
häßliche, schmutzige Charakterzüge, die man für unmöglich gehalten hätte, offenbaren sich in trauriger Nacktheit!

Hätte David nicht vor Urias Haupt Scheu haben sollen?
Und sollten wir nicht vor vielen ehrwürdigen Häuptern, die
uns Freundschaft, Liebe und Treue, die dem Volke Gottes
Dienst und Aufopferung bewiesen haben, auch heilige Scheu
fühlen, durch eine Sünde sie anzutasten? Wir Armen! Wenn
wir ein erstes Unrecht gegen sie nicht bekennen, sondern mit
allerlei Mäntelchen bedecken, gegen ihre Vorwürfe uns recht-
fertigen oder sie zurückweisen wollten, wie oft haben wir dann
aller schuldigen Ehrerbietung vergessen! Wir haben gegen die
Liebsten Böses und Bitteres gedacht, haben Worte gegen sie
ausgestoßen, die uns sonst das Antlitz mit Schamröthe über-
zogen hätten. Unser ganzes Verhalten wurde unlauter, häßlich,
widerlich. Wir haben, wie das Meer, unsere eigene Schande
ausgeschäumt. Ekel, schal, widerwärtig war uns in solcher Zeit
das Wort des Herrn, und undurchdringlich das Herz gegen
seine Pfeile! —

Noch ein besonders wichtiger Punkt darf unserer Betrach-
tung nicht entgehn. David hatte als Fürst über das Erbtheil
des Herrn eine hervorragende Stellung. Die Augen des ganzen
Volkes waren auf ihn gerichtet. Die Feinde Gottes lauerten
auf ihn, die Freunde Gottes stärkten sich an seiner Frömmigkeit.
Sobald seine Sünde ruchbar wurde, war, wie er tief fühlte,
sein Ansehn und seine Würde erschüttert. Sollte er dem nicht
vorbeugen? Dies denkend, wurde ihm gerade das Amt, welches
ihn vor der Sünde hätte bewahren sollen, eine mächtige Versuchung, die Folgen der Sünde durch Sünde unschädlich zu

machen. Ist das nicht immer noch ein gefährliches Netz für alle, die ein Amt haben, und auf die Vieler Augen hinschaun? Ihre Mißgriffe und Fehltritte werden leichter offenbar und mehr und schärfer besprochen. Die bösen Früchte ihrer Missethaten sind darum doppelt und dreifach bitter. Liegt es leider schon zu tief in unserm natürlichen Streben, durch neue Sünde alte zu verheimlichen, so ist man in großer Gefahr, mit List und Klugheit für die weitgreifenden Amtssünden nach einem Deckmantel zu suchen, und sich also immer tiefer in die Sünde zu verwickeln. Eine Untreue erzeugte schon oftmals eine halbe Unwahrheit, in der Verlegenheit herausgestammelt, und die halbe, unabsichtliche Unwahrheit eine ganze und überlegte Lüge, und die Lüge einen Bann, und der Bann eine Verhärtung des Gewissens, und das verhärtete Gewissen Ungerechtigkeit und sündlichen Zorn gegen die Fehltritte des Nächsten. Oder wir folgten statt unserer Pflicht unserer Lust, unsern Begierden. Der Eigenwille erzeugte Ungehorsam, der Ungehorsam Widerspenstigkeit und ungeberdiges Wesen, und dieses Auflehnung gegen die heilsame Strafe, und wer sich nicht mehr strafen lassen will, der geht unter in seinen Sünden. Doch genug der einzelnen Beispiele! Ihr höret, hoffe ich, laut den alten Spruch an euer Ohr klingen: „Wer dem Teufel den kleinen Finger giebt, dem nimmt er bald die ganze Hand!" Wenn ein Schiff ein Leck hat, strömt durch die enge Spalte Wasser auf Wasser, bis es sinkt. Die Mauer, die einen kleinen Riß hat, kann bald eingestürzt werden. Ist erst eine Bresche geschossen, dann wird die Festung leicht gewonnen. Und wenn ein Herz der Sünde sich aufthut, leise nur, schüchtern und behutsam, so weiß ein Heer böser Geister hineinzustürmen, um siegreich seine Wohnung darin aufzuschlagen! —

Schloß ich die frühern Predigten mit dem Jubelruf: „Das ist der Mann nach dem Herzen Gottes!" so müssen wir heute von hier scheiden, aus geängstetem Geiste seufzend: „So fiel der Mann nach dem Herzen Gottes!" Dennoch wollen wir Gott im Staube danksagen, daß er uns den Ehebruch und Todschlag seines geliebten Knechtes in so nackter, erschütternder Wahrheit erzählt hat, damit wir uns fürchten lernen vor der Tücke unsers Herzens und der Heiligkeit des Herrn! Denn das ist der Weg, Leute zu werden nach seinem Herzen! Amen.

Das Menschenherz.

Wer kann das Herz ergründen,
Das trotzge und verzagte Ding?
Das kann kein Mund verkünden,
Was schon durch seine Tiefen ging.
Es hat verborgne Falten,
Die noch kein Aug' durchschaut,
Drin Feinde heimlich walten,
Davor der Seele graut.

Wie listig sie sich decken
Und schlummernd liegen, Todten gleich,
Doch plötzlich und mit Schrecken
Entstürmen sie dem finstern Reich,
Und ziehn in ehrnen Ketten,
Die Seele mit sich fort —
Herr, Herr, Du wollst mich retten
Durch dein allmächtig Wort!

Eilfte Predigt.
2. Sam. 12, 1—23; Cap. 13. 15 u. 16.
Der Triumph der Gnade.

„Wo die Sünde mächtig geworden ist, da ist doch die Gnade viel mächtiger geworden!" rühmt der Apostel Paulus. (Röm. 5, 20.) Sein eignes Leben ist die Bewährung dieses Wortes. Obwohl mit Lauterkeit und Eifer dem Gott seiner Väter dienend, verstrickte die List und Macht der Sünde ihn so sehr, daß er, der Knecht Gottes, ein Lästerer, Verfolger und Schmäher wurde. (1. Tim. 1, 13). Aber aus demselben Herzen hat die Macht der Gnade ein Licht hervorbrechen lassen, das der strahlendste Zeuge des ewigen Lichtes ist. Das ist geschehn auch uns zu gute. Denn, sagt der Apostel, „darum ist mir Barmherzigkeit widerfahren, auf daß an mir vornehmlich Jesus Christus erzeigete alle Geduld, zum Exempel denen, die an ihn glauben sollten zum ewigen Leben." (1 Tim. 1, 16.)

Ein noch gewaltigeres Beispiel von der Macht der Sünde sowohl als der Gnade, hat uns Gott in seinem Knechte David gegeben. Denn wenn Paulus sagt: „Ich habe es unwissend gethan, im Unglauben!" so hat jener gewußt, was er that. Zudem bewahrte Saulus bei allem Drohen und Morden, womit er gegen die Christen schnaubte, Lauterkeit des Charakters und einen gewissen natürlichen Edelmuth, der sich von dem, was wir gemein nennen, durchaus fern hielt. David hingegen griff zur Maske des Heuchlers und sank bis zu einem Punkte, der mitten im Gebiete des Niedrigen und Schmutzigen liegt. Und doch auch Davids Sünde ist von der Macht der Gnade überwunden. Geziemt uns je ein jauchzendes Siegeslied, so ist es heute, wo uns

Der Triumph der Gnade

in seiner ganzen Herrlichkeit offenbart wird. Er entfaltet sich in drei Stufen.

I. Nicht der Gefallene schreit zu Gott empor, sondern Gottes zuvorkommende Gnade läßt sich in allerlei Weise zu ihm herab, um sein Gewissen zu wecken.

II. Wer sich wecken läßt, und lauter und unbedingt bekennt, der erhält volle und unbedingte Begnadigung.

III. Der Begnadigte muß unter der scharfen Zuchtruthe des Erbarmers bleiben, damit er immer mehr die Tiefen der Sünde, wie der Gnade kennen lerne.

I.

David trug die Doppelsünde des Ehebruchs und des Todschlags über neun Monate auf seinem Gewissen, ohne die ungeheure Last zu fühlen. Er verlangte nicht mehr nach Gott, schaute nicht zurück nach dem, was er verloren hatte. Denn „der Tod ist der Sünden Sold!" Die Sünde hemmt die Verbindung, in welcher der Mensch mit dem ewigen Gotte, dem Quell seines geistig-sittlichen Lebens steht, bis sie in ihrer Vollendung ihn ganz von demselben losreißt. Was wäre aus David geworden, wenn Gott ihn seine Straße hätte gehn lassen, wenn er gewartet hätte, ihm Gnade anzubieten, seine Hand nach ihm auszustrecken, bis der Tiefgefallene darnach verlangte! Gott, der die Macht der Sünde kennt, weiß, daß der Sünder nicht aus sich selbst Lust und Willen zur Umkehr schöpft. Darum geht er ihm nach, klopft in allerlei Weise bei ihm an, um ihn aus dem Todesschlummer zu wecken. — Der gefallene König scheint selbst von Nathan schon aufgegeben, oder in solche Tyrannei gefallen zu sein, daß jener nicht wagte, ihm zu nahn. So weit ließ Gott es kommen. Da endlich, nach langer dunkler Zeit „sandte er Nathan zu David!" Der sollte mit dem lieblichen und doch so tief ergreifenden Gleichnisse, das er erzählt, an das verriegelte Herz Davids schlagen, den Bann und Zauber brechen, von dem er geknechtet war. Der Heilige in Israel, dessen ewige und unantastbare Majestät von David schnöde in den Koth getreten war, bietet zuerst die Hand zur Versöhnung. Er, der unserer nicht bedarf, der ewig Selige und allein Gewaltige, geht dem in Verderben schmachtenden Sünder nach, als wenn dessen Rettung ihm zur Seligkeit nöthig wäre! Als der ältere jener beiden verlorenen Söhne, von denen der Herr (Luk. 15) erzählt, in großem Zorne nicht in seines Vaters Haus kommen wollte, „da ging der Vater heraus und bat ihn!" Und als Judas Ischarioth, vom Satan betrogen, mit verrätherischem Kusse seinem Meister nahte, ging dieser, Versöhnung auf seinen Lippen, ihm mit heiligster Liebe entgegen, daß er ihn noch wie einen Brand aus dem Feuer risse. In dieses Geheimniß der zuvorkommenden Gnade Gottes sich selig versenkend, ruft Paulus: „Darum preiset Gott seine Liebe gegen uns, daß Christus für uns gestorben ist, da wir noch Sünder und Feinde waren!" (Röm. 5, 8. 10.) Daß er immerdar mit uns armen, abgewichenen und fort und fort abweichenden Sündern also handeln will, hat er uns festiglich verheißen in dem gnadenreichen Evangelio vom verlorenen Schafe. —

Zuerst redete Gott durch ein Gleichniß. Der gefallene König sollte sich das Seine heraus nehmen, oder vielmehr es ganz auf sich anwenden. Das ist immer Gottes Art, zuerst in Gleichnissen, in dunklen Worten, in Werken und Thaten mit den Sündern zu reden. Zu den Brüdern Josephs sprach er nach mehr als zwanzig Jahren durch die Bedrängniß, in die er sie führte. Sie verstanden Gottes anklopfende Stimme und bekannten: „Das haben wir an unserm Bruder verschuldet, daß wir sahn die Angst seiner Seele, da er uns flehete und wir wollten ihn nicht erhören; darum kommt nun diese Trübsal über uns!" (1 Mos. 42, 21.) Hinter dem verlorenen Sohne, der sein Gut mit Prassen umgebracht hatte, lief der Vater unsichtbar her und flüsterte und posaunte, was er ihm zu sagen hatte, durch die Theurung in's Ohr. Als Petrus dreimal gefallen war, mußte nach Gottes gnädigem Willen ein krähender Hahn der Bußprediger sein. Auch als er Saulum, den Jüngling von Tarsus, der in Jerusalem zu Gamaliels Füßen saß, aus dem Irrthume herumholen wollte, sprach er zuerst mit ihm durch den seligen, siegshaften Tod Stephani. — Feuer, Hagel, Schnee, Dampf, Sturmwinde und was sonst genannt mag werden auf Erden und in den Lüften, macht er zu seinen Dienern, die sein Wort ausrichten. (Ps. 148, 8) Er sendet sie, bald leise säuselnd, bald wie Donner rollend, auch

hinter uns her, damit wir umkehren von dem Irrthume unserer
Wege. Wir haben viele Ursache, Gottes Gnade preisend, in
die Worte einzustimmen:

    Stets zeigst du dein Gemüthe,
    Schickst uns aus lauter Güte
    Auch stumme, stille Lehrer zu! —

Stumme Prediger und doch so laut rufende! Denn jene
Gleichnisse, in denen der Herr zu uns spricht, führen keine
unverständliche Sprache, jene Posaunen geben keinen undeut=
lichen Ton. Es gilt auch von diesen Predigern: „Es ist keine
Sprache noch Rede, deren Stimme man nicht hören könnte,
sondern ihr Schall gehet in alle Lande und ihre Rede bis an
der Welt Ende." Sie rufen, sie bitten, sie locken, sie drohen:
„Wache auf, der du schläfst, und stehe auf von den
Todten!" Wer von euch will denn sagen, daß Gottes Gnade
an ihm sich unbezeugt gelassen und ihm solche Propheten nicht
zugesandt hätte? Redet nur mit eurem Herzen auf eurem Lager
und harret, so werdet ihr aus allen kleinen und großen Ereig=
nissen, den Mühen und Freuden des Tages die gnädige Stimme
Gottes heraushören, die euch vom Schlummer der Trägheit
wecken will. Seid nur nicht fürder halsstarrig und unbeschnitten
an Herzen und Ohren, so wird mancher Hahnenschrei euch auf=
rütteln und bittre Reuethränen in die Augen bringen, und
mancher Schlag wird euch in längst vergangene Zeit zurück=
blicken lehren, um dort die Quelle alles Jammers zu entdecken,
und manches Darben wird euch ins eigne Herze führen, daß
ihr erkennet, wovon ihr gefallen seid, und manches Haupt, wenn
auch keines Stephanus, doch eines seligen Dieners Gottes wird
euch locken, eure Lust am Herrn zu haben. Ihr werdet in
allen äußern Führungen und Fügungen die Stimme hören:
„Siehe ich stehe vor der Thüre und klopfe an. Wenn du meine
Stimme hörest und mir aufthust, will ich zu dir einkehren!" —

Aber wie, wenn wir solchen Reden des erlösenden Gottes
gegenüber dennoch wären, wie eine taube Otter, die ihr Ohr
zustopfet, daß sie nicht höre die Stimme des Beschwörers, der
wohl beschwören kann? Wie, wenn wir, wie David, den Stachel
aller solcher Gleichnißpredigten von uns abwendeten? So ist
die Gnade auch noch gerüstet. „Will man sich nicht be=
kehren, so hat er sein Schwert gewetzet und seinen
Bogen gespannet und zielet!" (Ps. 7, 13) Als David,
weit entfernt, in der Erzählung Nathans, wie in einem klaren

Spiegel, seine eignen Züge zu erkennen, nur zum flammenden
Zorn gegen fremde Sünden getrieben wurde und ausrief: „So
wahr der Herr lebt, der Mann ist ein Kind des Todes, der
das gethan hat!" da stieß Nathan, alle Gleichnißreden bei
Seit lassend, das scharfe, zweischneidige Schwert des offnen,
klaren Gotteswortes furchtlos und gewaltig in seine Seele.
„Du bist der Mann!" gellte es in Davids Ohren. Und
wie ein mächtiger Strom brausend von einem Felsen in die
Tiefe stürzt, strömte aus Nathans Munde die niederschmetternde
Rede des Allerhöchsten auf den starren Sünder. Die unend-
liche Gnade und Erbarmung Gottes, die eigne, zum Himmel
schreiende Schuld, die schwarzen Folgen der Sünde, Alles wurde
dem gefallenen, verhärteten Könige unter die Augen gestellt.
So prediget der gnadenreiche Gott denen, welche durch Gleichniß und Hahnenschrei sich nicht wach rufen lassen. Er stellt
sich ihnen in den Weg mit bloßem, hauenden Schwert, wie der
Engel dem Bileam, und schleudert ihnen das Wort ins Gewissen: „Du bist der Mann!" Wir sehn dasselbe in Sauli
Geschichte. Da der sterbende Stephanus eine zu stumme Pre-
bigt für ihn war, vermachte der Herr selbst mit dem blitzenden
Lichte seiner Herrlichkeit ihm den Weg, mit der Ruthe seines
Mundes ihn niederschlagend. „Saul! Saul! was verfolgst du
mich? Ich bin Jesus, den du verfolgest! Es wird dir schwer
werden, wider den Stachel löcken!" Die Stimme war ver-
ständlich! —

Meine Miterlöseten, laßt uns mit seligem Herzen und
jubelnden Lippen die Langmuth und Gnade Gottes preisen, daß
er auch uns verirrten Schafen mit derselben Liebestreue nach-
gegangen ist und fortwährend nachgeht! Wenn unser Ohr nicht
vernehmen konnte oder wollte, was er uns durch eigne und
fremde Lebensführungen, durch Vereitlung unserer Pläne, durch
die großen und kleinen, frohen und trüben Ereignisse des Tages,
durch Widerwärtigkeit aller Art und andre Bilder zu sagen
hatte, so hat er auch für uns seinen Nathan gehabt, der uns
endlich eine verständliche, auf unsre Person zielende Predigt
hielt, hat uns mit eignem Munde seine Worte in die Seele
gerufen. Wer von Gott gebraucht wird, um einem Andern
das: „du bist der Mann!" zuzurufen, der weiß es oft
selbst nicht, daß er Nathans Dienste geleistet hat. Es geht ihm,
wie jenem syrischen Soldaten, der im Getümmel der Schlacht
wie von ohngefähr einen Pfeil schoß und den König Israels

treffend, Gottes Gericht ausführte, ohne es zu wissen und zu wollen. So sendet der Herr auch sein Wort wie Pfeile, wie Bissen und Schloffen. Daher kommt die wunderbare und doch so natürliche Thatsache, daß so viele bei der Verkündigung des göttlichen Wortes so getroffen werden, als wäre das Wort allein auf ihr Herz gezielt. Es ist auch auf sie gezielt, nur nicht von Menschen, sondern von dem Herrn selbst. Da ist's einem, als läge, wie das Sprüchwort sagt, das Herz zwischen Hammer und Amboß. Man erfährt, was die Frage des Herrn bedeutet: „Ist mein Wort nicht wie ein Hammer, der Felsen zerschmeißt?"

II.

Nathan hatte Pfeil auf Pfeil aus der Hand des Allerhöchsten auf das starre Sünderherz geschleudert. „Ich habe gesündigt wider den Herrn!" rief der getroffene, der zerschmetterte König. Wie soll ich diesen Augenblick beschreiben? Der Mann, der am Herzen des Herrn geruht, in die Geheimnisse seiner Liebe geschaut, der in seinem Gott das Leben, außer ihm nur Tod und Hölle gefunden hatte, der vom Licht des Heiligen in Israel bestrahlt und in sein Bild verklärt war, der Mann, plötzlich aufgeschreckt aus einem furchtbaren Banne, erkennt sich — als Ehebrecher und Mörder! Die ganze Schwärze seiner That, die ganze Tiefe seines Falls steht vor seinen Augen. Wo soll er hin? Und wenn die Hügel ihn deckten, und die Berge über ihn fielen, er sähe immer in sich den Mörder, den Ehebrecher! Wo soll er hin? Und wenn er in die Hölle sich bettete, siehe er ist da, der ihm Ehebrecher! zuruft und Mörder! Wo soll er hin? Sein Herz ist geschlagen und sein Geist zermalmt. „Ich habe gesündigt!" schreit er aus der Tiefe empor. Das ist ein kurzes Wort. Aber eine ganze Welt und mehr als eine Welt liegt in dem einen Worte. Denn er hat sein ganzes Herz in dieses Wort gepreßt, und ein Menschenherz ist größer, als eine Welt. „Wider den Herrn!" setzt er hinzu, um den scharfen Stachel des Bekenntnisses noch tiefer ins Herz zu drücken, um ihn bis ins tiefste Leben zu stoßen.

„Ich habe gesündigt wider den Herrn!" mehr konnte er nicht sagen, mehr wollte er nicht sagen, mehr brauchte er nicht zu sagen. Aber dies eine Wort wiederholte sich fort und fort in seinem Herzen, und rief immer lauter, immer durchdringender. Es giebt in der Bibel kein so kurzes, aber auch kein so unbedingtes Bekenntniß, keinen so kurzen, aber auch keinen so durch und durch wahren Ausdruck der Buße. Mit diesem Bekenntniß werden sich, so lange die Sünde herrscht auf Erden, alle bußfertigen Sünder vor Gott niederwerfen, in dieses Bekenntniß ihr Herz ausschütten, dieses Bekenntniß immer lauter, immer tiefer, immer wahrer, immer erschütternder beten, und werden nichts anders zu sagen wissen.

„**Ich habe gesündigt!**" so warf sich auch der verlorene Sohn in die offenen Arme seines Vaters, und wußte nur noch hinzuzusetzen: „**im Himmel und vor Dir!**" und sein Herz auszuweinen in die Selbstverdammung: „**Ich bin hinfort nicht werth, daß ich dein Sohn heiße!**" O daß wir, wenn das Schwert oder der Hammer des Wortes uns trifft, auch so kurz, so ohne alle Entschuldigung, so unbedingt, so wahr, so das Inwendige in ein Wort zusammen fassend, bekennen könnten: „**Ich habe gesündigt!** Gesündigt wider den Herrn!"

Das Wort ist kurz; aber es ist tief. Es ist wie der Quell, der auf das Wort des Schöpfers aus dem Felsen emporspringt, und als Bach und Fluß durch die Fluren wogt. Dem ersten Bekenntniß Davids entquoll der 51. Psalm, in dem das Gebet des bußfertigen Sünders wie ein gewaltiger Strom daherrauscht. Was David in jenem ersten, erschütternden Augenblicke noch nicht sehen, fassen und sagen konnte, das Alles schüttete er mit diesem Gebet in den Schooß Gottes. Mit jenem ersten Bekenntniß war sein volles Herz noch nicht geleert. Seine Sünde, sein Ehebruch und sein Mord, stand, wie er sich ausdrückt, immer vor ihm. Darum konnte er nicht anders, er mußte seine Seelenangst, seinen Gewissensschmerz ganz ausbeten, ganz ausweinen.

Nicht anders wird es jedem verlorenen und heimkehrenden Kinde ergehn. Es kann mit **einem** Bekenntniß die Last nicht vom Gewissen wälzen, und kann doch kein anderes Wort finden, dem gepreßten Herzen Luft zu machen, als immer das eine Wort: „Ich habe gesündigt wider den Herrn!" Das ist und bleibt der Grundton aller seiner Gebete, der in immer neuen und vollern und durchdringendern Weisen an Gottes Herz schlägt. —

Wenn ein Mensch in eine Oede geführt wird, die von Disteln und Dornen, von Schlangen und Giftgewürm starrt, so schaut er zwar mit dem ersten Blick schon die Furchtbarkeit des Ortes, bebt zusammen und sein Grauen macht in einen Ausruf des Entsetzens sich Luft. Aber wenn er nun sein Auge auf der Wildniß ruhen läßt, und die einzelnen Bilder nach einander in seine zitternde Seele sich einprägen, dann ergreift ihn dreifacher Schrecken, und immer von neuem muß er durch dasselbe Wort den Schrecken aus seiner Seele schütten. Mit diesem Manne vergleiche ich den Sünder, der, wenn es wie Schuppen von seinen Augen gefallen ist, den ersten Blick in die Wildniß seines nach Gott geschaffenen, von der Sünde verwüsteten, mit Unkraut, Schmutz und Gift angefüllten Herzens wirft, bis er die Zerstörung in ihren Einzelheiten schaut, welche die Sünde in ihm angerichtet hat! —

"Ich habe gesündigt wider den Herrn!" rief David zu Gott empor. "So hat auch der Herr deine Sünde weggenommen! Du wirst nicht sterben," tönte es hernieder in seine zermalmte Seele. Wie er in sein kurzes Bekenntniß sein ganzes Sünderherz hineingelegt hatte, so legte Gott in die eben so kurze Antwort sein ganzes Vaterherz, die ganze Fülle seiner Gnade und Erbarmung.

Wenn ich in frühern Jahren nach der langen und bis ins einzeluste gehenden Erzählung von Davids Frevelthaten diesen dreizehnten Vers las, dann vermochte ich nicht die Kürze und Einfachheit des königlichen Bekenntnisses zu begreifen, noch weniger aber, daß nach so furchtbaren Sünden das kurze Bekenntniß so plötzliche und vollständige Begnadigung erwirkte. Dem Herzen war's bei dieser Kürze kalt. Es blieb unbefriedigt. Es fühlte eine Leere. Das ist jetzt anders. Dieser Vers mit seiner Kürze ist mir jetzt weit, tief, unendlich wie ein Meer, denn er offenbart uns die freie Gnade Gottes in ihrer ganzen Glorie. Und wenn ich jetzt diese Herrlichkeit in die Worte fasse: "Dem unbedingten Bekenntniß folgt unbedingte Begnadigung!" tönen vielleicht Manchem von euch auch diese Worte zu kurz, einfach, schmucklos, dürr, als daß die Fülle der Gnade in ihnen sich spiegeln sollte. Und doch ist dem geängsteten Gewissen kein Wort süßer und seliger, als dieses — Unbedingte Gnade!" Hier versenket euch in das Wort des Herrn: "Der Gottlose bekehre sich zum Herrn, so wird er sich seiner erbarmen, und zu unserm Gott, denn bei ihm ist viel Vergebung. Denn meine Gedanken sind nicht eure Gedanken, und eure Wege sind nicht meine Wege, spricht der Herr, sondern so viel der Himmel höher ist, denn die Erde, so sind auch meine Wege höher, denn eure Wege; und meine Gedanken, denn eure Gedanken!" (Jes. 55, 7—9). Die letzten Verse sind euch zwar allen bekannt. Ich fürchte aber, daß wenige sie in ihrem Zusammenhang bedacht, und darum in ihrer ganzen Tiefe aufgefaßt haben. Ihr wähntet, sie seien gesagt von den wunderlichen Fügungen und Führungen Gottes. Dem ist doch nicht so. Ihr seht es. Sie handeln von der Erbarmung, von der Vergebung der Sünden. Gottes Gedanken über den reumüthigen Sünder sind die, daß er wahrhaftigem Bekenntniß unbedingte und freie Gnade zusagt, unsere Gedanken die, daß man sich, um Vergebung zu erlangen, abarbeiten müsse in der Menge der eignen Wege. Unsere Wege zur Vergebung zu gelangen und zur Versöhnung mit Gott sind Abbüßung, Kasteiung, würdiges Leben, Opferungen und dergleichen Werke, wodurch das ängstliche Gewissen Gott genug thun will. „Womit soll ich den Herrn versöhnen? Mit Bücken vor dem hohen Gott? fragt das natürliche, und doch nach Erlösung seufzende Herz. Soll ich mit Brandopfern und jährigen Kälbern ihn versöhnen? Meinest du, der Herr habe Gefallen an viel tausend Widdern? oder an Oel, wenn es gleich unzählige Ströme voll wären? Oder soll ich meinen ersten Sohn für meine Uebertretung geben! Oder meines Leibes Frucht für die Sünden meiner Seele!" (Mich. 6, 6. 7). Gottes Weg, auf dem er einen Sünder an sein Herz zurückführt, ist das lautere, wahrhaftige, unbedingte Bekenntniß.

„Zerreißet eure Herzen, und nicht eure Kleider!" (Joel 2, 13). Diesen Weg preist auch David, nachdem er selbst auf ihm geführt ist. „Du hast nicht Lust zum Opfer; ich wollte dir's sonst wohl geben! und Brandopfer gefallen dir nicht. Die Opfer, die Gott gefallen, sind ein geängsteter Geist. Ein geängstetes und zerschlagenes Herz wirst du, Gott, nicht verachten!" (Ps. 51, 18, 19). Ach, wie gern zerreißen wir unsere Kleider, machen uns allerlei selbstgewählte Schmerzen und Plagen und Traurigkeiten, um nur dessen überhoben zu sein, daß wir in Scham über unsere Sünde das Herz zerreißen! Wie gern würden wir, sammt allen Heiden und unerleuchteten Christen, Gott Opfer und Brandopfer geben, um Vergebung der Schuld zu erlangen, wenn wir nur durch wahrhaftige Buße den Geist nicht zu ängsten, das Herz nicht zu zerschlagen brauchten! Aber hinfort mit diesen unsern Gedanken! Hinfort von diesen unsern Wegen zu Gottes Wegen hin! Kann uns irgend etwas kräftiger locken, als die heutige Geschichte? David selbst, wie ich schon vorhin sagte, hatte das tiefste Bedürfniß, sein Leben lang um Vergebung zu schreien, und Gott nimmt ihm auf sein erstes, kurzes Bekenntniß, die Offenbarung seines geängsteten Geistes, die Sündenlast ganz und frei und auf einmal und ohne alle Bedingung vom Gewissen, denn Gott in seiner Gnade ist größer, als unser Herz. David hatte Gottes Güte lange geschmeckt und gerühmt, und war doch ein Ehebrecher und Mörder geworden. Und nach seinem langen, schmutzigen, wegen seiner früheren Frömmigkeit doppelt schuldbaren Sündenleben ein Wort, in dem das zerrissene Herz zu Gott empor ruft, und Alles, Alles ist ganz und frei und ununbedingt vergeben! Das ist der Triumph der Gnade!

Wir thun noch tiefere Blicke in die brünstige, unbegreifliche Liebe Gottes. Daß Gott einen Saulum, der bei aller schweren Verirrung doch ehrlich und menschlich edel blieb, begnadete und dann zu seinem auserwählten Rüstzeuge erkor, können wir noch begreifen. Darüber hat die Welt niemals gespottet, weil sie in der Ehrlichkeit des Mannes noch immer ein gewisses Verdienst sah. Aber David war ein Ehebrecher und ein heimtückischer Mörder seines treuen, edlen Freundes. Und dem vergiebt Gottes Gnade so unbedingt, daß er sich nicht schämt, ihn fort und fort den Mann nach seinem Herzen zu nennen. Darüber hat sich der Spott der Welt frech und maßlos ergossen. Aber Gottes freie Gnade ist so groß, daß sie sich von der unverständigen Welt mit Hohn, wie mit Koth bewerfen läßt; aber von den Mördern und Ehebrechern sich nicht wendet, sondern die reumüthigen Sünder in ihre Arme schließt und sie ihre lieben Kinder nennt, darüber sich mit dem ganzen Himmel freut, ein Jubelfest bereitet, ob auch tausend Pharisäer höhnen und spotten, auf das wiedergefundene Kind in den Armen der Gnade mit Fingern weisend: „Der hat sein Gut mit Huren verschlungen!" Das ist der Triumph der Gnade! Von dieser Gnade, die alle Erkenntniß übersteigt, werden wir singen in Ewigkeit! —

III.

Die Gnade ist frei, ganz, unbedingt. Aber dennoch muß der Begnadigte unter der Zuchtruthe des allmächtigen und heiligen Gottes bleiben. „Der Herr hat deine Sünde von dir ge-

nommen," sagte Nathan, „aber, setzte er hinzu, weil Du
die Feinde des Herrn hast durch diese Geschichte
lästern gemacht, wird der Sohn, der dir geboren
ist, des Todes sterben!" Das ist auch Gnade von Gott,
daß er den armen Menschen, der so leicht sicher wird, wenn er
Liebe fühlt, seine heilige und unantastbare Majestät schauen
läßt. Darum mußte der im Ehebruch erzeugte Sohn sterben,
damit David sammt allem Volke von Gottes himmlischer Majestät nichts Irdisches dächte. Aber der Tod dieses Kindes war
keine Sühne, keine Abbüßung der vergangenen Sünde. Die
Sünde war vergeben. Darum bebte David in dieser Noth,
unter diesen Ruthenstreichen Gottes nicht, wie ein Missethäter
im Gericht. Er warf sich, wie aus der Geschichte in so lieblicher Weise hervorgeht, mit vollem Kindesvertrauen vor seinen
Gott nieder mit Fasten, Beten und Weinen, und ersuchte Gott
um das Kindlein, denn er gedachte: „Wer weiß, ob mir der
Herr gnädig wird, daß das Kind lebendig bleibe." Als aber
Gott das Kind nahm, stillte er seine Seele, unterwarf sich demüthig der züchtigenden Vaterhand, und sprach mit getrösteter,
gläubiger Zuversicht das schöne Wort: „Ich werde wohl zu
ihm fahren; es kommt aber nicht wieder zu mir!"
Das ist die Rede eines Kindes Gottes, das zu seinem Frommen wohl gezüchtigt wird, welches aber weiß, daß es dem Gericht und der Verdammniß entronnen ist. — Die Zuchtruthe
blieb auch ferner noch auf Davids Haupte liegen. Die irdischen
Folgen seiner Frevelthaten durchzogen wie ein schwerer, nicht
zu brechender Fluch das ganze Leben. Er hatte durch seine
Sünde das Heiligthum des Hauses, die Grundveste der Offenbarung Gottes auf Erden, entweiht und verödet. Sein eignes
Haus — es konnte nicht anders sein, — mußte zerrüttet werden.
Unkeuschheit und Mord, Auflehnung gegen die zartesten und
heiligsten Verhältnisse, Heimtücke, Empörung, Majestätsverbrechen wucherten furchtbar in der eignen Familie. Ein Geschwür brach nach dem andern auf, und ergoß seinen giftigen
Eiter. Ungeschminkt und nackt wie Davids eigne Sünde, wird
das fortwuchernde sittliche Verderben seines Hauses uns gezeigt.
Das Herz bebt bei dieser Nacktheit der biblischen Erzählungen.
— Amnon, Davids Sohn, schändete Thamar, Absaloms
Schwester, Absalom, Davids Sohn, erschlug seinen Bruder
Amnon, ward vom König verbannt, begnadet, stahl seinem
Vater die Herzen des durch die früheren Sünden wankend ge-

wordenen Volkes, trieb seinen Vater vom Thron und schändete
am lichten Tage vor allem Volke seines Vaters Kebsweiber.
David, baarhaupt und baarfuß, floh wie ein Missethäter vor
dem eignen Fleisch und Blute, und ein loser Mann schalt das
gesalbte Haupt Bluthund, und fluchte ihm und warf mit Steinen und Koth! — Fürwahr! „Er ist ein heiliger Gott,
ein eifriger Gott, der eurer Uebertretung und
Sünde nicht schonen wird!" (Jos. 24, 19.) „Wer
kann stehn vor dem Herrn, solchem heiligen Gott?!"
(1 Sam. 6, 20.) Wer versöhnet ist mit ihm, wem die Uebertretungen vergeben sind, wem die Sünde bedecket ist, wem der
Herr die Missethat nicht zurechnet: der kann stehn vor diesem
heiligen und eifrigen Gott, auch wenn derselbe die irdischen
Folgen der Uebertretung und Sünde schonungslos über sein
Haupt kommen läßt. — Davids Herz ist erschüttert, ist zermalmt unter solchen Schlägen. Aber er hat Frieden mit Gott.
Ist Alles ihm feindlich, sein Gott ist ihm freundlich. Ist
Alles wider ihn, sein Gott ist für ihn. Er fühlt auf seinem
Haupte nicht die rächende Richterhand, sondern die reinigende
Vaterhand. Viele sahn freilich, wie auch der fluchende Simei,
das Gericht und die Verdammniß über den sündigen König
hereinbrechen und sprachen deshalb von seiner Seele: „Sie hat
keine Hülfe bei Gott!" Er aber lobte und dankte in Kindeszuversicht: „Du, Herr, bist der Schild für mich, und der mich zu
Ehren setzet, und mein Haupt aufrichtet!" (Ps. 3, 3. 4.) Er
erkannte in allen Schlägen den guten und gnädigen Willen
Gottes, daß seine Seele aus den nachwuchernden Folgen der
Sünde die ganze Furchtbarkeit derselben und dadurch eben auch
den ganzen, unerschöpflichen Segen der Gnade immer klarer
erkennen sollte. Darum sah er in den Sünden der Kinder
seine eigne Sünde. Darum zürnete er wohl wider Amnon,
aber als dieser von Absalom erschlagen war, weinete der
König fast sehr (Cap. 13, 21. 36.), und wie er über den, in
seinen Sünden erschlagenen Sohn Absalom gejammert hat,
wissen wir alle; seine Klage, wenn wir sie lesen, zerreißt
uns noch immer das Herz. Als er mit verhülltem Haupte
über den Kidron irrte, war es doch inwendig helles Licht, denn
er sprach voll Glaubens und Demuth zu Zadok, der die
Bundeslade aus Jerusalem flüchten wollte: „Bringe die Lade
Gottes wieder in die Stadt. Werde ich Gnade finden vor dem
Herrn, so wird er mich wieder holen und wird mich sie sehn

lassen und sein Haus. Spricht er aber also: Ich habe nicht
Lust zu dir! siehe hier bin ich. Er mache es mit mir, wie es
ihm gefällt." (Cap. 15, 25. 26.) Abisai wollte dem fluchenden
Simei, dem todten Hunde, den Kopf abreißen. Aber der König
sprach: „Ihr Kinder Zeru=Jas, was habe ich mit euch zu
schaffen? Laßt ihn fluchen, denn der Herr hat es ihm geheißen:
Fluche David! Vielleicht wird der Herr mein Elend ansehn,
und mir mit Güte vergelten sein heutiges Fluchen!" (Cap. 16,
10. 12.) Sehet ihr's nicht, wie die Schläge, welche auch die
Begnadigten dulden müssen, Wunder der Gnade wirken, wenn
sie mit Kindesdemuth und Kindesglauben hingenommen werden?
Nirgends gleicht David dem heiligen Davids=Sohne so sehr,
nirgends ist er so sehr sein weissagendes Vorbild, als da, wo
er den Oelberg hinangehend so unbedingt unter des Vaters
Willen sich beugt und den Fluch des Feindes mit vergebender
Liebe hinnimmt, mit tragender Sanftmuth überwindet. — Noch
einmal muß ich sagen: Das ist der Triumph der Gnade! Sie
verwandelt die unausbleiblichen Folgen der Sünde aus Schrecken
der Verdammniß in ein zwar heißes, doch segensreiches Läute-
rungsfeuer, in welchem die Begnadigten das Bild und Gepräge
ihres Erlösers empfangen!

Hierher gehört das Wort Pauli: „So wir uns selber
richteten, so würden wir nicht gerichtet. Wenn wir aber doch
gerichtet werden, d. i. wenn dennoch Schläge und Nöthen über die
Versöhnten kommen, die, wie auch bei David, Gericht, Strafe
und Verdammniß scheinen, so ist's doch kein Gericht, sondern
wir werden vom Herrn gezüchtiget, auf daß wir nicht sammt
der Welt verdammet werden." (1. Cor. 11, 31. 32.) Es giebt
aber wenig begnadigte Sünder, welche nach der ernstlichen, das
ganze Leben umgestaltenden Reue die durch ihre frühern Sün=
den hervorgerufenen Lasten und Streiche von Gottes Hand so
willig, so demüthig, so ohne jede Regung stolzer Empfindlichkeit
tragen, wie David. Selbst ein Petrus vermochte das vor
dem Pfingstfeste noch nicht. Die dreimalige Verleugnung war
dem bitterlich Weinenden ganz vergeben. Aber das konnte die
Gnade seines Meisters ihm nicht ersparen, daß er ein wenig
von den Folgen seiner Verleugnung schmeckte. Mit einem hei=
ligen, bis in's Leben dringenden Blick und Ton fragte er ihn
vor allen Jüngern: „Simon Johanna, hast du mich lieb?"
Zweimal trug es Petrus. Als aber der Herr zum dritten
Male fragte, als wenn er dem Worte des Jüngers nicht trauen

könnte, da ward Petrus traurig, seine Empfindlichkeit regte sich. Es ist nicht zu verwundern, wenn es uns ähnlich geht, wie Petro. Denn die Neulinge im Glauben und in den Wegen Gottes sind von dem verderblichen Wahne geblendet, daß mit der Vergebung der Sünden auch die Folgen aufgehoben würden. Wirken diese dennoch nach, so werden sie leicht empfindlich, ungeberdig, gereizt, mürrisch, wankend im Glauben. Der freudige, dankbare Kindesgeist macht einem sauren Knechtsgeiste Platz. Da thut's noth, ernst zu erkennen, daß dieselbe Gnade, welche die Sünde vergiebt, ihre bittre Frucht uns kosten läßt. Auch dem, dessen Buße so unbedingt, lauter und tief ist, wie Davids, muß, was er angerichtet hat, fort und fort unter die Augen gestellt werden, damit er die Sünde immer ernster scheue, und immer rückhaltsloser sich der Gnade in die Arme werfe. Wie David unter den von ihm selbst verschuldeten Nöthen zu einem Vorbild des unter Leiden vollendeten Menschensohnes reif wurde, so werden wir, wenn Gottes Hand nach der Begnadigung unter seiner Ruthe uns fest hält, durch dieselbe zu Abbildern unsers Herrn bereitet. Müssen wir dann in den Schrecken der Trübsal auch bekennen: wir sind billig darinnen, denn wir empfangen, was unsere Thaten werth sind! so haben sie doch den giftigen Stachel verloren, und öffnen nur unsere Augen, um immer glorreicher den Sieg der Gnade zu schaun. —

Nun gehet heim, fallet auf eure Kniee und preiset euer Leben lang, so laut, so heiß ihr könnet, die Gnade Gottes, die aus den Gefallenen, aus den verlorenen Kindern Leute nach seinem Herzen zu schaffen vermag! Verloren warest du, gefallen bist du. Bist du auch umgewandelt zu einem Manne nach dem Herzen des Herrn? Amen.

Lobgesang.

Weise: Hosianna Davids Sohn.

Jauchze, juble, danke, fleh,
Wirf dich in den Staub, o Seele,
Der geliebt dich je und je,
Hat bedeckt all deine Fehle!
Siegreich aus der argen Welt,
Die so manches Herz betrogen,
Hat er dich zu sich gezogen,
In sein hohes, heilges Zelt.

Sicher hab' ich dort gewohnt
Und beseligt alle Stunden;
Der ob Cherubinen thront,
Heilte meine tausend Wunden.
Hügel sanken, Berge auch,
Aber seine Treu und Gnade
Schirmte mich auf jedem Pfade,
Wie man schirmt den Stern im Aug.

Wie vergelt ich nun dem Herrn,
Was er that an mir viel Armen?
Bis ich sterbe, will ich gern
Laut verkünden sein Erbarmen.
Für und für bleib ich dein Knecht;
Leite mich mit deinen Augen,
Wähl ich Wege, die nicht taugen,
Licht der Welt, bring mich zurecht!

Jauchze, juble, danke, fleh,
Rühme, Herz, das ewge Lieben,
Das durch Wonne dich und Weh
In des Vaters Schooß getrieben!
Fest, Herr, greif ich deine Hand,
Du wirst nimmer los mich lassen,
Bis die Stadt der goldnen Gassen
Mein verklärtes Auge fand!

Zwölfte Predigt.

2. Sam. 24. vgl. 1 Chr. 22.

Wie Gott der Vermessenheit seiner Begnadigten begegnet.

Es ist zwar schwer, demüthig werden, aber viel schwerer doch, demüthig bleiben, darum auch St. Petrus sagt: „Haltet fest an der Demuth!" (1 Petr. 5, 5.) Als David zermalmt vor dem Herrn lag und den 51. Psalm betete, als er baarfuß und mit verhülltem Antlitz, unbedingt unter den Willen seines Gottes sich beugend, über den Jordan floh, und die Steinwürfe des fluchenden Simei schweigend duldete, da schien er zur vollen Demuth hindurchgedrungen und jede Faser des Hochmuths aus seinem Herz ausgereutet. Aber wie der von Pflugschar und Egge oft und tief durchfurchte und gereinigte Acker, auch wenn er an der Oberfläche keine Spur von Unkraut mehr zeigt, doch in seinem Schooße verborgen stets neu aufschießenden Samen desselben trägt, so birgt auch das von wahrhaftiger Buße zerrissene und gereinigte Herz immerdar in seinen Tiefen die Keime der Hoffart, die stark und schnell sich entwickeln. Derselbe David, welcher nach seiner Begnadigung und nach der Vollendung vieler und großer Thaten bekannt hatte: „Wenn du mich demüthigest, machst du mich groß!" (2. Sam. 22, 36.) derselbe wurde bald darauf von kaum begreiflicher Selbstüberhebung aufgebläht. Aber der treue, wachsame Gärtner läßt das stolze Unkraut in dem Acker, der ihm gehört, nicht ungestört wachsen und wuchern. Der heutige Abschnitt offenbart uns:

Wie Gott der Vermessenheit seiner Begnadigten begegnet.

I. Er kommt über sie mit der Schärfe des Schwertes.
II. Sein Schwert soll nicht tödten, sondern die Ketten der Hoffart lösen.
III. Wo das Schwert des Herrn sein Werk ausgerichtet hat, da baut er seinen Friedenstempel.

I.

Die Feinde Davids waren niedergeschmettert und mußten Staub lecken. Ein weites, blühendes, mit Gerechtigkeit und Milde regiertes Reich lag zu seinen Füßen. In dem gewaltigen Lobgesang, (2. Sam. 22.) mit dem er auf seine Wege und Thaten zurückschaute, hatte er Gott dem Herrn alle Ehre gegeben, und alle seine Freude, Hoffnung und Zuversicht nicht auf das gesetzt, was er errungen hatte, sondern allein auf die Güte und Gnade des Allerhöchsten. „Du hilfst dem elenden Volk und mit deinen Augen niedrigest du die Hohen!" (V. 28.) Er hatte das innerste Verlangen seines Herzens ausgesprochen, fort und fort alle Rechte Gottes vor Augen zu haben, seine Gebote nicht hinter sich zu werfen und vor Sünden sich zu hüten. (V. 22 ff.) Selbst wenn er sagt: „Der Herr thut wohl an mir nach meiner Gerechtigkeit, er vergilt mir nach der Reinigkeit meiner Hände" (V. 21.), so sind diese Worte, fern von aller Hoffart und allem Eigenruhm, ein demüthiger, lauter Preis der Heiligkeit und Wahrheit Gottes, der seinem Knechte den ränkevollen, schuldbeladenen Feinden gegenüber zu Recht verhalf. Aber auch auf solchen Höhepunkten des Lebens in Gott bleibt der Begnadigte das Kind Adams. Aus dem Jubel: „nach meiner Gerechtigkeit!" kann leicht der Ruhm werden: „ob meiner Gerechtigkeit!" David sollte auch nach jenem Lobgesange sich nicht für entronnen dem Strick des Voglers halten, er sollte nicht wähnen, daß der lebendige, wahre Wunsch: „Ich bin ohne Wandel vor ihm!" schon Wirklichkeit wäre. Er sollte sich nicht täuschen über sein begnadigtes und geheiligtes Herz. Darum versuchte Gott David, wie auch seine Väter, auf daß kund würde, was in seinem Herzen wäre. (5 Mos. 8, 2.) Er mußte, — das war

Gottes Gnadenwille, — mit Zittern erfahren, daß er dem
Satan noch immer eine Seite böte, von der er zu fassen und
zu fangen war, daß er noch immer Funken des Hochmuths in
sich barg, die des Satans Einflüsterungen zur Flamme aufachen
konnten.*) — Die Zählung des Volks machte das offenbar.
Aber, fraget ihr, worin liegt denn der Frevel Davids, bei
dieser That? Ist's Sünde, daß ein König seine Unterthanen
und ein Hirte seine Heerde kennen will? So hat vielleicht
David auch bei sich gesprochen, oder sich's vom Satan vorreden
lassen, um sein Gewissen zu betrügen. Was war's denn für
Sünde, daß Joseph seinen Brüdern die Träume erzählte, die
Gott ihm gegeben hatte? Ist es nicht dies, daß er mit heim-
lichem Stolz ob der unverdienten, freien Gnade Gottes und der
ihm gewordenen Verheißungen in Selbstgefälligkeit sich erhob
und seine Brüder fühlen lassen wollte, daß er etwas wäre,
wiewohl er doch nichts war. Eine ähnliche Sünde liegt im
Befehl Davids zur Zählung des Volkes versteckt. Jene Gesinnung begann in ihm aufzukeimen, die ausgereift ist in den
stolzen Worten Nebukadnezars: „Das ist die große Babel,
die ich erbaut habe zum königlichen Hause, durch meine große
Macht, zu Ehren meiner Herrlichkeit!" (Dan. 4, 27.) Die
Demuth will nicht wissen, was sie ist, und besitzt und gethan
hat. Sobald das Menschenherz die Früchte zählen will, die es
gebracht hat, seine Siegeszeichen und seine Beute, die Zeugen
seines Glaubens und seines Eifers vor sich aufschichtet und mit
Wohlgefallen betrachtet, ist die Demuth entflohn, die Hoffart
eingekehrt. Aus der Hoffart wird sofort selbstgefälliges Rühmen,
der Wahn etwas zu sein und zu vermögen, die pharisäische
Habsucht, die, was Gott zukommt, stiehlt und damit die eigne
Brust schmückt. Dann ist auch bald der andere Schritt gethan, daß der Mensch nicht mehr auf den unsichtbaren, gnädigen
Gott vertraut, sondern Fleisch für seinen Arm hält, und mit
seinem Herzen vom Herrn weicht, daß er schauen und rechnen
will, und nicht mehr vom Glauben leben. — Das Alles war

---

*) Darum heißt es 1 Chr. 22, 1: Der Satan gab David ein u.
s. w. 2 Sam. 24, 1: Der Herr reizte David u. s. w. Gott ließ die
Versuchung Satans zu, und schaffte, daß die Thatsünde, deren Quell in
David wie dem Satan zu suchen ist, eine solche Gestalt annahm, daß er
durch die Strafe desselben zugleich das ganze Volk strafen konnte, auf dem
von den Zeiten der Empörer Absalom und Seba (2 Sam. 20.) her
noch ungesühnte Schuld lag. —

Davids Sünde. Ob noch unbewußt, oder schon bewußt, und
wie weit bewußt, das wissen wir nicht; Gott sah es. Aber
gar bald sollte es auch vor Menschen offenbar werden, wie
rasch die Selbstüberhebung und Vermessenheit selbst der Begnadigten wachsen und das Herz bethören und verstricken kann.
— Joab, der rohe und rauhe Joab, trat nach Gottes Fü-
gung vor David und sprach: „Der Herr, dein Gott, thue zu
diesem Volk, wie es jetzt ist, noch hundertmal so viel, daß mein
Herr, der König, seiner Augen Lust daran sehe; aber was hat
mein Herr König zu dieser Sache Lust?" So macht's der Herr
oft. Er sendet seinen Knechten Weltkinder entgegen und läßt
durch sie die Seinen warnen, ihnen die Wahrheit zeigen, sie
beschämt machen und strafen. Aber das verachten sie meist zu
ihrem Schaden, wie auch David Denn „des Königs Wort
ging vor wider Joab und die Hauptleute des Heeres." Die
Zählung geschah im ganzen Umfang des Reiches und dauerte
neun Monate und zwanzig Tage. Und Joab kam wieder und
„gab dem König die Summe des Volks, das gezählt war. Und
es waren in Israel achthundert mal tausend starke Männer,
die das Schwert auszogen, und in Juda fünfhundert mal tausend Mann!" Siehe, David, so groß und herrlich und gewaltig
ist deine Macht! Nun zähle auch noch die festen Städte deines
Landes und ihre Thürme. Zähle die Tausende der unterwor-
fenen Feinde, und freue dich deiner Größe und deines Ruhmes,
den dein Arm dir erstritten hat, des Glückes und der Ruhe
deines Volks, das du ihm erworben hast! Sei sicher in deiner
Macht! Was können dir jetzt die Feinde thun! Ob Satan
solche Worte David zugeflüstert hat? Es wird uns nicht erzählt.
Wohl aber sehn wir, wie sehr David seit seiner Begnadigung
nach dem schweren, tiefen Falle innerlich gereift ist. Als er
damals den Gegenstand seiner Lust erlangt hatte, wurde sein
Gewissen für lange Zeit eingeschläfert. Jetzt ist es ganz anders.
Als ihm seine große Macht gemeldet wurde, da fiel, was seine
Freude sein sollte, wie eine schwere Last auf sein Herz. „Das
Herz schlug David, nachdem das Volk gezählet war. Und
David sprach zum Herrn: Ich habe schwerlich gesündigt, daß
ich das gethan habe; und nun, Herr, nimm weg die Missethat
deines Knechts, denn ich habe sehr thörlich gethan!" Er hatte
dem Satan Raum gegeben. Er war trotz treuer und eifriger
Warnung in Hoffart gefallen. Aber ehe Gott mit der Strafe
kam, ehe er ihm von außen her seine Sünde anzeigte, regte sich

Davids eignes Gewissen stark und lebendig und ließ ihm keine
Ruhe, bis er sein schuldbeladenes Herz in lauterem und ernstem
Bekenntniß ausgeschüttet und um Vergebung seiner Missethat
gefleht hatte. Die ganze Nacht blieb er im Gebete. Was mag
das für eine Nacht gewesen sein! Eine von denen wohl, wovon er
sagt: „Ich bin so müde von Seufzen; ich schwemme mein Bette
die ganze Nacht, und netze mit meinen Thränen mein Lager!"
(Ps. 6, 7.) Wie mußten seine eignen Worte ihm ins Ohr
gellen, die er kurz vorher gebetet hatte: „Bei den Reinen bist
du rein und bei den Verkehrten bist du verkehrt. Denn du
hilfst dem elenden Volk und mit deinen Augen niedrigest du
die Hohen!" (Cap. 22, 27. 28.) Wie mußte die schreckliche
Majestät des Herrn sich gegen ihn selbst wenden, die er ehe-
mals gegen seine Feinde hatte kämpfen sehn, so daß er ausrief:
„Er fuhr auf dem Cherub und flog daher, von dem Glanz vor
ihm brannte es mit Blitzen!" (B. 11. 13.) Wie mußte er in
nichts zusammen sinken, wenn er an sein Wort dachte: „Ich
halte die Wege des Herrn und bin nicht gottlos wider meinen
Gott!" (B. 22.) Und wenn er an Joab dachte und dessen
Warnung, des von Gott nicht Erleuchteten, die er, der Hochbegnadigte, verachtet hatte, wie mußte das Feuer der Scham in
seinem Innern brennen! So ging die Nacht dahin. „Und da
David des Morgens aufstand, kam des Herrn Wort zu Gad,
dem Propheten, Davids Seher und sprach: „Gehe hin und rede
mit David: So spricht der Herr: —" Was, meint ihr, wird
der gnädige Gott nach solcher Nacht seinem bußfertigen Knechte
zu sagen haben? Das Wort doch: „Gehe hin mit Frieden,
deine Sünden sind dir vergeben!" Gottes Gedanken sind andere.
Strafe mußte er ihm bringen, dreierlei schwere Strafe:
Hunger, Pestilenz, Aufruhr! Die einzige Gnade schien die, daß
er von den drei Stücken eins wählen konnte. Wunderbare
Weisheit Gottes! Nach dem Ehebruch und Todschlag, nach
langer Verstocktheit, aufgerüttelt erst vom Herrn selbst, ruft
David: „Ich habe gesündigt!" und sofort wird ihm die frohe
Botschaft: „So hat der Herr auch deine Sünde von dir genommen!" Hier haben wir keinen so tiefen Fall, keinen schmutzi-
gen Frevel, hier wacht von selbst das Gewissen auf, hier liegt
der Sünder eine Nacht im Bekenntniß und Flehen und am
Morgen sendet ihm Gott — Strafe, und dazu keinen Laut von
Gnade und Vergebung! Wir merkens mit Zittern: Dem tief
und lange verlornen Kinde läuft der Vater mit offnen Armen

entgegen und drückt es an' sein Herz. Doch wenn der Begnadigte, der die Küsse der Versöhnung geschmeckt hat, sich verkehrt, wenn er aus der Güte Gottes einen Gegenstand des Stolzes und der Vermessenheit macht: dann kommt der Herr über den Reuigen mit der Schärfe des Schwerts.

Es giebt Fälle, da sagt der Vater zu seinem Kinde, das gesündigt hat: „Du hast bekannt: es ist dir Alles vergeben!" Aber es giebt andere Fälle, da sagt derselbe Vater zu seinem reumüthig bittenden Kinde: „Mein Kind, das Vaterherz regt sich in mir; aber ich kann nicht anders: ich muß dich strafen." Er muß strafen, der ewige Gott, wenn er sieht, daß das Alte zu zähe ist im neuen Menschen, zu tief noch verwachsen mit ihm, und daß es nicht anders mag gebrochen werden, als mit dem Schwert. Vor allem andern aber muß er dann mit dem Schwert kommen, wenn seine Gnade und seine Gaben zu Ursache der Selbstüberhebung gemacht werden, wenn Pharisäismus irgend welcher Art aus ihnen Nahrung saugen will. Denn unter allen Greueln ist dieser der größesten einer vor Gott. — Und doch ist es so selten, daß die, welche so laut bekennen, daß Alles was sie sind und haben, ganz unverdiente Gnade ist, in allen Verhältnissen ungeheuchelte Demuth beweisen. Sie erheben sich leicht und oft über die, welche von der Gnade nicht ergriffen sind. Sie bespiegeln sich gern und wohlgefällig in dem, was sie gethan haben. Statt zu vergessen, was dahinten ist, und die linke Hand nicht wissen zu lassen, was die rechte thut, behalten sie die eignen Werke fester im Gedächtniß, als das, was der Herr ihnen gethan hat. Wir dürfen uns nicht über diesen Punkt täuschen. Die Hoffart kann für eine Reizung ganz todt sein, während sie plötzlich von einer andern überwunden wird. Ein warnendes Exempel ist Gideon. Mit lauterer Demuth hatte er dem Engel geantwortet: „Ich bin der kleinste in meines Vaters Hause!" Er blieb auch von Herzen demüthig, als der Herr durch seine Hand das große Heil in Israel gegeben hatte. — Denn Etliche von Israel sprachen zu ihm: „Sei Herr über uns, du und dein Sohn und deines Sohnes Sohn, weil du uns von der Midianiter Hand erlöset hast. Aber Gideon sprach zu ihnen: Ich will nicht Herr sein über euch, und mein Sohn soll auch nicht Herr über euch sein, sondern der Herr soll Herr über euch sein!" Aber in derselben Stunde, wo er in diesem Punkte für Ueberhebung ganz abgestorben zu sein schien, brach Hoffart und

Vermessenheit an einem andern Punkt hervor. Er ließ sich das erbeutete Gold geben und machte daraus einen hohepriesterlichen Schmuck für sich. Er blieb in seiner kleinen Stadt Ophra, in seinem alten, ärmlichen Hause. Aber von hier aus wollte er durch Anmaßung priesterlichen Rechtes geistliches Ansehn und geistliche Macht im Volk ausüben. (Richt. 8, 22. ff.) Wollt ihr ein anderes Beispiel, so denket an Moses. Er schien der Eitelkeit und dem Stolze so abgestorben, daß er den Königspalast verließ, daß er nicht mehr wollte ein Sohn der Tochter Pharao heißen, sondern erwählte viel lieber mit dem Volke Gottes Ungemach zu leiden, und hielt die Schmach Christi für größeren Reichthum, als die Schätze Egyptens. (Hebr. 11, 24—26.) Und in eben demselben Augenblick, als er in Demuth alle Herrlichkeit verließ, regte sich dennoch vordrängende Vermessenheit, geistlicher Hochmuth. Denn ehe noch Gott ihn berufen hatte, „meinte er, seine Brüder sollten es vernehmen, daß Gott durch seine Hand ihnen Heil gäbe!" Ueber Gideon, wie Moses schlugen die schweren Folgen ihrer Ueberhebung zusammen, wie Meereswellen. — Darum fürchte dich! Hättest du wirkliche Proben von Demuth und Selbstüberwindung gegeben und gefährliche Versuchungen zum Hochmuth siegreich zurückgewiesen, die Hoffart, die Lust zur vermessenen Selbstüberhebung ist nicht todt. Sie weiß auch die, welche von Gnade leben, in immer anderer Gestalt zu blenden und zu verstricken, und zwar in solcher Weise, daß Weltleute zu Zeiten anspruchsloser, bescheidener, demüthiger sich zeigen, als sie. Schlägt ihnen, wenn sie wahrhaftige Kinder der Gnade sind, hernach auch das Herz, schämen sie sich vor Gott und vor Menschen, liegen sie vor ihrem Herrn in lauterm Bekenntniß und brünstigem Flehen: die Schärfe des Schwerts kann ihnen von dem ewig Treuen doch nicht erspart werden; seine Gnade muß sich hart gegen sie halten, und wie ein zürnender Feind über sie kommen. Das ist die Weise Gottes, daß er die Fehltritte der Seinen, die menschlicher Verstand oft die kleinen nennen möchte, mit der ganzen Fülle seiner heiligen Majestät heimsucht, während größere Frevel der von ihm Entfremdeten oder der Anfänger im Glauben mit großem Verschonen getragen werden. Das sollen sich die merken, welche im Glauben stehn und in der Liebe, damit sie nicht wankend werden, wenn der Herr auf ihr Bekenntniß und Gebet mit der Ruthe oder gar dem Schwerte antwortet. Es muß so sein.

„Das Gericht, sagt Petrus, muß anfangen am Hause Gottes!" (1 Ptr. 4, 17) „Siehe, in der Stadt, die nach meinem Namen genannt ist, fange ich an zu plagen!" spricht der Herr. (Jer. 25, 29.) Und als die Herrlichkeit des Gottes Israels, wie der Prophet Hesekiel sah, die sechs Männer mit schädlichen Waffen durch seine geliebte Stadt sandte, die Unreinen zu schlagen, da rief er: „Fanget an an meinem Heiligthum!" (Hes. 9, 6.)

II.

Und doch, wer den Geist der Kindschaft empfangen hat, zittert nicht, wenn Gott mit dem Schwerte kommt. Er weiß, auch das ist Gnade. Das Schwert soll nicht tödten, sondern die verborgenen, aber noch starken Ketten lösen, womit der inwendige Mensch gebunden ist. In diesem Glauben sprach David mit zerknirschtem zwar, aber nicht mit scheuem, noch verzweifelndem Herzen, als Gad ihm die dreifache Strafe vorgelegt hatte: „Es ist mir fast angst; aber laß uns in die Hand des Herrn fallen, denn seine Barmherzigkeit ist groß; ich will nicht in der Menschen Hände fallen!" Beachtet diese Antwort! David wurde zu Theil, was das unverständige Menschenherz so oft und gern sich wünschet, die freie Wahl unter verschiedenen Plagen. Welchen Gebrauch macht er von dieser Freiheit, die sonst, so viel ich mich erinnere, niemals vor ihm und nach ihm Jemanden von Gott gegeben ist? Er giebt sie in demüthigem, kindlichem Glauben sofort seinem Herrn zurück. Er ist nicht so vermessen, daß er wähnen sollte, zu wissen, welche Strafe ihm und seinem Volke am meisten fromme. Nur das Eine wählt er, daß er nicht in Menschen, sondern in Gottes Hände fallen möge. Er sieht die Vaterhand zur Strafe furchtbar sich erheben, sieht aus dem Vaterauge das verzehrende Feuer der heiligen Liebe hervorflammen, daß ihm Herz und Nieren beben, und — er flüchtet sich in die Arme dieses Vaters, unter die Augen dieses Gottes! Das, meine Mitarbeiter, das ist nach dem Herzen des Herrn! Es steht zwar geschrieben: „Schrecklich ist es, in die Hände des lebendigen Gottes fallen." Aber für seine reuigen Kinder ist's Trost und Arznei. Denn was die Hand auch mit ihnen vorhat, es ist immer die Vaterhand, die nur Vaterwerke thun kann. Darum rief auch Calvin in schweren Nöthen: „Schlag nur zu, Herr, schlag zu; es ist mir genug, daß deine Hand es ist, die mich schlägt!" —

Das Schwert löset die Ketten, sagte ich. Ihr saht den König Israels, als er sein Volk zählen ließ, gebunden. Die Androhung der Strafe schon begann ihn zu befreien. Er eilte frei wieder in Gottes Arme, und vertraute ihm allein und seiner Erbarmung. Er vermaß sich nicht mehr, in eigner Klugheit zu wählen, was ihm gut wäre. Die Strafe selbst brach herein. Des Volks starb von Dan an bis gen Ber-Seba siebenzig tausend Mann. Der König sah das Volk, ob dessen Macht und Größe er sich so stolz gebläht hatte, dahin welken, wie das Gras. „Da sandte Gott den Engel gen Jerusalem, sie zu verderben. Und im Verderben sahe der Herr darein, und reuete ihn das Uebel und sprach zum Engel, dem Verderber: Es ist genug, laß deine Hand ab! Und David hob seine Augen auf und sahe den Engel des Herrn stehen zwischen Himmel und Erde, und ein bloß Schwert ausgereckt in seiner Hand über Jerusalem. Da fielen David, da er den Engel sahe, der das Volk schlug, und die Aeltesten, mit Säcken bedeckt, auf ihr Antlitz, und David sprach zum Herrn: „Siehe, ich habe gesündiget! Ich habe die Missethat gethan! Was haben diese Schafe gethan? Laß deine Hand wider mich und meines Vaters Haus sein!" (1 Chr. 22, 15 ff. u. 2 Sam. 24, 17.) Als die Engel Gottes den König, der so hoch sich erhoben hatte, jetzt mit verhülltem Antlitz tief im Staube liegen sahn, als sie jenes gewaltige Bekenntniß, jene glühende Bitte aus seinem zermalmten Herzen bringen hörten, werden sie nicht mit lauten Freuden ein Triumphlied gesungen haben: „Sein Strick ist zerrissen, und er ist frei!" Gewiß, meine Miterlöseten, jenes Gebet beweist, daß seine Seele den Netzen des geistlichen Hochmuths und des drohenden Pharisäismus entronnen war, wie ein Vogel dem Strick des Voglers. Er konnte nun sagen: „Herr, mein Herz ist nicht hoffärtig, und meine Augen sind nicht stolz, und wandle nicht in großen Dingen, die mir zu hoch sind." (Ps. 131, 1.) Und wer hat dieses Wunder bewirkt? Das Schwert des Herrn, das bloße, hauende Schwert! —

Auch Abraham, der Freund Gottes, war noch gebunden. Er hatte einen einigen Sohn, den er lieb hatte. Auf ihm beruhte, so hatte Gott selbst gesagt, das Heil der zukünftigen Tage. Es war Gefahr da, daß Abrahams Herz an dieses

Knaben-Herz zu fest sich hängte, und seine Augen mit aufstrebendem geistlichen Stolze auf das gesegnete Haupt hinschauten. Da trat Gott dazwischen, und gab Abraham selbst das Schwert in die Hand, die Bande zu lösen. Abraham wurde frei. Der auch seines einigen Sohnes um Gottes willen nicht verschonete, wovon sollte er gebunden werden?

Und auch wir, gebunden vom Dienst der Eitelkeit und des vergänglichen Wesens, sehnen uns bei uns selbst nach der herrlichen Freiheit der Kinder Gottes. Er selbst aber, der Herr, behüte uns, daß diese Sehnsucht nicht in träges und träumerisches Wünschen ausarte, sondern zu jener lebendigen, wirkenden Kraft werde, die Alles trägt und Alles duldet, bis das Ziel erreicht ist. Solche Sehnsucht nach der Vollendung unserer Erlösung weiß, daß ohne die Schärfe des Schwerts die Bande der Selbstgefälligkeit und Ueberhebung nicht zu lösen sind. Darum kann ihr wohl fast angst sein, wie David, wenn der Vater sein heiliges, majestätisches Antlitz enthüllt. Aber sie versteckt sich nicht, wie Adam, zittert nicht, wie die Teufel, sondern flüchtet sich zu ihm, der die Gefangenen Zions erlösen wird. — Jene Vermessenheit, mit welcher man selbst die Wege sich bahnen, das Kreuz wählen, das Joch zurechtschnitzen will, macht demüthiger Kindeseinfalt Platz, die den Vater walten und wählen läßt. Jene eitle Bespiegelung in den Werken unserer Hände, die etwa der Herr durch uns oder trotz uns zu Stande gebracht hat, verbrennt im Feuer der zehrenden Liebe Gottes, und als edles, von den Schlacken befreites Gold, dem der Herr sein Gepräge geben kann, bleibt das lautere, demüthige Bekenntniß zurück: „Ich bin sündig, Der Erde noch geneigt, Das hat mir bündig Dein heiliger Geist gezeigt. Ich bin noch nicht genug gereinigt, Noch nicht ganz innig mit dir vereinigt!" Wer so singen kann, der wird frei. Die Ketten fallen von seiner Seele, die schweren, drückenden, ins Leben schneidenden Ketten. Er preist, dankbar für alle Schläge mit dem Stabe Wehe, für alle Streiche mit dem scharfen Schwerte, laut seinen Gott:

„Bald mit Lieben, bald mit Leiden
Kamst du, Herr, mein Gott zu mir,
Nur mein Herze zu bereiten,
Mich ganz zu ergeben dir.
Daß mein gänzliches Verlangen
Möcht an deinem Willen hangen.
Tausend, tausend mal sei dir,
Großer König, Dank dafür!"

III

Aber noch ein seliges Geheimniß wird uns heute offenbart. — Der Engel des Herrn mit dem bloßen, hauenden Schwerte, das wie ein Blitz zwischen Himmel und Erde zuckte, stand bei der Tenne Arafnas oder wie er auch genannt wird, Arnans, des Jebusiters. Und hier, gerade hier erhielt David den Befehl, dem Herrn einen Altar aufzurichten. „Und David bauete daselbst dem Herrn einen Altar, und opferte Brandopfer und Dankopfer. Und da er den Herrn anrief, erhörte er ihn durch's Feuer vom Himmel." „Und der Herr ward dem Lande versöhnet." Seit der Zeit war dieses der Ort, wo David zu opfern pflegte, (1 Chr. 22, 28.), wo er Versöhnung mit seinem Gotte suchte und fand, wo der Herr ihn erhörte und dem geängsteten Gewissen Frieden sandte; „Hier, sprach David, hier soll das Haus Gottes des Herrn sein, und dies der Altar zum Brandopfer Israels!" (1 Chr. 23, 1.) Und so geschah es. Denn „Salomo fing an, zu bauen das Haus des Herrn zu Jerusalem, auf dem Berge Morija, der David, seinem Vater, gezeiget war, welchen David zubereitet hatte zum Raum, auf dem Platze Arnans, des Jebusiters." (2 Chr. 3, 1.) Ausdrücklich wird hervorgehoben, daß dieser Ort nicht nach Davids Willkür, sondern nach Gottes Bestimmung gewählt sei. Dort war es, wo Abrahams Herz seinen Sohn Isaak dem Herrn geopfert, wo des Herrn heilige Hand gewaltig in seines Knechtes Leben gegriffen, aber darnach die Fülle des göttlichen Segens über sein Haupt ausgeschüttet hatte. Darum auch hatte Abraham den Ort Morija genannt, d. i. „der Herr siehet!" (1 Mos. 22, 14.) Das war derselbe Ort, wo der Herr David mit dem Schwerte geschlagen, wo er von David sich hatte finden lassen. Und eben an dem Orte wollte Gott seinen Tempel gebaut haben; dort wollte er wirklich und wahrhaftig unter dem sündlichen Menschengeschlecht wohnen, um von dort aus die ganze, weite Erde zu seinem Tempel, zu einer Hütte Gottes, bei den Menschen zu machen. Du siehst es mit Augen: wo das Schwert des Herrn sein Werk ausgerichtet hat, da bauet er seinen Friedenstempel, dahin setzt er seinen Gnadenstuhl!

Wer die Wege Gottes kennt unter den Menschenkindern, der hat dieses Gnadenwunder Gottes im eignen Leben erfahren. Wo er unter die gewaltige Hand Gottes und seinen heiligen

Liebeszorn sich beugte, und das scharfe, zweischneidige Schwert des Herrn im innersten Leben fühlte, da war der Ort, wo er auf's neue durch das einige, ewig gültige Opfer mit Gott versöhnt ward, und er den Frieden Gottes schmeckte, der höher ist, denn alle Vernunft, wo sein Gott sich ihm nahte und er seinem Gotte, wo er lernte, den Gnadenstuhl schauen und mit Freudigkeit hinzutreten. Eben dasselbe erlebte Jacob schon, der Erzvater. Wo der Finger des Herrn ihn anrührte und das Gelenk seiner Hüfte zerbrach, da segnete ihn der Herr, und Jacob nannte die Stätte **Pniel, Angesicht Gottes**. Und früher schon, als Gott ihn ob seiner Sünde auf der schweren Flucht an der nackten Erde schlafen ließ, und nur einen Stein ihm zum Kissen gab, und doch eben hier den Himmel öffnete und seinen Segen herabschüttete, rief Jacob, voll Staunen über die Werke Gottes: „**Gewißlich ist der Herr an diesem Orte, und ich wußte es nicht. Wie heilig ist diese Stätte! Hier ist nichts anders, denn Gottes Haus, und hier ist die Pforte des Himmels!**" Und hieß die Stätte **Bethel** d. i. Gottes Haus. Mein leidensscheues, kleingläubiges Herz, merke diese Reihe von Zeugnissen. **Bethel oder Gottes Haus, Pniel oder Angesicht Gottes, Morija oder der Herr siehet!** die Tenne Arafnas, des Jebusiters, die den strafenden Engel und den Tempel und Altar Gottes trug, sie rufen dir laut zu: „Weigere dich der Züchtigung des Allmächtigen nicht, denn wen der Herr lieb hat, den züchtiget er. Er stäupet aber einen jeglichen Sohn, den er aufnimmt!" Und abermals: „Wohl dem, den du, Herr, züchtigest und lehrest ihn durch dein Gesetz, daß er Geduld habe, wenn es übel gehet!" (Ps. 94, 12. 13.)

Die alten Heiden schauten mit heiliger Ehrfurcht auf den Ort, den der Blitz getroffen hatte. Wir wissen jetzt, wo Gott der Herr sein blitzendes Schwert über eines seiner Kinder schwingt, da ist ein heiliger Ort. Harre nur aus! Du wirst auch noch in Jacobs und Abrahams und Davids Worte gläubig jubelnd einstimmen. Wo er die Seinen straft, segnet er. Wo er züchtigt, ist die Pforte des Himmels, da ist sein Angesicht, da sieht er, da baut er seine Friedenshütte! —

Noch einen Punkt muß ich uns zur Stärkung hervorheben. Die Tenne Arafnas, des Jebusiters, wählte Gott zur Offenbarung seines Zornes und seiner Erbarmung. Die Schrift setzt ausdrücklich zum Namen des Besitzers immer hinzu, ein Sohn Abrahams gewesen sei. Vielleicht war Arafna der einzige Heide, der noch in Jerusalem lebte, sein Acker der einzige Ort vielleicht in der Königsstadt, der einem Heiden gehörte. Und diesen Ort erwählte Gott zu seiner Wohnung, anzudeuten, daß er alle Wunder seines Ernstes und seiner Lindigkeit, alle Geheimnisse seiner züchtigenden und versöhnenden Liebe auch uns und allen offenbaren will, die wir nicht vom Samen Abrahams, sondern aus den Heiden sind, so wir anders dem Geiste nach Israels und Abrahams und Davids Kinder werden.

Auch das wollen wir in unser Gedächtniß schreiben, daß er eine Tenne zu seiner Wohnung, zur Offenbarung seiner Herrlichkeit auserkoren hat. Was Arafna am Weizen und andern Korn auf seiner Tenne gethan hat, das hat Gott geistlich dort an Davids Seele gethan. Er hat das edle Weizenkorn aus den Hülsen herausgeschlagen, von denen es noch gefangen war. Er hat die Spreu vom Weizen gesichtet. Darum nennt der Herr auch Babel seine Tenne, (Jes. 21, 10.) weil er dort sein gefangenes Volk durch die Züchtigung gleichsam gedroschen und gesichtet hat. Seine Tenne im höchsten Sinne des Wortes ist sein Tempel, seine heilige Kirche, darum auch Johannes der Täufer von Christo sagt: „Er hat seine Worfschaufel in seiner Hand; er wird seine Tenne fegen und den Weizen in seine Scheune sammeln, aber die Spreu wird er verbrennen mit ewigem Feuer." (Matth. 3, 12.)

Das wird unerschütterlich fest bleiben: das Herz, welches sich von seinen Stricken und Banden durch das Schwert Gottes lösen lässet, macht der Herr zu seinem Friedenstempel, darinnen er selber wohnt. Aber der Tempel Gottes bleibt immerdar eine geistliche Tenne, wo er seine Garben drischt, damit er die edlen Körner aus ihrem Gefängnisse löse. Er ist aber ein weiser Ackersmann. Er kennt jeglichen Samen und weiß, wie er ihn dreschen muß. „Man drischt die Wicken nicht mit Eggen, so läßt man auch nicht das Wagenrad über den Kümmel gehen, sondern die Wicken schlägt man aus mit einem Stabe, und den Kümmel mit einem Stecken. Man mahlt es (d. i. Weizen oder Gerste), daß es Brot werde, und drischt es nicht gar zu nichte, wenn man es mit Wagenrädern und Pferden ausdrischet. Solches geschiehet auch vom Herrn Zebaoth: denn sein Rath ist wunderbarlich, und führet es herrlich hinaus!" (Jes. 28, 27. 29.) Ob nun der Herr wie mit

einem Stecken und Stab oder wie mit Dreschwagen über unser
Herz und Haupt fährt, das sei ihm anheimgestellt, dem heiligen
Ackersmann. Uns ist's genug, daß wir wissen: er drischet auf
der Tenne seinen Weizen nicht gar zu nichte. Er löset wohl
das Weizenkörnlein aus seinen Schalen, daß er es einheimsen
könne in die ewigen Scheuern, in den ewigen Tempel, der keine
Tenne mehr ist, wo nicht mehr gesichtet wird, wo die Ruhe
vorhanden ist dem Volke Gottes! —

Wer ist ein Mann nach dem Herzen des Herrn? Wer sich
in Demuth und Kindeszuversicht beugt, wenn der Herr mit dem
Schwerte kommt, wer seine Ketten zerbrechen und den Friedefürsten bei sich einkehren läffet!

Bist Du ein Mann nach dem Herzen des
Herrn? Amen.

Gottes Schläge.

Ich danke Gott und jubele nun,
Daß ich's erfuhr und weiß,
Die Schläge, die am wehsten thun,
Sind seiner Gaben Preis.

Sie schlagen, wie kein Wunder thut,
Die Schuppen von dem Aug',
Daß es des ew'gen Lichtes Gluth
Verlangend in sich saug.

Sie schlagen, wie kein scharfes Schwert
Der Seele Ketten durch,
Daß frei sie, wie ein Aar, auffährt
Zur sel'gen Himmelsburg.

O Schläge von des Höchsten Hand,
Zerreißt mir jedes Seil,
Das auf der Fahrt zum Vaterland
Will hemmen meine Eil!

Dreizehnte Predigt.

Ps. 29. u. 30, 1—21.

Das Loos ist mir gefallen auf's Liebliche.

Vor nicht langer Zeit fand ein Wanderer in den freundlichen Auen Wartenbergs mitten im Felde eine hölzerne Bank, auf die von ungeübter Hand mit Kreide folgender Vers geschrieben war:

Ich habe Kreuz und Leiden,
Das schreib ich mit der Kreiden;
Und wer kein Kreuz und Leiden hat,
Der wische meinen Reimen ab! —

Der Wanderer hat ihn nicht abgewischt. Du würdest es auch nicht gethan haben. Was Mensch heißt, muß Joch und Last tragen. Wer sich sein eignes Joch auflegt, wird sich bran zu Tode tragen. Ihm geht's, wie den Kindern Israels in Egypten, die zum Dienst gezwungen wurden mit Unbarmherzigkeit, und denen man ihr Leben sauer machte mit schwerer Arbeit und mit allerlei Fröhnen. Es kann hier und da ein Mensch so frei und fröhlich durch's Leben gehn, als wenn er aller Last ledig wäre. Aber er trägt dennoch sein Joch, wenn man's gleich nicht sieht. Solchem Menschen geht es wie jenem Hamburger Kaufherrn, von dem mir erzählt wurde. Er spielte mit einem andern und hatte Verlust auf Verlust. Sein Antlitz blieb unverändert. Er setzte sein ganzes Vermögen auf eine Karte. Er verlor. Kein Muskel des Gesichtes zuckte. „Aber, rief sein Geselle voll Entsetzen über diese eiserne Ruhe, wie kannst du bei solchem Verluste ruhig bleiben?" „Da siehe, antwortete jener, indem er verzweiflungsvoll aufsprang, seine Kleider aufriß und ihm die entblößte Brust zeigte, da siehe,

11*

wie ruhig ich geblieben bin!" Die Nägel seiner Hand hatten sich während des Spiels ins Fleisch gegraben!

„Nehmet auf euch **mein Joch**! ruft der Weltheiland, denn **mein Joch** ist sanft und **meine Last** ist leicht!" Müssen die Kinder der Welt bei ihren scheinbaren Freuden bekennen: Keine Rose blüht ohne Dornen! so rühmen die Knechte Gottes und ihre seligen Dornen tragen Rosen! Wir haben dies im Leben Davids schon oft und in mancherlei und lieblicher Weise erkannt. Je mehr sein irdisches Leben zur Neige geht, desto herrlicher offenbart es sich, daß man keinem treuern Herrn dienen kann, als dem lebendigen Gotte. Auch seine letzte Lebenszeit war voll seligen Lobes, tiefen Friedens und heiliger Freude. Das Wort, welches er selbst, wie es scheint in Todesahnung, im 16. Psalm bekennt, setzen wir als Ueberschrift über die verlesene Geschichte:

Das Loos ist mir gefallen auf's Lieblichste.

I. Durch alle Arbeiten und Leiden werden die Knechte des Herrn immer tiefer in die seligmachende Erkenntniß geführt, daß der Herr Alles in Allem ist, und sie nichts sind.

II. Diese doppelte Erkenntniß lehrt sie, Alles, was sie sind und haben, dem Herrn mit fröhlichem und freiwilligem Herzen zu opfern.

I.

Ihr kennt das Lied Joachim Neanders, das mit dem einfachen, tiefen Gebete schließt:

<blockquote>Drücke stets in meinen Sinn,
Wer du bist und wer ich bin!</blockquote>

Auf der lebendigen Erkenntniß Gottes und unserer selbst beruht unser ganzes Heil. Ihr denket hier von selbst an das Wort Christi: „Das ist das ewige Leben, daß sie dich, daß du allein wahrer Gott bist, und den du gesandt hast, Jesum Christum, erkennen!" (Joh. 17.) und an das andere: „Wäret ihr blind, so hättet ihr keine Sünde; nun ihr aber sprechet: Wir sind sehend! bleibet eure Sünde!" (Joh. 9, 41.) Das ist der Gewinn aus David's Leben, daß beides, seine Freuden und seine Leiden, seine Erniedrigung und seine Erhöhung ihn

heilige Liederherz Gottes, und das eigne, in Sünden empfangene
und geborene Menschenherz entschleiert haben. Und eben darin
liegt auch der Kern seiner Freude und die Lieblichkeit seines
Loofes.)

Nicht mehr der Jüngling, bräunlicht und schön, sondern
der Greis, der Außenwelt schon halb abgestorben, steht heute
vor uns. Er hat zum letzten mal sein Volk und dessen Häupter
um sich versammelt zu einem großen und glänzenden Volks-
und Kirchentage, um seinen Sohn Salomo an seiner statt
zum Könige zu machen, und den Bau des heiligen Tempels
vorzubereiten. Von der Höhe, auf welcher er steht, blickt er
rückwärts auf den Weg, den er gekommen ist, auf die guten
und bösen Tage, auf alle seine Verirrungen, seine Sünden,
seine Strafen, seine Nöthen, seine Nächte voll Thränen, sein
Schreien und Heulen. Es giebt kaum ein Leben, das so voller
Geheimnisse ist und voller Verwirrungen, wie das Davids, so
voll dunkler Thäler, wo die Bäche Belials rauschen, aber keines
auch, in dem in der menschlichen Finsterniß das Licht göttlicher
Gnade so wunderbar hell geleuchtet hat; keines, das so viele
Denksteine göttlicher Hülfe zählt. — Von der Vergangenheit
schaut er auf die Gegenwart. Ihm zur Seite steht sein Sohn
Salomo. Vor ihm aufgehäuft liegen die erbeuteten Klein-
odien an Gold, Silber, Erz und Edelstein, deren Werth kaum
zu zählen ist, als lautredendes Zeichen seiner vielen und glorreichen Siege; um ihn herum in weiten Kreisen schaart sich das
jubelnde Volk, im Herzen bereit, dem Herrn der Heerschaaren
zu dienen, die Hände gefüllt mit dem Besten, was sie haben,
ihren Gott damit zu ehren. Das war ein seliger Augenblick!
Es mag David gewesen sein, wie dem Pilger, der in finstrer
Nacht beim Schimmer seiner Leuchte den nächsten Gegenstand
wohl dunkel schauen, aber nicht seine wahre Gestalt, noch seinen
Zusammenhang mit der Umgebung, noch viel weniger diese
selbst erkennen konnte. Plötzlich bricht der helle Tag an. Im
Glanze der Sonne liegt die Landschaft mit ihren Thälern und
Höhen vor dem überraschten Blick. So lag vor Davids
Seele bloß und entdeckt sein Lebenslauf, langes und oft so
banges Leben. Kein Räthsel ist mehr ungelöst, kein Zweifel,
kein bitteres Ach, kein ängstliches Warum! trübt sein Herz,
den Davidmuth, verdirbt seine Ruhe. Ueberall, selbst in seiner
tiefsten Sünden, in seinen dunkelsten Stuben, wo er wie
durch sich selbst zum Menschen, sieht er den offenbaren

Finger Gottes, der, was im engen Herzen sich regt, was auf weiter Erde geschieht, zur Verherrlichung seiner Heiligkeit, zum Heile verlorener Adamskinder entwirrt und leitet. Aus den Werken Gottes schaut er ins Wesen Gottes, ins Herz Gottes. Ein Strom von Seligkeit fluthet aus diesem gläubigen Anschauen in seinen Geist. „Gelobet, ruft er vor der ganzen Gemeine, gelobet seist du Herr, Gott Israels, unsers Vaters, ewiglich. Dir gebühret die Majestät und Gewalt, Herrlichkeit, Sieg und Dank. Denn Alles, was im Himmel und auf Erden ist, das ist dein. Dein ist das Reich, und du bist erhöhet über Alles zum Obersten. Dein ist Reichthum und Ehre vor dir, du herrschest über Alles! In deiner Hand stehet Kraft und Macht, in deiner Hand stehet es, Jedermann groß und stark zu machen. Nun, unser Gott, wir danken dir und rühmen den Namen deiner Herrlichkeit!" So jubelte der Greis, von dem schon eine Zeit lang vorher erzählt wurde: „Da der König David alt war und wohlbetagt, konnte er nicht warm werden, ob man ihn gleich mit Kleidern bedeckte!" (1. Kg. 1, 1.) Die Wärme seines Leibes war vom Frost des Alters besiegt. Aber die Gluth seines Geistes, die flammende Inbrunst seiner Freude über den Namen seines Gottes brannte wie ein Himmelsfeuer. Ist das nicht ein liebliches Loos, nach allen Nöthen, Schwächen, Gebrechen und Sünden in solcher seligen Freude danken und jauchzen zu können! Da gilt das Wort: „Wohl dem Volk, das jauchzen kann!" (Pf. 89, 16.)

Es ist mir sehr merkwürdig gewesen, daß unter den vielen Lobpsalmen Davids keiner ist, der wie dieser letzte, den Lobliedern gleicht, die der h. Johannes in der Offenbarung die himmlischen, seligen Knechte des Herrn singen hörte. „Herr, sprachen diese, ihre Kronen vor den Stuhl Gottes werfend, Herr, du bist würdig zu nehmen Preis und Ehre und Kraft, denn du hast alle Dinge geschaffen, und durch deinen Willen haben sie das Wesen und sind geschaffen!" (Offb. 4, 11.) Und tausend mal tausend Engel sprachen mit großer Stimme: „Das Lamm, das erwürget ist, ist würdig zu nehmen Kraft und Reichthum und Weisheit und Stärke und Ehre und Preis und Lob!" und abermals sangen sie dem, der auf dem Stuhl saß und dem Lamme: „Lob und Ehre und Preis und Gewalt von Ewigkeit zu Ewigkeit!" (Offb. 5, 12. 13.) und wiederum: „Amen! Lob und Ehre und Weisheit und Dank und Preis und Kraft und Stärke sei unserm Gott von Ewigkeit zu Ewigkeit!" (Offb.

7–12.) Die innere Seligkeit Davids muß wohl tief und groß gewesen sein, daß sie die Sprache ihn lehrte, welche die Engel sprechen und die Seligen. Und worin bestand diese Seligkeit? Daß das Hüllen vor seinen Augen weggethan wurde, damit alle Völker verhüllet sind, und er dämmernd das schaute, was die Himmelsbürger in vollster Klarheit schaun, daß der ewig lebendige Gott der Herr der Zeit ist und der Ewigkeit, daß er alle Fäden des verwickelten Menschen- und Völkerlebens in seiner Hand hält, daß trotz Sünde und Satan im Himmel und auf Erden, im Menschenherzen und auf der großen Erde das zu Stand und Wesen kommen muß, was sein Rath beschlossen hat, daß aus allem Schatten, aller Finsterniß das vollendete Bild seiner Schöpfung und Erlösung immer glorreicher hervortritt, daß Er Alles ist in Allem, und er erkannt wird, wie er ist. — Die Seele ruht in ihm, dem Einen, ganz in ihm, außer dem kein Leben ist, das Auge wird nicht mehr zerstreut durch viele und bunte und zusammenhangslose Bilder, sondern schaut ganz auf ihn und seine Herrlichkeit, und kann sich nicht satt schaun an ihm, in dem das Wesen ist und das Leben. Da weiß dann auch der Mund nicht vielerlei zu sagen und zu singen. Er strömt das eine Gefühl des Herzens, die selige Erkenntniß Gottes und seiner Wege aus in jene eine Weise, die wir aus Davids und aller Engel und Seligen Munde gehört haben. Und wodurch, frage ich jetzt, war es so tief und so klar in Davids Geist und Sinn gedrückt, wer Gott, der Heilige in Israel, der ewige Erbarmer, der Lebensfürst ist? Jede Erfahrung, groß und klein, lieb und trüb, die er in seinem Dienst und seiner Arbeit gemacht hat, jeder Weg, den er geführt ist, jeder Fehltritt, den er gethan, jedes Wort, das ihn wieder zurecht gebracht, jeder Schlag, unter dem er gezittert, jedes Freudenlicht, das ihm geleuchtet hat, Alles, Alles hat dazu dienen müssen, ihm die selige Erkenntniß des allein seligen Gottes zu geben, als dessen, der da Alles ist in Allem. Und soll er derhalben nicht rühmen: „Das Loos ist mir gefallen auf's Lieblichel".

Das ist das Loos aller Knechte und Mägde des Herrn. Auch Paulus ist durch alle Erfahrungen und Führungen seines Lebens, durch seine Entzückung und durch seinen Pfahl im Fleisch, durch seine Schmerzen und durch seine Siege immer tiefer in die Erkenntniß seines Gottes und seines Heilandes hineingeführt. Er überschaut die ganze Menschengeschichte, den

Abfall der Heiden und der Juden, die Erlösung durch den einigen Sohn Gottes, die Wege, auf denen die Einzelnen und die Völker, die Juden und die Heiden zu derselben hingeleitet werden sollen, bis er im Geiste das hohe Ziel erreicht sieht, und mit heiliger Wonne ausruft: „O welch eine Tiefe des Reichthums, beides der Weisheit und der Erkenntniß Gottes! Wie gar unbegreiflich sind seine Gerichte, und unerforschlich seine Wege! Denn von ihm, und durch ihn und zu ihm sind alle Dinge. Ihm sei Ehre in Ewigkeit! Amen." (Röm. 11, 33. 36.) Am Abende seines eignen Lebens ruft er, die Wunderwege, die er geführt ist, anstaunend: „Gott, dem ewigen Könige, dem Unvergänglichen und Unsichtbaren und allein Weisen sei Ehre und Preis in Ewigkeit! Amen." (1 Tim. 1, 17.) Das sind auch Klänge, die dem Himmel angehören. Sie sind erlernt in den Freuden und Segnungen, Nöthen und Anfechtungen, Kämpfen und Siegen, Kreuzen und Lasten, welche die Nachfolge und der Dienst des Herrn mit sich bringt. Darum auch Paulus ohne Aufhören sein Amt preiset, und der Geist der Freudigkeit aus jedem Worte haucht, das er schreibt und spricht.

Darum laß seine Wege deinen Augen wohlgefallen! Freue dich in ihm alle Wege, denn alle Wege sollen dich in sein Herz hineinführen und in seine Erkenntniß. — Unser Glaube ist noch zu viel ein Katechismusglaube, ich meine ein angelernter, angenommener, nachgesprochener, fremder Glaube. Er muß immer mehr ein erfahrener und durchlebter, ein eigner Glaube werden. Wir müssen mit den Leuten von Samaria sprechen: „Ich glaube hinfort nicht mehr nun der Rede und des Zeugnisses eines Menschen willen, sondern ich habe selbst geglaubt und erkannt, daß Christus der Welt Heiland und mein Heiland ist!" Und woher kommt diese Erfahrung? Allein aus den wunderlichen und doch seligen Führungen Gottes, aus dem, was wir in unserm Pilgerwandel und Amt erleben. Was uns auch begegnet, Alles lehrt uns, Gott und seinen Sohn und die Kraft seines Wortes kennen. Unser Glaube wird immer mehr kräftig durch Erkenntniß alles des Guten, das wir in Christo haben. Je mehr wir selbst erleben und erfahren, je mehr wir in solchen bangen Stunden, wie sie über Martha und Maria kamen, durch den Glauben die Herrlichkeit Gottes schauen, je mehr die Blindheit von unsern Augen genommen wird und Er allein, der dreieinige Gott, vor unserm Geiste steht, als der des Alls in Allem ist, je seliger wird auch unser Herz, je fröhlicher unser Mund. Daher kommt auch die Erscheinung, daß jüngere Christen, indem sie ihren Mangel fühlen, mehr bitten und flehen, daß aber die ältern und erfahrenern, immer ausschließlicher auf den Herrn schauend, und seine Werke und Wege immer klarer erkennend, aufgehn in Lob und Dank, und ihre Lieder Lieder im höhern Chore werden, in denen jede Arbeit und Anfechtung, Bekümmerniß oder Freude, jeder Kampf und Sieg, jedes Fallen und Aufstehn einen vernehmlichen Ton bildet. Ist das Erbtheil solcher Leute nicht auch hier schon schön und selig? Auch sie können und werden bei ihrem Loose beben, straucheln, müde werden. „Aber das Volk, so ihren Gott kennen, werden sich ermannen und es ausrichten!" (Dan. 11, 32.) Aber woher kommts denn, daß das Christenthum so Vieler nicht den Geist der Freudigkeit athmet? Weil sie ihren Herrn nicht kennen, oder weil sie ihn nur fleischlich kennen, ihres Herzens und Verstandes Meinungen, Ansichten, Wünsche, Hoffnungen in die Offenbarung von Christo einmengen. Solche Jünger des Herrn müssen in ihrer Arbeit erst durch allerlei Erfahrungen des äußern und innern Lebens, welche allein die Hochschule des Christenthums sind, mit Paulo sprechen lernen: „Ob wir auch Christum gekannt haben nach dem Fleisch, so kennen wir ihn doch jetzt nicht mehr also" (2. Cor. 5, 16): dann werden auch sie mit dem Apostel in ihrem Dienst und Amte, ob es süß oder sauer ist, in einem rechten Freudenstande erfunden werden. —

Mit der Gotteserkenntniß geht die Selbsterkenntniß Hand in Hand. Je mehr ich in meinen Augen bin, desto geringer ist mir Gott. Je mehr Gott in meinem Glauben erhöht ist, desto niedriger bin ich. Darum ruft David nach jenem Lobgesange, von Gott auf sich blickend: „Denn was bin ich? Was ist mein Volk, daß wir sollten vermögen Kraft, freiwillig zu geben, wie dies gehet? Denn wir sind Fremdlinge und Gäste vor dir, wie unsre Väter alle. Unser Leben auf Erden ist wie ein Schatten und ist kein Aufhalten!" Dieselben Erfahrungen, durch welche David Gottes wesenhafte Liebe und sein ewiges, allein selbständiges, allgenugsames, allumfassendes Leben erkannte, brachten ihn zum immer bestimmter sich geltend machenden Gefühle der Ohnmacht und Nichtigkeit seines irdischen Lebens, wie seiner geistlichen Kraft. Ausführlicher noch und einschneidender spricht David über diesen Punkt im 39.

Psalm, den er vielleicht auch kurz vor seinem Tode, jedenfalls aber Angesichts drohender Lebensgefahr gebetet hat. „Wenn du Einen züchtigest um der Sünde willen, so wird seine Schöne verzehret, wie von Motten! Ach, wie gar nichts sind alle Menschen, die doch so sicher leben!" (Ps. 39, 12. 6.)

Der Grundzug im innern Leben Davids war zwar vom Beginn an eine ungeheuchelte Demuth. Dennoch hatte auch er Zeiten, wo er sich vermaß, etwas zu sein und zu können durch sich selbst. Er hatte auch gesprochen, da es ihm wohl ging: „Ich werde nimmermehr darnieder liegen!" (Ps. 30, 7.) Das ist jetzt vorbei. Die tausend Wechsel seines Lebens, bei denen in bösen, wie guten Tagen seine Seele oftmals in Sünde und Schande fiel, haben ihn endlich gelehrt, was für ein armes, sündhaftes Gemächte er sei. Alles selbsttrügerische Vertrauen auf die Menschennatur und Menschenkraft ist ihm ausgetrieben. Er bildet sich nicht mehr ein, ohne seinen Gott etwas zu vermögen, am allerwenigsten ihm die Opfer bringen zu können, die ihm gebühren. —

Aber, fragt Jemand verwundert, ist denn diese Erkenntniß, dieses Gefühl gänzlicher Ohnmacht ein liebliches Loos? Ist das nicht eine peinliche, niederdrückende Last? Ist das nicht der Weg zur Verzweiflung? Es muß, meine Freunde, wohl nicht so sein, denn aus den Worten des sterbenden Greises weht uns ein solcher Geist der Frische und Freudigkeit entgegen, als söge ein junger Adler über den Staub der Erde zur Sonne empor. Zudem wird uns mit dürren Worten erzählt: „Und David der König freute sich hoch." — Auch wenn er im 8. Psalm im Gefühle seines Nichts ausruft: „Was ist der Mensch, daß du seiner gedenkest, und des Menschen Kind, daß du dich sein annimmst?" ist sein Herz voll Rühmens und sein Mund voll Jauchzens. Was erklärt uns dieses Geheimniß? „Hoffart muß Pein leiden!" So lange ein Mensch in sich etwas sein und gelten will, schließt er sich selbst von der Quelle des wahrhaftigen Lebens aus, ist darum voll Unruhe, unbefriedigt, und wird von ungesättigtem Verlangen und wachsenden Begierden wie mit Peitschen umhergetrieben. Sobald aber die eitle Selbsttäuschung aufgehört hat, sobald der Mensch erkannt, daß er in sich ohnmächtig, unrein ist, und alles wahrhäftige Leben in Gott beruhet, giebt sich das Nichts seinem Alles, der Sünder seinem Heilande, das Kind seinem Vater hin; dann ist der Geist in seinen Ursprung zurückgekehrt, wo er ewige Sefrühlings, ewige Ruhe hat. Der Herr spricht dieses Geheimniß in den Worten aus: „Wer sein Leben erhalten will, der wird es verlieren; wer aber sein Leben verlieret um meinet willen, der wird es finden." (Matth. 16, 25.)

O, der Alles hätt' verloren,
Auch sich selbst, der allzeit
Nur das Ein' hätt' auserkoren,
So Herz, Geist und Seel erfreut!
O, der Alles hätt' vergessen!
Der nichts wüßt', als Gott allein,
Dessen Güte unermessen
Macht das Herz still, ruhig, rein!

Bis zur Ohnmacht schwach in sich, ist Paulus der stärkste und freudenreichste unter den Knechten des Herrn. Er lernt das selige Geheimniß, daß die Kraft des Herrn nur in den ihrer Schwachheit sich bewußten Seelen ihre Macht entfalten kann. „Darum, sagt er, will ich mich am allerliebsten meiner Schwachheit rühmen, auf daß die Kraft Christi bei mir wohne. Darum bin ich gutes Muths in Schwachheiten, in Schmachen, in Nöthen, in Verfolgungen, in Aengsten um Christi willen. Denn wenn ich schwach bin, so bin ich stark!" (2 Cor. 12, 9. 10.) Und auch Neander aus dessen Munde wir zu Anfang der Predigt jene Doppelbitte vernahmen, singt trotz mancherlei schwerer Wege mit innerm Jubel von seinem Herrn:

„Der dich erhält, Wie es dir selber gefällt!"

Meine Mitarbeiter, schaut zurück auf die Zeit, die hinter euch liegt. Was in eurer Arbeit auch über euch gekommen ist, Alles hat dazu dienen müssen, euch eure Stellung Gott gegenüber zu lehren, euch seine überschwängliche Liebe, Erbarmung, Heiligkeit und Majestät, und euere Verkehrtheit, Thorheit, Kurzsichtigkeit, Ohnmacht, Unruhe, Unfreiheit, und die böse Wurzel aller dieser Früchte, eure Sündhaftigkeit vor Augen zu stellen. Alles hat euch aus euch und eurem Elend heraus zu euerm Vater und Heilande treiben sollen und wirds auch ferner thun. Und wenn das die Geschichte unsers Lebens, die Erfahrung in der Nachfolge und im Dienste des Herrn ist, sollen wir nicht in das Bekenntniß einstimmen: „Das Loos ist mir gefallen aufs Lieblichste; mir ist ein schön Erbtheil geworden!" Ja, selig ist das Kinderherz, welches allezeit mit David singt und sagt: „Hochgelobet sei Gott! Ich aber bin elend und arm!" (Pf. 70, 5. 6.)

II.

David hatte also gelernt sein nichtiges Leben, sein sündiges Herz dem ewigen und heiligen Gotte hinzugeben. Daraus entsprang das hohe Freudenfest, zu dem er sein Volk und seine Fürsten noch einmal um sich versammelt hatte. Er hatte alle Siegesbeute nicht durch sich, sondern durch den Herrn gewonnen. Er wollte vor der ganzen Gemeine Gold, Silber, Erz und Edelsteine dem zurückgeben, dem Alles gehört. Alles, was er in seinem Leben erarbeitet und erstritten hatte, sollte nicht zu seinem Schmuck, sondern zur Verherrlichung Gottes, zum Bau seines heil. Tempels dienen. Es war ihm ein Jubeltag ohne Gleichen, ein heiliger Glanz- und Höhepunkt seines Lebens, daß er mit irdischer Beute, mit vergänglichem Golde seinen hochgelobten Herrn ehren durfte vor aller Welt. Ein Fröhlicher macht viele Fröhliche; ein Freiwilliger viele Freiwillige. Wie David brachte auch das Volk, was es hatte, zum Tempelbau, zur Verherrlichung Gottes, mit freiem und fröhlichem Willen. Und wie das Feuer mächtiger wird, wenn zwei Flammen zusammenschlagen, so wuchs das Feuer der Freude, als Davids und des Volkes Gaben zu einem großen Dankopfer sich vereinigten. „Von dir ist es Alles gekommen, sagt David, und von deiner Hand haben wir dirs gegeben. Herr, unser Gott, aller dieser Haufe, den wir geschickt haben, dir ein Haus zu baun, deinem heiligen Namen, ist von deiner Hand gekommen, und ist Alles dein. Ich weiß, mein Gott, daß du das Herz prüfest, und Aufrichtigkeit ist dir angenehm. Darum habe ich dies Alles aus aufrichtigem Herzen freiwillig gegeben, und habe jetzt mit Freuden gesehn dein Volk, das hier vorhanden ist, daß es dir freiwillig gegeben hat!" Erwärmt euch nicht das Feuer, das in dieser innern Freude Davids glüht? Merkt ihr nicht, daß alle Dankopfer wahre Freudenopfer sind? Und das Volk? „Und das Volk, wird uns erzählt, ward fröhlich, daß sie freiwillig waren, denn sie gaben es von ganzem Herzen dem Herrn freiwillig!" Und abermal: „Und die ganze Gemeine lobte den Herrn, den Gott ihrer Väter, und neigten sich und beteten an, und aßen und tranken desselben Tages vor dem Herrn mit großen Freuden."

Wie sein Gold und seine Edelsteine hat David alle Gaben und Anlagen seines Geistes dem Herrn hingegeben, vornehmlich aber seine Liederkunst und sein Harfenspiel. Das darf ich euch nicht erst sagen: Die Stunden, in denen der König seine Lieder betend und lobend dem Herrn wiedergab, waren ein Hereinragen seliger Ewigkeit in die nichtige, sündliche Zeitlichkeit. —

Auch Paulus hat zugleich mit seinem Herzen alle seine Gaben und Kräfte und was er im Schweiße seines Angesichtes erworben hatte, seinem Herrn zum freiwilligen Dankopfer gebracht. Was er aus den Büchern der Heiden und ihrer Poeten gelernet hatte, er gebrauchte es für seinen Herrn. Die Kunst des Teppichwebens, mühsam angeeignet, mußte ihm dazu dienen, dem Laufe des Evangeliums Hindernisse aus dem Wege zu räumen. Seine Fähigkeit, die Bedürfnisse der verschiedenen Menschennaturen zu durchschaun, wendete er an, Allen Alles zu werden, damit er ja Etliche für Christum gewänne. Sein Leib und Leben, sein Athem, jeder Pulsschlag, jeder Gedanke, jeder Tag, jede Nacht gehörte seinem Herrn. Und alle diese Opfer sie waren ihm Seligkeit, denn es ist ein köstlich und selig Ding, dem Herrn danken, doppelt köstlich aber, wenn warme Gegenliebe durch die That, durch ihr Leben Gotte danken darf! —

Der Geiz in allen seinen Gestaltungen macht dem armen Menschenherzen viele Plage. Ob ich äußere Güter, oder ob ich Gaben des Geistes für mich behalte und zu meiner Ehre gebrauche, das eine wie das andere macht viele Schmerzen. Das wissen, die eitlen Besitzes oder eitler Ehre geizig sind.

O, der Alles könnte lassen,
Daß er, frei vom Eitlen all,
Wandern möcht die Friedensstraßen
Durch dies Thränen-Jammerthal.

Wer wird denn, was er hat, was ihn blendet, was ihn gefangen hält, seinem Gott lassen können? Wer nach der Erkenntniß Gottes und alles Creatürlichen das Wort des Täufers verstanden hat: „Ein Mensch kann nichts nehmen, es werde ihm denn gegeben vom Himmel!" (Joh. 3, 27.) wem die Frage Pauli durch's Gewissen tönt: „Was hast du aber, das du nicht empfangen hast? So du es aber empfangen hast, was rühmest du dich denn, als der es nicht empfangen hätte?" (1 Cor. 4, 7.) Wer von euch Gott und seinen Heiland erkannt hat, als das einzige Gut, als den, der Alles in Allem erfüllt und sich selbst der Sünde und Eitelkeit unterworfen, der weiß auch, daß er nicht der Herr ist, weder seines Lebens, noch seines Leibes, noch seiner Güter, noch seiner Gaben, sondern ein von Gott bestellter Haushalter. Er giebt dann ohne Zwang, freiwillig dem seine Habe zurück, dem sie gehört, und wird des Herrn Verheißung an sich reichlich in Erfüllung gehn sehn: „Geben ist seliger, denn Nehmen."*) Im Psalmbuch heißt es einmal von den Selbstsüchtigen: „Sie sammeln und wissen nicht, wer es kriegen wird!" Wir aber wissen's, wer's kriegt, was wir haben und erarbeiten und erstreiten. Der Herr ist unser Erbe! Was wir gethan haben Einem unter seinen geringsten Brüdern, das haben wir ihm gethan. Die Güter und Gaben, die vormals uns verstrickten und bezauberten, sind ein Labsal für den Herrn selbst, eine Krone seiner Ehre, Stein und Kalk zum Bau des heil. Zion, Werkzeug zur Seligkeit unsterblicher Seelen! Das Eitle, Nichtige, Vergängliche, dem Herrn zum Opfer gebracht, hat ewigen Werth. Selbst ein Trunk Wasser, dem Herrn gegeben, reicht in die Ewigkeit hinein, und trägt dort herrliche Früchte!

Von Heldai, Tobia und Jedaja, den Gefangenen in Babel, sollte Sacharja, der Prophet, das freiwillig gebrachte Gold und Silber annehmen, daraus Kronen machen für das Haupt des Hohenpriesters Josua, und sie dann in den Tempel des Herrn bringen, zu einem ewigen Gedächtniß für die Geber. (Sach. 6, 10—14.) Diese sinnbildliche Handlung hat eine immerwährende Bedeutung. Alle Gaben, welche die Knechte des Herrn in der Zeit ihrer unfreiwilligen Gefangenschaft zum lebendigen Dankopfer bringen, werden von Gott zur Sieges- und Ehrenkrone für das Haupt des wahrhaftigen, von Sacharja an jener Stelle verheißenen Hohenpriesters gemacht, und das Gedächtniß dieser Opfer bringt hinein bis in den neuen, ewigen Tempel der himmlischen Jerusalem. Der Geist vom Himmel ruft über die Arbeit der im Herrn lebenden und in ihm sterbenden Knechte:

„Ihre Werke folgen ihnen nach!"

Wie werden wir in der Ewigkeit erstaunen, wenn wir in dem glorreich vollendeten Tempel des Gottesreiches auch die schwachen Gebete unserer Lippen, unsere geringen Entbehrungen

---

*) Vergl. Weiteres über diesen Punkt: Geschichte König Sauls S. 112—114.

and Aufopferungen und die armen Werke unserer Hände als
Weihrauch glänzen sehn! Dagegen wird das Erstaunen jenes
Weibes wie nichts sein, von der unsere Väter gleichnißweise
erzählten. Ein mächtiger König baute ein glänzendes Gotteshaus. Er wollte die Ehre allein haben, und befahl auf's
strengste, daß Niemand zum Baue nur einen Stein hinzutrüge.
Eine arme, gottselige Wittwe brannte vor Verlangen, ihrem
Meister durch eine geringe Hülfsleistung beim Baue ihren
Dank und ihre Liebe zu bezeugen. Sie gab den Pferden, die
einen Wagen mit Steinen zum Bauplatz zogen, eine Hand voll
Heu. Als nun der Tempel fertig stand und der König über
die Thüre eine Inschrift setzen ließ, die prunkend ihn als den
alleinigen Erbauer verkündigte, lag dieselbe am Morgen zer-
trümmert auf der Erde und an ihrer Stelle stand mit goldener
Schrift: „Eine Wittwe hat mehr gethan, als der König." Das
wiederholte sich dreimal. Der König ward zornig. Die Wittwe
erschien, fiel vor ihm nieder und bekannte, was sie gethan hatte.
Beklemmt stand der König da, daß des Weibes Werk in
Gottes Augen viel tausendmal angenehmer gewesen war und
größer, als das seine.

So wirds auch sein am jüngsten Tage. Ihr wisset ja,
wie freudevoll beschämt die Seligen zur Rechten des Herrn
stehn werden, der die armen Werke, die sie hier thaten, in der
Ewigkeit noch vor allen Völkern rühmt! — Was die Kinder
der Welt vollenden zu ihrem Nutzen und Ruhm, und wär's ein
zweiter Thurm von Babylon, vergeht mit der Zeit. Was wir
dem Herrn von dem Seinen wiedergeben, das bleibt ewiglich.
Nun sagt mir, meine Mitknechte, sollen die, welche jede zeitliche
und nichtige Arbeit, die sie dem Herrn als ein lebendiges, frei-
williges, fröhliches Dankopfer bringen, also in die Ewigkeit
aufgenommen sehn, nicht jubeln und jauchzen: „Das Loos
ist mir gefallen auf's Lieblichel" Glaubet mir, unsere
Freude in der Nachfolge und dem Dienste Christo wird immer
vollkommener werden, je lauter wir beten lernen:

> Es ist ja dein Geschenk und Gab
> Mein Leib und Seel, und was ich hab
> In diesem armen Leben.
> Damit ich's brauch zum Lobe dein,
> Zum Nutz und Dienst des Nächsten mein,
> Wollst mir dein Gnade geben! —

Um zu fühlen, wie tief und voll Davids Freude war, beachtet auch dies Eine noch. Nicht er, wie er wußte, sollte nach Gottes Willen den Tempel bauen, sondern Salomo; dennoch brachte er alle die unzählbaren Schätze herbei, damit sein Sohn das Werk vollenden könnte, ein liebliches Zeugniß seiner neidlosen Freude, und neidlose Freude erst ist wahrhaftige Freude. Doch davon habe ich ja schon früher zu euch gesprochen (s. S. 58 ff.). Wollt ihr diese Seligkeit neidloser Freude in eurer Arbeit schmecken, so lernet mit David, Alles als Gottes und eures Heilandes alleiniges Eigenthum betrachten; und es dem schenken, dem es gehört. — Wie David für seinen Sohn Salomo und sein Volk flehte, daß der Herr allezeit solchen Sinn, der fröhliche und freiwillige Dankopfer bringt, bewahren möchte, so beuge auch ich mich vor ihm und rufe:

Drücke stets in meinen Sinn
Wer du bist, und wer ich bin!

Besiege mit deiner allumfassenden Gnade mein stolzes Herz, so will ich nach deinem Siege dir williglich opfern im heiligen Schmuck, mit Freuden dir dienen und mit Frohlocken vor dein Angesicht kommen! Hier will ich nicht stille werden, zu preisen dein sanftes Joch, deine leichte Last und mein lieblich Loos und schönes Erbtheil, das mir gefallen ist in deinem Dienst, bis ich das Erbe antrete, das unvergänglich ist und unbefleckt und unverwelklich, und ich ewig und in vollendeter Freude jauchzen werde: „Das Loos ist mir gefallen auf's Liebliche!"

Siehe, also wird gesegnet der Mann nach dem Herzen des Herrn! Bist **Du ein Mann nach seinem Herzen?** Amen.

Das Loos der Knechte Jesu.

(Psalm 16.)

Weise: Es ist ein' Ros entsprungen.

Mir ist in meinen Schooß
Aus Gottes Hand gefallen
Ein lieblich Gnadenloos.
Ich sing's mit Lobgetön:
Das Erbtheil, das mir worden,
Ist unbefleckt und schön.

Zwar mußt' ich oftmals leiden;
Doch schlug mich Jesu Hand,
Daß sie aus dürren Haiden
Mich führt zum Freudenstand.
Nun lob den Herrn ich laut,
Der meiner Seel gerathen,
Zu werden seine Braut.

Ich will vor Augen setzen
Den liebsten Bräutigam,
Und stets mein Herz ergötzen
An ihm, dem Gotteslamm;
Sein gnadenreiches Blut,
Das mich von Sünden wäschet,
Das ist mein Theil und Gut.

Er thut den Weg zum Leben
Mir kund,
Und wird sein Licht mir geben
In letzter banger Stund,
Wird mich mit starker Hand
Wohl aus der Hölle führen
Ins ewig' Vaterland.

Dort rühm ich's neu vor Allen:
Mir ist in meinen Schooß
Aus Gottes Hand gefallen
Ein lieblich Gnadenloos.
Ich sing's mit Lobgetön:
Das Erbtheil, das mir worden,
Ist unbefleckt und schön.

Das Lob der Furcht Jesu.

(Schluß.)

Vierzehnte Predigt.

2. Sam. 23, 1—7.*)

„Dies sind die letzten Worte Davids: Es sprach David, der Sohn Isais, es sprach der Mann, der empor gehoben ist zum Messias (Gesalbten) des Gottes Jacobs, lieblich mit Psalmen Israels. 2. Der Geist des Herrn hat durch mich geredet, und seine Rede ist durch meine Zunge geschehen. 3. Es hat der Gott Israels zu mir gesprochen, der Fels Israels hat geredet: Herrschen wird über die Menschen ein Gerechter, ein Herrscher in der Furcht Gottes, 4. Und wird sein wie das Licht am Morgen, wenn die Sonne aufgeht am Morgen ohne Wolken, und vom Glanz und vom Regen das Kraut aus der Erde wächst. 5. Denn ist nicht also mein Haus mit Gott? Denn er hat mir einen ewigen Bund gesetzt, wohl geordnet in Allem und bewahrt; denn all mein Heil und all mein Wohlgefallen läßt Er es nicht sprossen? 6. Aber die Nichtswürdigen sind allesammt, wie die weggeworfenen Disteln, die man nicht mit Händen fassen kann. 7. Sondern wer sie angreifen soll, muß Eisen und Spießstangen in der Hand haben, und werden mit Feuer verbrannt werden auf ihrer Stelle. —"

Das Ende des Mannes nach dem Herzen des Herrn.

Das Sieges- und Jubellied, welches David nach der Errettung aus der Hand aller seiner Feinde dem Herrn zum Freudenopfer brachte, schloß mit dem weissagenden Lobe: „Ich will dir danken, Herr, unter den Heiden, und deinem Namen lobsingen, der seinem Könige großes Heil beweiset, und wohl thut seinem Gesalbten David und seinem Samen ewiglich!" (2 Sam. 22, 50. 51). Hieran knüpft die heilige Geschichte sogleich die letzten Worte Davids, in denen jene Weissagung zu voller Klarheit sich entfaltet. —

---

*) Da Luthers Uebersetzung dieser Verse nicht überall klar ist, wird der berichtigte Text hier abgedruckt.

„Die letzten Worte Davids!" Die Schrift sagt: „Vor einem grauen Haupte sollst du aufstehn!" Hier ist ein graues Haupt, das vor allen andern Ehrfurcht gebietet. Zum letztenmale thut es den Mund auf, dessen Bekenntniß, Buße, Flehn, Dank so oft uns erquickt, erleuchtet, gestraft hat. Wie wird der Geliebte Gottes Angesichts des Todes auf die Vergangenheit, wie auf die Zukunft hinschaun? Wie du in das Sterbezimmer deines Vaters treten und auf sein Vermächtniß lauschen würdest, so tritt an die heutige Geschichte und lausche dem Testamente Davids. Gott zeigt dir

Das Ende des Mannes nach dem Herzen des Herrn.

I. Indem er in die vergangene Zeit schaut, ist sein Ende Dank und Anbetung, daß Gott ihn durch alle Lebensführungen zum Bilde seines ewigen Messias gemacht hat.

II. Indem er in die Zukunft blickt, ist sein Ende ein Schauen des ewigen und gerechten Friedefürsten, dem Seligkeit und Sieg folgt.

I.

„Verlaß mich nicht, Gott, im Alter, wenn ich grau werde, bis ich deinen Arm verkündige Kindeskindern und deine Kraft Allen, die noch kommen sollen!" (Ps. 71, 18*) Gott hat dieses Gebet seines Knechtes David über Bitten und Verstehn erhört. Am Abende seines Lebens, auf der letzten, großen Volks- und Kirchen-Versammlung, wo die vorige Predigt ihn uns zeigte, fühlte er seine Seele umgeben von der Güte Gottes, wie die Himmelsluft den Leib umgiebt. Es war an ihm das Wort erfüllt: „Die gepflanzet sind in dem Hause des Herrn, werden in den Vorhöfen unsers Gottes grünen. Und wenn sie gleich alt werden, werden sie dennoch blühen, fruchtbar und frisch sein!" (Ps. 92, 14. 15.) Das jubelnde Volk war wieder heimgekehrt zu seinen Hütten. Der König aber sollte heimkehren zu den ewigen Hütten. Er redete noch zu seinem Sohne Salomo von der Verheißung des Herrn, und daß er, wartend auf die Hut des Herrn, wandeln sollte in seinen Wegen treulich und

---

*) Vergl. Anm. zu Seite 8.

von ganzem Herzen, und halten seine Sitten, Gebote, Rechte und Zeugnisse. Auch gab er ihm, um abzuschließen mit dem weltlichen Regimente, noch etliche Befehle, Zeugen seiner königlichen Gerechtigkeit und Erbarmung. (2 Kön. 2, 1—9. Vergl. S. 191 ff.) Darnach kam die Zeit, daß er sterben sollte. Was ist das Ende seines wunderbaren Lebens? was der Ausgang des langen und großen Kampfes, den er geführt hat? das Ziel seines schweren Laufes, der Gewinn aller seiner Mühen, Arbeiten, Leiden und Entbehrungen, seiner Thränen und kummervollen Nächte? was ist der Erwerb aus allen seinen Erfahrungen über sein Herz und Gottes Herz? Was ist mit einem Wort die endliche, reife Frucht dieser seltenen Gottespflanze? was sein Lohn, daß er sich hielt als der Mann nach dem Herzen des Herrn? Seine Augen sind auch dunkel geworden, sein Leib erstorben, seine Gestalt verfallen, wie anderer Menschen. Aber zurückblickend auf sein Leben, konnte er jetzt in noch viel tieferm Sinne rühmen als ehedem: „Erkennet doch, daß der Herr seine Heiligen wunderlich führet!" (Ps. 4, 4.) Um diese Wunder zu preisen und die Kraft Gottes Allen zu verkündigen, die noch kommen sollten, öffnet er noch einmal seine Lippen. Seine Worte strömten nicht mehr in reicher, wogender Fülle, wie in der Zeit seiner Jugend und seines Mannesalters. Wenige sind ihrer, wie bei Sterbenden. Aber die wenigen sind eine Welt voll göttlicher Gedanken. „Der Sohn Isai's, so sagt er, emporgehoben zum Messias des Gottes Jacobs, lieblich mit Psalmen Israels!" In diesen Worten faßt er lobpreisend den reichen Inhalt seines ganzen, vergangenen Lebens zusammen. Aus dem kleinsten und gering geachteten Sohne eines unbedeutenden Bethlehemiten ist er erhöht zum Gesalbten Gottes, zum Könige über Israel, vor dessen Macht und Majestät die Heiden zittern und die Völker sich beugen. Der Hirtenknabe, der in der oft wilden Einsamkeit bei seinen Schafen spielte und sang, ist der liebliche Psalmensänger Israels geworden, dessen Lieder das ganze Volk erquicken. Und Alles, was zwischen diesem geringen Anfange und diesem wunderbaren Ende liegt, Großes und Kleines, Thränen und Jubel, Erhöhung und Erniedrigung, Licht des Himmels, Finsterniß der Hölle, Sündenfall und Begnadigung, Alles hat Gott dazu gebraucht, seinen Knecht zu jenem glorreichen Ziele zu führen. Aber das ist noch nicht die volle Bedeutung jener Worte. Der Gesalbte Gottes ist mehr, als ein Erdenkönig voll Macht und

Majestät. Er ist das Abbild Gottes, des heiligen und ewigen Königes. Er hat das selige Amt, aus seinem Volke ein Volk des lebendigen Gottes zu machen, unter dem Güte und Treue einander begegnen, Gerechtigkeit und Friede sich küssen. Sein Reich sollte nicht der Zeit dienen, wie die Reiche der Heiden, sondern ewig sein vor Gott, ein Gottes- und Himmelreich auf der Erde, welche der Herr verflucht hatte um der Sünde willen; Seine Grenzen waren bestimmt, sich auszudehnen bis an das Ende der Erde, bis daß der Segen, Abraham verheißen, über alle Völker käme, und die ganze Erde wieder, wie sie zu Anfang war, ein Paradies Gottes würde. Darum war David von den Schafhürden genommen und zum Rüstzeuge und Offenbarer der geheimen Liebes-Gedanken des ewig Lebendigen gesalbt. Der Geist des Herrn hatte durch ihn gesprochen, und die Rede des Heiligen war durch seine Zunge geschehn. Er war das Vorbild und damit zugleich der Vorläufer und Bahnbereiter jenes Königes aus seinem Samen, der, Gott und Mensch in einer Person, in der Fülle der Zeit die Heilsgedanken Gottes wahrhaftig ausführen und als Friedefürst über die erlösten, zu Gott zurückgeführten Völker herrschen sollte. Zugleich war David vorbildlich jenen Weg geführt, auf dem dereinst sein Sohn und sein Herr die Herrschaft erlangte, das Reich Gottes auf Erden gründete und ausbreitete. Das ist der Weg der Demuth, der Niedrigkeit, der Leiden, die auch bis an die Seele bringen. Er war von Gott verlassen gewesen, hatte ein Wurm sich gedünkt und kein Mensch, sein Herz war in seinem Leibe gewesen, wie zerschmolzenes Wachs, seine Kräfte vertrocknet, wie Scherben, seine Zunge hatte an seinem Gaumen geklebt, und seine Seele in des Todes Staub gelegen und war wiederum aus der Hölle erlöset. Auf dieser Straße hatte Gott ihn zum Throne der Ehren geführt, von dem aus sein Reich war gegründet worden unter den Heiden und seine Gerechtigkeit dem Volke gepredigt, das noch sollte geboren werden. So ist Davids Leben, so sind seine Psalmen eine Weissagung auf den wahrhaftigen Messias Gottes, der durch Leiden vollendet wurde, (Ps. 22 und 69; auch 40 und 109.) der, sintemal er durch den Tod nicht konnte gehalten werden, die Verwesung nicht gesehn hat. (Ps. 16.)

Wie David aus dem Sohne Isais, aus dem in Sünden Empfangenen und Geborenen, zum weissagenden Vorbilde des ewigen Messias, so werden wir, so wir anders Leute nach dem

Herzen Gottes sind, durch denselben Herrn zu Abbildern Jesu Christi, des Sohnes Gottes, gemacht, zu Rüstzeugen seiner Gnade, zu Offenbarern seines Liebeswillens unter dem sündigen Menschengeschlechte. Das ist der gnadenreiche, selige Erwerb aus dem Leben jedes Nachfolgers Jesu Christi. Er blickt, wenn seine Augen dunkel werden, auf seinen Lauf zurück, und preiset Gottes Barmherzigkeit, die aus ihm, der Fleisch war, vom Fleische geboren, ein Abbild seines lieben Sohnes gemacht hat, das zwar noch sehr befleckt ist, aber doch einst wird vollendet werden.

Das Leben des natürlichen Menschen ist wie ein Geschwätz, wie ein Dampf, der verweht, wie ein Schlag in's Wasser, der keine Spur zurückläßet. Es ist verloren sammt allen seinen Freuden und allen seinen Leiden. „Die Hoffnung der Heuchler und Gottlosen wird verloren sein, denn seine Hoffnung ist ein Spinnwebe!" sagt die Schrift einmal über das andere. (Hiob 8, 13. 14. Spr. 25, 19. Hiob 11, 20; 18, 14 u. s. w.) Ich stand am Ufer des brausenden Meeres. Welle auf Welle trieb hoch und stolz an den Strand. Welle auf Welle stürzte in sich selber zusammen, damit andre Wogen über sie sich erhüben, um wie alle die tausend mal tausend vor ihnen in nichts zu versinken. Nicht anders, wie die Wellen des Meeres, sind die Hoffnungen des Menschenherzens, das von Gott nicht erfüllt ist. Wohl hofft es von einer Stunde zur andern, daß sie ihm Befriedigung bringe und an das Ziel seiner Wünsche führe. Aber eine Stunde verrinnt nach der andern, und bringt nicht mit sich, was das Herz wollte, oder wenn sie es bringt, so wird sich erfüllen, was geschrieben steht: „Was die Albernen gelüstet, das tödtet sie, und der Ruchlosen Glück bringet sie um!" (Spr. 1, 32.) Die Geschichte Judas des Verräthers wiederholt sich fort und fort. Wenn der Sünder den Lohn seiner Sünde in Händen hat, brennt er wie Feuer.

Jubelnd und triumphirend dagegen singen die Gesalbten des Herrn: „Gelobet sei Gott und der Vater unsers Herrn Jesu Christi, der uns nach seiner großen Barmherzigkeit wiedergeboren hat zu einer lebendigen Hoffnung durch die Auferstehung Jesu Christi von den Todten!" (1 Petr. 1, 3.) Sie haben nur eine Hoffnung, daß sie, erlöset durch ihren Herrn, in allen Stücken wachsen mögen an dem, der das Haupt ist, Christo, und in sein Bild verkläret werden von einer Klarheit zur andern. Kommt dann das Ende der irdischen Wallfahrt, so erkennen sie mit folgsamem Auge, daß uns auch ihr Gott und Heiland für Wege sie leitete, alle dieser großen Hoffnung entgegenführten. Nichts ist umsonst und verloren in ihrem Leben. Das selbst, was für sie todte Hoffnungen, schädliche und selbst schändliche Stunden waren, ehe sie ihren Heiland kannten, wird durch seine Gnade für sie zu einer Ruthe umgewandelt, die sie ihrem Ziele zutreibt, zu einem Warnungszeichen, wenn der Fuß wieder abirren will, zu einer Flamme, in dem auch das Innerste des Herzens erweicht wird, so daß der Meister sein Bildniß immer deutlicher einprägen kann. Sein Bildniß! Ist es denn wirklich wahr, daß auch aus mir, so wie ich bin, die Gnade ein Kind Gottes machen kann, das da gleich ist seinem erstgeborenen Sohne? So oft solche Frage meine Seele durchbebt hat, ist es mir immer sehr trostreich gewesen, daß der herablassende Gott in seiner Offenbarung so gern sich den Gott Jacobs nennt, öfter fast, als den Gott Abraham's und und Isaaks. Der, dessen schöpferische Liebesmacht auch einen Jacob, den Mann voll arger List, zu einem Israel, einem Gotteskämpfer, und den Sohn Isais, in dem die angeborne Sünde so gewaltig sich regte, zu seinem Messias, zum Offenbarer seiner Wege vollendet hat, der hat auch Mittel und Wege, aus mir und meinem sündhaften Herzen eine neue Creatur zu schaffen, die unter allen äußern und innern Stürmen dieses Lebens, unter allen Fehltritten und Begnadigungen heranwachse zum vollkommnen Mannesalter Jesu Christi, zur göttlichen Größe! (Ephes. 4, 13. Col. 2, 19.) „Denn wir wissen, daß denen, die Gott lieben, alle Dinge zum Besten dienen, die nach dem Vorsatz berufen sind. Denn welche er zuvor versehen hat, die hat er auch verordnet, daß sie gleich sein sollen dem Ebenbilde seines Sohnes, auf daß derselbe der Erstgeborne sei unter vielen Brüdern!" (Röm. 8, 28. 29.) Wenn Paulus, der Hochbegnadigte vor allen Menschenkindern, in seinem Alter bekannte: „Nicht daß ich es schon ergriffen hätte, oder schon vollkommen sei!" so war dieses Bekenntniß nicht der Schmerz einer verlornen, tobten Hoffnung, sondern die Kraft, die ihn vorwärts trieb dem vorgesteckten Ziele zu, bis er nicht lange vor seinem Tode triumphiren durfte: „Ich habe Glauben gehalten, ich habe den Lauf vollendet!"

Zwar werden nicht alle Freunde Gottes durch seine Macht zu lieblichen Psalmensängern Israels, aber alle doch zu Offenbarern seiner Gnade und Herrlichkeit erzogen. Er gebraucht sie als seine Hand, der armen Erde seine Liebe zu zeigen, als seine Mitarbeiter, sein heiliges und seliges Reich zu gründen und zu bauen. Und wenn dann solche Häupter, die in der Nachfolge und im Dienste Jesu Christi ergraut oder gar bis in die letzte Stunde gekommen sind, ihren Mund öffnen, uns die seligen Geheimnisse ihrer Wunderwege kund zu thun und Gottes Treue zu preisen, so sind auch solche Reden allen Hörern lieblich und schön, und wirken Segen und Leben bringend in kleinern oder größern Kreisen fort bis auf Kind und Kindeskind.

II.

Aber seliger noch wurde Davids Antlitz, als er von den vergangenen Tagen hinschaute auf die künftigen Zeiten. Als sein leibliches Auge sich schloß, that des Geistes Auge sich auf für die ferne Zukunft. Er sah den verheißenen König in seiner Schöne, sah seine Werke und seine Wunder. „Herrschen," sprach er, „wird über die Menschen ein Gerechter, ein Herrscher in der Furcht Gottes, und wird seyn wie das Licht am Morgen, wenn die Sonne aufgeht am Morgen ohne Wolken, und vom Glanz und vom Regen das Kraut aus der Erde wächst." Das ist ein Bild, das Leib und Seele erquickt. Dunkle Nacht sieht er gelagert auf der dürren, ausgebrannten Erde. Regen rauscht vom Himmel auf die schmachtenden, todten Felder. Da kommt der Morgen. Das Licht der Morgenröthe funkelt über dem thauigen Erdreich. Die Sonne erhebt sich in wolkenlosem Glanze, siegreich, mächtig, prächtig, und freut sich wie ein Bräutigam zu laufen ihren Weg. Und Regen und Licht des Himmels machen die todten Fluren lebendig, und Gras und Blumen wachsen, sprossen, knospen und blühen, und die ganze Natur athmet Leben, Gedeihen, Frische, Friede, Freude, Seligkeit. So schaut David in seinen letzten Stunden den gerechten König aufstehn unter den Sündern, so emporsteigen über ihnen nach finstrer, dürrer, todter Zeit, und mit den Lebens- und Lichtkräften von oben die erstorbenen Menschenherzen zu neuem, frischem, fröhlichem Leben wachsen, daß ihm

Kinder geboren werden, wie Thau aus der Morgenröthe; und Segen, Gedeihen, Friede und Freude über ihren Häuptern schweben, und Furcht und Trauern schwinden müssen. Von diesem prophetischen Gesichte haben die spätern Seher sich erleuchten lassen. Was der Sterbende in kurzen, tiefen, abgerissenen Worten offenbart, das haben sie in reicher Fülle auseinander gelegt. Salomo singt von dem gerechten Könige der Zukunft: „Er wird herab fahren, wie der Regen auf das Feld, wie die Tropfen, die das Land feuchten. Zu seinen Zeiten wird blühen der Gerechte und großer Friede, bis daß der Mond nimmer sei." (Ps. 72, 6. u. 7. vergl. auch V. 16.) Jesaias sieht denselben König in seiner Schöne hervorbrechen, wie das Licht nach der Finsterniß, (Jes. 9, 2; 60, 1 ff.) und ruft: „Träufelt, ihr Himmel, von oben; und die Wolken regnen die Gerechtigkeit. Die Erde thue sich auf und bringe Heil, und Gerechtigkeit wachse mit zu. Ich, der Herr schaffe es." (Jes. 45, 8.)

Hosea weissagt: „Der Herr wird hervorbrechen, wie die schöne Morgenröthe, und wird zu uns kommen, wie ein Regen, wie ein Spätregen, der das Land feuchtet. Wie will ich dir so wohl thun, Ephraim! Wie will ich dir so wohl thun, Juda! Denn die Gnade, so ich euch erzeigen will, wird sein, wie eine Thauwolke des Morgens, und wie ein Thau, der früh Morgens sich ausbreitet!" (Hos. 6, 3. 4) und abermals: „Ich will Israel, wie ein Thau sein, daß er soll blühen, wie eine Rose, und seine Wurzeln sollen ausschlagen, wie Libanon, und seine Zweige sich ausbreiten, daß er sei so schön, wie ein Oelbaum!" (Hos. 14, 6. 7.) Sacharja endlich nennt den König und Erlöser Zemach, den Sproß, aus Gottes Schooß in die sündige Menschheit gepflanzt, und setzt hinzu: „Denn unter ihm wird es wachsen!" (Sach. 6, 12.)

Noch tiefer bringt des Königs Blick. Wohl sieht er, und weiß es am klarsten aus eigner, schmerzensreicher Erfahrung, daß aus seinem sämtlichen Samen dieser erlösende, lebenbringende König nicht erwachsen kann. Gott selbst hatte ihm schon bei der ersten Verheißung von den Sünden seiner Nachkommen gesprochen, ihm aber gesagt, daß er trotz ihrer Sünde sein ewiges Königreich gründen würde. Deß freut sich nun der Sterbende. Ist sein Haus ohne Gott nichts, so ist es doch mit Gott Träger der gnadenreichen Verheißung, in der alles Heil und alle Hoffnung Davids beruht, und die durch ihn

selbst, den Herrn Himmels und der Erden, zur glorreichen
Erfüllung geführt wird. „Ist nicht also mein Haus mit
Gott. Denn er hat mir einen ewigen Bund gesetzt,
wohlgeordnet in Allem und bewahrt; denn all
mein Heil und all mein Wohlgefallen läßt Er es
nicht sprossen?"

Der Bund ist aus Gnaden. Er beruht nicht auf menschlicher Würdigkeit und Tüchtigkeit, sondern auf Gottes schöpferischem Willen. Darum ist er fest und wahrhaftig. Menschliche Sünde, Thorheit und Widerspenstigkeit kann den Rathschluß Gottes nicht verwirren, noch seinen Willen hemmen und hindern. Was Er sprossen lässet, das sprosset. Was Er ins Leben ruft, das ist lebendig. Wenn Er gebeut, so geschiehts. Wenn Er spricht, so stehts da.

So sieht der königliche Greis den Erdboden verneuert, sieht den Erneuerer aus seinem Hause hervorgehn, und zugleich den lebendigen Gott in ihm wirken. Er sieht den Gottes- und Menschensohn herrschen, sieht seine gewaltige Thaten, die Siege seiner Liebe, die Wunderschöpfungen seines Lebens. „Aber die Nichtswürdigen, das sieht er zuletzt, sind allesammt, wie die weggeworfenen Disteln, die man nicht mit Händen fassen kann, sondern wer sie angreifen soll, muß Eisen und Spießstangen in der Hand haben und werden mit Feuer verbrannt werden an ihrer Stelle!" Sein Auge reicht bis zum letzten, vollendeten Siege, wo des Menschen Sohn, der Herr der Ernte, seine Engel sendet, und sie das Unkraut, die Kinder der Bosheit, sammeln werden, dazu alle Aergernisse aus seinem Reiche und die da Unrecht thun, und sie in den Feuerofen werfen, da Heulen sein wird und Zähnklappen. Dann werden die Gerechten leuchten, wie die Sonne in ihres Vaters Reich! (Matth. 13, 38. 41—43.) — So scheidet der Mann nach dem Herzen Gottes. Sein Ende ist ein Schauen des ewigen, gerechten, Leben schaffenden Friedefürsten, dem Seligkeit folgt und Sieg. — Die Augen Israels waren dunkel geworden vor Alter, und konnten nicht mehr wohl sehn. (1. Mos. 48, 10.) Als sie noch dunkler wurden, auf dem Sterbebette sich für diese Welt schlossen und die Schatten des Todes sich über sie lagerten, da öffnete sich sein inneres Auge, und er sah den Heiland der Völker kommen aus dem Samen seines Sohnes Juda, stark wie ein Löwe, und doch ein Friedefürst. (1 Mos. 49, 10.)

Simeon der Greis, der auf den Trost Israels wartete, schaute mit alternden Augen den Christ des Herrn, nahm ihn auf seine Arme, lobte Gott, und sprach: „Herr, nun lässest du deinen Diener in Frieden fahren, wie du gesagt hast, denn meine Augen haben deinen Heiland gesehn!" Und Hanna, die Wittwe bei vier und achtzig Jahren, trat auch hinzu und sah ihren Erlöser und pries den Herrn, während für irdische Dinge auch ihr Blick schon finster war.

Als Stephanus, seines Märtyrertodes schon gewiß, vor dem hohen Rathe stand, sahe er auf gen Himmel, und sahe die Herrlichkeit Gottes, und Jesum stehen zur Rechten Gottes und sprach: Siehe, ich sehe den Himmel offen, und des Menschen Sohn zur Rechten Gottes stehn! Und als die mörderischen Steine auf ihn zuflogen, rief er an und sprach: „Herr Jesu, nimm meinen Geist auf!" — Die dunkle Todesstunde war ihm der Anfang des ewigen Morgens. Sein Sterbetag für diese Welt sein Geburtstag für die Seligkeit, darum auch die Kirche den zweiten Christtag den Stephanustag genannt hat. —

Je mehr auch Paulus ergraute, desto vertrauter ward ihm die Ewigkeit, wiewohl er doch allezeit in ihr daheim gewesen war. Er hatte Lust abzuscheiden und bei Christo zu sein. Sterben war sein Gewinn. Als er an Timotheus schrieb: „Ich werde schon geopfert, und die Zeit meines Abscheidens ist vorhanden!" setzte er in seliger und gewisser Freude hinzu: „Hinfort ist mir beigelegt die Krone der Gerechtigkeit! Der Herr wird mich erlösen von allem Uebel und mir aushelfen zu seinem himmlischen Reiche, welchem sei Ehre von Ewigkeit zu Ewigkeit! Amen.". (2 Tim. 4, 6. 8. 18.) Von jenem Tage an bis heute sind alle Sterbebetten der Erlöseten Stätten des Sieges gewesen. Wir können nicht hineinblicken in die Seele der sterbenden Freunde Gottes, wenn Tod und Leben mit einander ringen, wenn das Glauben zum Schauen wird, und die Seele ihrem Erlöser zueilt. Aber tausende von Männern und Frauen nach dem Herzen des Herrn haben an ihrem Ende von dem unaussprechlichen Geheimniß, das ihnen sich aufzuschließen begann, zu uns geredet. Und waren es auch nur stammelnde Worte, so ahnen wir doch aus ihnen, was ihre Seele durchwogte, daß alle Räthsel sich ihnen lösten, alle Zweifel schwanden, alle Ketten abfielen, das Stückwerk aufzuhören und das Vollkommene zu erscheinen anhub. Aus den Flammen heraus, vom Blutgerüst herab haben die heiligen Blutzeugen des Herrn laut und vor allem Volk bezeuget, daß sie den Tod nicht schmeckten, daß sie, zum Leben hindurchgedrungen, das Angesicht ihres Erlösers zu schauen begannen." „Laßt Feuer und Kreuz, schrieb der dem Tode geweihte Ignatius von Antiochien an die Römer, laßt die wilden Thiere, laßt Beinbrechen und Gliederzerreißen und alle Bosheit des Teufels über mich kommen; es sei so, möge ich nur Christum genießen! Ihn suche ich, der für uns starb. Ihn begehre ich, der für uns wieder auferstand. Er ist mein Gewinn, der mir aufbehalten ist: Meine weltlichen Neigungen sind gekreuzigt, das Feuer der Liebe Gottes brennt in mir und kann nicht ausgelöscht werden. Es lebt, es spricht, es ruft: Komm zum Vater!" Als er im stolzen Colosseum zu Rom, das noch in seinen Trümmern das Staunen der Welt ist, umgeben von Tausenden heidnischer Zuschauer von den heißhungrigen Löwen angefallen wurde, rief er: „Ich bin ein Waizenkorn Gottes und werde von den Zähnen der wilden Thiere zermahlen, sein Brot zu werden!"

Als um Huß die Flammen emporschlugen, betete er dreimal: „Christe, du Sohn des lebendigen Gottes, der du für uns gelitten hast, erbarme dich mein!" Einer der ersten Blutzeugen*) des reinen Evangeliums sprach, als man das Feuer anzündete: „Siehe, man streut mir blühende Rosen!" und sang mit seinem Gefährten in den Flammen das Lied: Herr Gott, dich loben wir!" Ein anderer**) schied mit dem Lobgesang des alten Simeon. Ein dritter***) triumphirte im Feuer: „Sieg, Sieg und Ueberwindung!" und noch ein anderer****) sprach: „O süßes Feuer, o liebliche Flamme!

Noch an ein Sterbebette muß ich Euch führen. Denn es sind gerade hundert Jahre, da lag, (es war am 17. Dezember 1761), der liebliche, innige Sänger Woltersdorf in Bunzlau im Todeskampfe. Abends sprach er unter großen Schmerzen:

Halleluja! es jauchzet, es singet, es springet das Herz,
Es weichet zurücke der traurige Schmerz!

Als er darauf etwas genossen hatte, sprach sein Bruder: „Das Manna schmeckt wohl besser?" „Das dächt' ich!" gab der Sterbende zur Antwort, und setzte selig lächelnd hinzu:

---
*) Heinrich Voes zu Antwerpen.
**) Ludwig Marsac, ein französischer Offizier.
***) Bartholomäus Bartoccio gest. 1569 zu Rom.
****) Antonius Oldevin gest. 1588 in Cremona.

Wenn man dich genießet,
Wird's ...

Das waren seine letzten Worte. Gleich darauf brachen die Augen. —*)

Das sind nur einzelne Stimmen aus der Wolke derer, die da zeugen, daß das Ende der Heiligen Gottes ein Schauen ihres Heilandes, seiner Seligkeit und seines Sieges ist. Nun lasset alle die Zeugnisse der tausendmal tausend, die im Herrn gestorben sind, in ein großes Zeugniß, in ein gewaltiges Lied im höhern Chor vor eures Geistes Ohre zusammen klingen und stimmet im Glauben fröhlich mit ein: „Vor dir ist Freude die Fülle und liebliches Wesen zu deiner Rechten ewiglich!" (Ps. 16, 11.) „Ich will schauen dein Antlitz in Gerechtigkeit! ich will satt werden, wenn ich erwache nach deinem Bilde!" (Ps. 17, 15.) „Christus ist mein Leben und Sterben ist mein Gewinn!" „Tod, wo ist dein Stachel? Hölle, wo ist dein Sieg? Gott aber sei Dank, der uns den Sieg gegeben hat durch unsern Herrn Jesum Christum!"

Das ist das Ende der Männer nach dem Herzen Gottes. „Meine Seele müsse sterben des Todes der Gerechten und mein Ende müsse sein, wie dieser Ende!" —

Wir scheiden hier von David, dem Manne nach Gottes Herzen. Der Herr selbst drücke uns sein Bild in die Seele und stelle es uns in den Tagen unserer Wallfahrt aller Orten vor Augen, daß es uns wärme, strafe, lehre, locke, ziehe, stärke! Ich aber will nicht viel mehr reden. Zum letzten mal nur noch frage ich dich im Namen deines Gottes und Heilandes: „Bist Du ein Mann nach dem Herzen des Herrn?" Amen.

---

*) Du, mein lieber August, gedenkest hier mit mir alles dessen, was unsere treue Mutter bei klarem Bewußtsein auf ihrem Sterbebette sah und sagte.

Zwei Könige.

Weise: Wie sie so sanft ruhn.

König der Schrecken,
Wo ist nun deine Macht?
Sieh her, mich decken
In dieser bangen Nacht
Die Hände, die du einst durchgraben.
Das sind dieselben
Die jetzt mich laben.

König der Schrecken,
Beginn den letzten Streit!
Ich werde schmecken
Nie deine Bitterkeit,
Denn Einer hing für mich verlassen,
Den meine Arme
Jetzt froh umfassen.

König der Schrecken,
Was drohst du mit dem Grab?
Der Sünde Decken
Nun fallen von mir ab;
Mich hat der Heimath Licht getroffen,
Mein Aug sieht staunend
Den Himmel offen!

König der Gnaden,
Wie strahlt dein Dornenkranz!
Willst du mich laden
In deinen Himmelsglanz?
Lamm Gottes, Heiland, Lebenssonne,
Ich eile freudig
In deine Wonne.

König der Gnaden,
Dein Anblick macht mich satt,
Nichts kann mehr schaden
In deiner goldnen Stadt.
Das hat kein Auge je erblicket,
Was jetzt die Seele
Ewig erquicket! —

Anhang.

In den Psalmen Davids, wie anderer Sänger kommen einige Stellen vor, die manchen Lesern als eine ungöttliche Rache und sündliche Eigengerechtigkeit erscheinen könnten. Zur Erklärung derselben dienen folgende Bemerkungen.

I. Die sogenannten Rachepsalmen.

Zu ihnen gehören Ps. 5, 11. Ps. 7, 7 ff. Ps. 35, 1 - 8; 55; 56; 58; 59; 69, 23 ff. 83; 109; 137. u. a. Man beachte bei diesen und ähnlichen Stellen folgende fünf Punkte.

1) Das Gebet um Rache ist nicht gegen die persönlichen Feinde, sondern gegen die Feinde Gottes und seines Reiches gerichtet; „Ich hasse ja, Herr, die Dich hassen, und verdrießt mich auf sie, daß sie sich wider Dich setzen." (Ps. 139, 21.)

Es stehe Gott auf, daß seine Feinde zerstreuet werden, und die ihn hassen, vor ihm fliehen! Ps. 68, 2. Vergilt unsern Nachbarn siebenfältig in ihren Busen ihre Schmach, damit sie Dich, Herr, geschmähet haben. Ps. 79, 12.

Sie haben sich mit einander vereinigt und einen Bund wider Dich gemacht. Ps. 83, 6.

Ach, daß müßten zu Schanden werden und zurück kehren Alle, die Zion gram sind. Ps. 129, 5.

Gegen die persönlichen Feinde war David sein ganzes Leben hindurch voll Sanftmuth und Versöhnlichkeit, wie die Predigten zur Genüge gezeigt haben. Ps. 7, 5 bezeugt er vor Gottes Angesicht, daß er die, so ihm ohne Ursache feind waren, nicht beschädigt habe. Wo, wie gegen Nabal, sündliche und persönliche Rachsucht aufkeimte, ließ er sich durch Gott und Menschen willig wieder zurecht bringen. Wenn er vor seinem Tode seinem Sohne Salomo befiehlt, gegen den mit vieler Blutschuld, zuletzt noch mit der Sünde des Aufruhrs*) beladenen Joab und den Lästerer und Majestätsverbrecher Simei mit ernster Gerechtigkeit zu verfahren (1 Kön. 2, 5—9), so ist das nicht persönliche Rachsucht, sondern eine weise und gerechte Handlung seines königlichen Amtes. Er selbst mit Blutschuld

---

*) 1 Kg. 1, 7 vergl. 1 Kg. 2, 22 u. 28.

beladen, — trug nach seiner Begnadigung persönlich jene Männer mit vielem Verschonen. Daß sie aber bei seinem Abscheiden innerlich nicht anders geworden waren, übergab er sie der Gerechtigkeit seines Nachfolgers, der mit ihnen nach seiner "Weisheit" handeln sollte, der die gerechte Strafe nach dem Sinne seines Vaters auch erst dann eintreten ließ, als sie ihren unverbesserlichen Sinn auf's neue geoffenbart hatten. —

Als David das abgöttische und höhnische Volk der Ammoniter strafte, (2 Sam. 12, 31) handelte er gleichfalls nicht aus Privatrache, sondern als Werkzeug der Gerechtigkeit Gottes. Er überschritt allerdings das nöthige Maß der Strenge und zeigte sich grausam. Aber das gehört zu seinen mancherlei Sünden, (vergl. darüber S. 129) wiewohl nicht außer Acht zu lassen, daß Luthers Uebersetzung die Härte größer erscheinen läßt, als sie ist. Er verbrannte sie nicht eigentlich in Ziegelöfen, sondern nach der alten Lesart in dem Moloch, dem bekannten ammonitischen Götzen, dem Kinder zum Opfer in die glühenden Arme gelegt wurden. Sie wurden also damit gestraft, womit sie gesündigt hatten. Auch die übrigen Strafen waren dieselben oder ähnliche, womit die Feinde gegen Israel zu wüthen gewohnt waren. Nach Amos 1, 13 haben sie die Schwangern zerrissen, und nach Amos 1, 3 haben ihre Verbündeten, die Syrer, Gilead mit eisernen Zacken gedroschen; 1 Sam. 11, 1 droht der König der Ammoniter allen Einwohnern von Jabes in Gilead das rechte Auge auszustechen.

Zuweilen scheint es zwar, als wenn David gegen persönliche Feinde bittet, wie Ps. 109, 2: "Sie haben ihr gottloses und falsches Maul wider mich aufgethan." Aber wie wir in der letzten Predigt sahn, (vgl. S. 181) ist David das Vorbild und der Vorläufer des wahrhaftigen Messias, der Gesalbte, durch den Gott sein Reich unter den widerspenstigen Menschenkindern gründen wollte. Alles Widerstreben gegen ihn geht also eigentlich gegen den lebendigen Gott und dessen Herrschaft, ähnlich wie Moses das Murren des Volks ein Murren nicht wider ihn und Aaron, sondern wider Gott nennt: "Er hat euer Murren wider den Herrn gehöret. Was sind wir, daß ihr wider uns murret?" (2 Mos. 16, 7). "Du (Korah) und deine ganze Rotte machet einen Aufruhr wider den Herrn. Was ist Aaron, daß ihr wider ihn murret?" (4 Mos. 16, 11). Ebenso muß David von denen, die er seine Feinde nennt, wenn er tiefer blickt, sagen: "Stoße sie aus um ihrer Uebertretung willen, denn sie sind Dir widerspenstig." (Pf. 5, 11) „Um Deinetwillen trage ich Schmach, mein Angesicht ist voller Schande. Die Schmähungen derer, die Dich schmähen, fallen auf mich." (Pf. 69, 8: 10) „Stehe auf, Herr, in Deinem Zorn, erhebe Dich über den Grimm meiner Feinde, und hilf mir wieder in das Amt, das Du mir befohlen hast, daß sich die Leute wieder zu Dir sammeln." (Pf. 7, 7. 8.)

2) Die Gebete um Rache sind nicht gegen die gerichtet, welche aus Schwachheit und Uebereilung sündigen, und darum noch Hoffnung zur Umkehr geben, sondern gegen die vorsätzlichen, verstockten, unverbesserlichen Widersacher Gottes. In Pf. 109 bittet er um Strafe gegen den Feind: „Darum daß er so gar keine Barmherzigkeit hatte, sondern verfolgte den Elenden und Armen und den Betrübten, daß er ihn tödtete. Er wollte den Fluch haben, der wird ihm auch kommen; er wollte des Segens nicht, so wird er auch ferne von ihm bleiben." (Pf. 109, 16. 17.) „Gott wird hören und sie bemüthigen, der allerwege bleibt, denn sie werden nicht anders und fürchten Gott nicht." (Pf. 55, 20).

„Ja muthwillig thut ihr Unrecht im Lande. Ihr Wüthen ist gleich wie eine taube Otter, die ihr Ohr zustopft, daß sie nicht höre u. s. w." (Pf. 58, 3. 5. 6.)

„Ihre Lehre ist eitel Sünde, und verharren in ihrer Hoffart und predigen eitel Fluchen und Widersprechen." (Pf. 59, 13.)

„Gib ihnen nach ihrer That, nach ihrem bösen Wesen, gib ihnen nach den Werken ihrer Hände, vergilt ihnen, was sie verdienet haben, denn sie wollen nicht achten auf das Thun des Herrn u. s. w." (Pf. 28, 4. 5.)

„Wohl her, sprechen sie, laßt uns sie ausrotten, daß sie kein Volk seien, daß des Namens Israels nicht mehr gedacht werde!" (Pf. 83, 5.) Dagegen heißt es Pf. 86, 9 von den Heiden, die sich weisen lassen wollen: „Alle Heiden, die du gemacht hast, werden kommen, und vor dir anbeten, und deinen Namen ehren."

3) Das Gebet um Rache gegen die verstockten Feinde Gottes kommt nicht aus dem eignen Herzen der Psalmisten, sondern Gott selbst hat solche Strafe seinen Widerwärtigen gedroht. Die Bitte

um Rache ist also nichts als die Bitte, daß Gottes ganzes Wort, nicht allein die Gnaden-, sondern auch die Strafverheißungen Wahrheit werden. —

Wenn David (Pf. 109, 8—15) so furchtbare Strafe für den Verächter und dessen Samen erbittet, so ist diese Strafe schon 5 Mos. 28, 18—61 in viel furchtbarerer Weise von Gott gedroht. „Verflucht wird sein die Frucht deines Leibes und du wirst die Frucht deines Leibes fressen, das Fleisch deiner Söhne und deiner Töchter u. s. w."

Pf. 69, 28 und 29 enthält die allerdings Mark und Bein durchdringende Bitte: „Laß sie in eine Sünde über die andre fallen, daß sie nicht kommen zu deiner Gerechtigkeit. Tilge sie aus dem Buche der Lebendigen, daß sie mit den Gerechten nicht angeschrieben werden!" Aber auch das ist Gottes Verheißung: „Der Herr wird dich schlagen mit Wahnsinn, Blindheit und Rasen des Herzens. Alle diese Flüche werden über dich kommen, und dich verfolgen und dich treffen, bis du vertilget werdest. Und wie sich der Herr über euch zuvor freute, daß er euch Gutes thäte, also wird er sich über euch freuen, daß er euch umbringe und vertilge. Der Herr wird dir ein bebendes Herz geben und verschmachtete Augen und eine verdorrte Seele." (5 Mos. 28, 28. 45. 63. 65.) Das ist eben nach Gottes heiliger Ordnung die Strafe der Sünde, daß sie tiefer in die Sünde führt, bis sie das Leben aus Gott ganz getödtet hat. „Mein Volk, sagt der Herr von den aus Egypten Geführten, gehorcht meiner Stimme nicht, und Israel will meiner nicht. So habe ich sie gelassen in ihres Herzens Dünkel, daß sie wandeln nach ihrem Rath!" (Pf. 81, 12. 13.) d. h. immer rettungsloser in die Sünde eilen. Dasselbe heilige Strafgesetz spricht Salomo aus im Namen des Herrn: „Darum daß sie hasseten die Lehre und wollten des Herrn Furcht nicht haben, wollten meines Raths nicht und lästerten alle meine Strafe, so sollen sie essen von den Früchten ihres Wesens und ihres Rathes satt werden!" (Spr. 1, 29—31) und Paulus: „Darum hat sie auch Gott dahin gegeben in ihrer Herzen Gelüste, in Unreinigkeit, zu schänden ihre eignen Leiber an ihnen selbst u. s. w." (Röm. 1, 24). Pf. 137, 8. 9. steht das entsetzliche Wort: „Du verstörte Tochter Babel, wohl dem, der dir vergilt, wie du uns gethan hast. Wohl dem, der deine junge Kinder nimmt, und zerschmettert sie an den Stein!" Auch diese Strafe war vom

Herrn geweissagt: „Es sollen auch ihre (Babels) Kinder vor ihren Augen zerschmettert, ihre Häuser geplündert und ihre Weiber geschändet werden." (Jes. 13, 16.) und zwar durch die Meder, die keine Barmherzigkeit kennen, so daß also Gott die furchtbare Ausartung des einen Volks gebrauchet, um die des andern zu strafen. Was die Pf. 137, 7 über Edom erflehte Strafe betrifft, so ist nachzulesen, was der Herr schon durch Amos 1, 12. 13, und später Hes. 35, 5—15 gedroht hatte. —

4) Die Ausführung dieser gerechten Strafandrohungen soll nicht durch die Bittenden selbst, sondern allein durch Gott, auch nicht zur Ehre der Bittenden, sondern allein zur Offenbarung des gerechten Gerichtes Gottes und seiner unantastbaren Heiligkeit geschehn.

„So geschehe denen vom Herrn, die mir zuwider sind, daß sie inne werden, daß dies sei deine Hand, daß du, Herr, solches thust." (Pf. 109, 20. 27.)

„Und alle Menschen, die es sehn, werden sagen: „Das hat Gott gethan! und merken, daß es sein Werk sei. (Pf. 64, 10.)

„Vertilge sie (die in ihrer Hoffart verharren, deren Predigt eitel Fluchen und Widersprechen ist,) ohne alle Gnade, vertilge sie, daß sie nichts seien, und inne werden, daß Gott Herrscher sei in Jacob, in aller Welt!" (Pf. 59, 14.)

5) Gegen die verstockten Widersacher Gottes und seines Sohnes JesuChristi verkündigt dieser selbst, der doch sanftmüthig ist und von Herzen demüthig, die furchtbare Strafe, welche aus dem Wesen der ausgereiften Sünde als ihr Sold von selbst folgen muß. Darum beten auch der h. Apostel Paulus, und selbst die selig Vollendeten, daß solche Verkündigung in Erfüllung gehe.

„Und du Capernaum, die du bist erhoben bis an den Himmel, du wirst bis in die Hölle hinunter gestoßen werden." (Math. 11, 23). „Sammelt das Unkraut und bindet es in Bündlein, daß man es verbrenne." (Math. 13, 30.) „Jene, meine Feinde, die nicht wollten, daß ich über sie herrschen sollte, bringet her und erwürget sie vor mir!" (Luk. 19, 27.) „Wer auf diesen Stein fällt, der wird zerschellen; auf welchen er aber fällt, den wird er zermalmen." Math. 21, 44 und viele andre Stellen. Vom Himmel hernieder verkündigt er den Unbußfertigen zu Thyatira: „Und ihre Kinder will ich zu Tode schlagen." (Vergl. Pf. 137, 9.)

Offenb. 14 hörte Johannes des Menschen Sohn das Gericht befehlen und sah die hartnäckig Widerspenstigen geworfen in die große Kelter des Zornes Gottes. „Und die Kelter ward außer der Stadt gekeltert, und das Blut ging von der Kelter bis an die Zäume der Pferde." Vergl. Pf. 58, 11: „Der Gerechte wird sich freuen, wenn er solche Rache sieht, und wird seine Füße baden in der Gottlosen Blut."

„Wie wir jetzt gesagt haben, schreibt Paulus, der Mann mit dem weiten Liebesherzen, so sagen wir auch abermals: So Jemand euch Evangelium predigt anders, denn das ihr empfangen habt, der sei verflucht." (Gal. 1, 9.) An Timotheus schreibt er: „Alexander, der Schmied, hat mir viel Böses erwiesen, der Herr bezahle ihm nach seinen Werken!" Aber über die aus Schwachheit Fehlenden sagt er: „In meiner ersten Verantwortung stand Niemand bei mir, sondern sie verließen mich Alle. Es sei ihnen nicht zugerechnet." (2 Tim. 4, 14. 16.) Die erwürget waren um des Worts Gottes und um des Zeugnisses willen, die vollendeten Seelen, hörte Johannes mit großer Stimme flehen: „Herr, du **Heiliger** und **Wahrhaftiger**, wie lange richtest du und rächest nicht unser Blut an denen, die auf Erden wohnen!" (Offenb. 6, 10.)

Wir aber wollen mit größerer Treue, denn bisher, Beides flehn: „Vater, vergieb ihnen, denn sie wissen nicht, was sie thun!" aber auch: „Herr, du Heiliger und Wahrhaftiger, laß der Gottlosen Bosheit ein Ende werden und fördere die Gerechten! Herr, stehe auf, daß Menschen nicht Ueberhand kriegen! Gott, mache dich auf und richte das Land, denn du bist Erbherr über alle Heiden! Mache dich auf, Gott, und führe aus deine Sache, gedenke an die Schmach, die dir täglich von den Thoren widerfährt. Vergiß nicht des Geschreies deiner Feinde; das Toben deiner Widerwärtigen wird je länger je größer. Schämen müssen sie sich und erschrecken immer mehr, und zu Schanden werden, und umkommen, so werden sie erkennen, daß du mit deinem Namen heißest Herr allein und der Höchste in aller Welt!" (Pf. 7, 10; 9, 20; 82, 8; 74, 22. 23. 83, 18. 19.)

II. Davids Berufung auf seine Gerechtigkeit.

Hierher gehören die Stellen Pf. 7, 4. 5. 9; 17, 1—3; 18, 21—25; 26, 1—6; 35, 23. 24; 40, 8. 9; 41, 13; 86, 2. — Zur Erklärung beachte man folgendes.

1) Man darf diese Stellen niemals aus dem Zusammenhang des ganzen Lebens Davids herausreißen. Die einzelnen Worte eines Menschen, die uns unverständlich oder zweideutig erscheinen, erklären wir uns am sichersten aus seinem ganzen Charakter. Wir wissen von David, daß Demuth vor Gott und Menschen, die Frucht eines tiefen Schuldbewußtseins, einer der hervorstechendsten Züge seines durch den Geist Gottes erneuerten Wesens gewesen ist. Ein Herz, welches nicht bloß im Kämmerlein, sondern vor allem Volke solche Bekenntnisse ablegt, wie Pf. 6. 32. 38; 143 und namentlich Pf. 51 kann nicht hoffärtig und eigengerecht genannt werden. Wer betet: „Wer kann merken, wie oft er fehlet? Verzeihe mir die verborgenen Fehler!" (Pf. 19, 13) und: „Siehe, ich bin aus sündlichem Samen gezeuget und meine Mutter hat mich in Sünden empfangen!" (Pf. 51, 7.) kann sich nicht pharisäischer Selbstbespiegelung hingeben, auch wenn seine angeborene Sündhaftigkeit eine Zeit lang nicht in äußern Sünden hervortritt. Dazu kommt noch, daß in denselben Gebeten, in welchen David sich auf seine Reinigkeit beruft, das offenste Bekenntniß der Sünde und das tiefste Verlangen nach Gnade sich finden. Pf. 40 heißt es zuerst: „Deinen Willen, mein Gott, thue ich gerne, und dein Gesetz habe ich in meinem Herzen!" (V. 9) und dann: „Es haben mich meine Sünden ergriffen, daß ich nicht sehen kann." (V. 13.) Pf. 41, 5 fleht er: „Herr, sei mir gnädig, heile meine Seele, denn ich habe an dir gesündiget!" und gleich darauf sagt er: „Mich aber erhältst du um meiner Frömmigkeit willen!" (V. 13.) Ebenso Pf. 86 V. 2 vergl. mit 3—7; ferner Pf. 26, 1—6 vergl. mit V. 11, wo er in einem Athem beides sagt: „Ich wandle unschuldig. Erlöse mich und sei mir gnädig!" und sogleich wieder: „Mein Fuß gehet richtig!" (V. 12.)

Selbst im 18. Psalme, in dem die scheinbare Eigengerechtigkeit am stärksten hervortritt, betet David: „Ich bin ohne Wandel vor ihm, und hüte mich vor meiner Sünde!" (V. 24), nicht wie Luther übersetzt: vor Sünden. — Indem er von seiner Gerechtigkeit und Reinigkeit spricht, fühlt er lebendig die gerade ihm anklebende, ihm eigenthümliche Sünde. —

Es ist eine beachtenswerthe Thatsache, daß die Berufung auf die Reinheit der Hände und des Herzens sich nur in den Psalmen Davids*) findet, des Mannes, der am tiefsten von allen alttestamentlichen Frommen unter der Last der Sünde sich gebeugt und gebebt hat. Aehnlich sehn wir im neuen Testamente, daß gerade der Mann, welcher sich den vornehmsten unter allen Sündern nennt, der sein Leben lang gegen allen Pharisäismus mit den schärfsten Waffen gestritten und die Gerechtigkeit allein durch den Glauben klar, wie kein andrer, verkündigt hat, am entschiedensten auf die Reinheit seines Gewissens und die Heiligkeit seines Wandels sich beruft. „Deß seid ihr Zeugen und Gott, wie heilig und gerecht und unsträflich wir bei euch, die ihr gläubig waret, gewesen sind!" (1 Thess. 2, 10.) Ebenso Apostlg. 23. 1; 24, 16 u. 2 Cor. 1, 12. —

2) David beruft sich auf die Gerechtigkeit seiner Sache und auf seine Reinheit in Vertretung derselben den Feinden Gottes gegenüber. Er betet Ps. 17, 1: „Herr, erhöre die Gerechtigkeit!", nicht meine eigene Gerechtigkeit, oder mich, den Gerechten. — Gott hat mitten in der ungerechten Welt sein Wesen und Werk geoffenbaret als Gerechtigkeit: daß dieser zum Siege verholfen werde wider alle Widersacher, ist Davids Gebet. Er begehrt mit ganzem Herzen diese Sache zu seiner Sache zu machen, für sie mit seinem Leben einzustehn; darum fleht er weiter: „Sprich du in meiner Sache!" (Ps. 17, 2).

David konnte und mußte die gerechte Sache Gottes als die seine ansehn, denn er war das von Gott auserwählte Rüstzeug, durch welches der Heilsplan ausgeführt werden sollte. Alle die gegen David, den vorbildlichen und vorbereitenden Messias Gottes, ankämpften, kämpften gegen Gott und Gottes Plan. Ihnen gegenüber hatte David Recht, darum gab Gott ihm den Sieg. Dies, nicht sein Verdienst, rühmt und preist

---

*) Die nicht von David herrührenden Stellen Ps. 43, 1; 66, 18 und 73, 13, die einzigen, welche gegen diese Behauptung zu sprechen scheinen könnten, sind den davidischen Stellen nicht gleich.

David im 18. Psalm. (Vergl. was schon S. 150 über diesen Pf. oder 2 Sam. 22. gesagt ist.)

3) Durch sein Heraustreten aus der Gemeinschaft der Feinde Gottes und durch seine Hingabe an Gott, nahm David einen neuen, göttlichen Lebenskeim in sich auf. Wegen dieser in ihm vorgegangenen Neuschöpfung (vergl. Pf. 51, 12), die ihn von den außer Gott Lebenden durchaus unterschied, nennt er sich rein und gerecht, und bittet deßwegen um Gottes weitere Hülfe. — Sehr lehrreich ist das Wort Pf. 86, 2: „Bewahre meine Seele, denn ich bin heilig!" Ich gehöre, will David sagen, nicht mehr der, dir feindlichen, außer dir lebenden Welt an, ich bin in deine Gemeinschaft versetzt, und verlange mit meinem ganzen Herzen darin zu stehn, darum bewahre du meine Seele. —

Wir sehen also, daß David nicht in sich, sondern allein in der Gemeinschaft mit seinem, die Sünden vergebenden und ein neues Leben schaffenden Gott sich rein und gerecht nennt. Darum sagt er: „Mein Ruhm ist immer von dir!" (Pf. 71, 6.) Auf diese Gerechtigkeit baut er eben so fröhlich und zuversichtlich, wie er sich von der, in ihm selbst wohnenden Sünde Herz und Gewissen zerschlagen läßt. In ihren Anfängen haben wir hier dieselbe Lehre von der Gerechtigkeit durch den Glauben, die in ihrem vollsten Lichte vom Apostel Paulus uns geoffenbart ist, weßhalb dieser auch David als Gewährsmann für seine Aussprüche anführt. (Röm. 4, 6.) Wie darum der Apostel Paulus sagt: „So ist nun nichts Verdammliches an denen, die in Christo Jesu sind," (Röm. 8, 1), wie das neue Testament die durch den Glauben mit Gott dem Vater und dem Sohne eins Gewordenen die „Heiligen" nennt, trotz ihrer Sünde, in demselben Sinn kann und muß David, indem er vor dem Toben seiner und der Feinde Gottes ganz zu seinem Gotte sich flüchtet, sich gerecht und rein nennen und sagen: „Du prüfest mein Herz, und besuchest es des Nachts, und läuterst mich und findest nichts!" (Pf. 17, 3.)

4) Wenn David sich heilig und rein nennt, so meint er, daß der Anfang, nicht die Vollendung des neuen Lebens in ihm wirklich erschienen sei. Aber in diesem Anfange liegt zugleich das lauterste Verlangen, wie die Bürgschaft der Vollendung eingeschlossen. Die Worte: Ich halte die Wege des

Herrn, und bin nicht gottlos wider meinen Gott, denn alle seine Rechte habe ich vor Augen, und seine Gebote werfe ich nicht von mir!" (Pf. 18, 22. 23.) sind also so zu verstehn, daß sie das Ziel des Weges sind, auf den er mit vollster Entschiedenheit hingetreten ist, dem er mit Freudigkeit zueilt, und das er gewiß ist zu erreichen.

Petrus, der seiner Sünde sich wohl bewußt ist, beruft sich doch fröhlich auf die Allwissenheit des Herrn, der seine Liebe zu ihm schaute, wiewohl er gleich darauf wieder sündlichen Neid aufsteigen läßt und den Meister, den er liebt, zurecht weist. (Joh. 21, 17 u. 21.)

Wie in Davids Liedern finden wir darum auch in unsern Liedern bei demüthigen, sich ihrer Sünden tief bewußten Männern scheinbare Eigenrechtigkeit und Ueberhebung. Valerius Herberger z. B. singt:[1]

> Valet will ich dir geben,
> Du arge, falsche Welt,
> Dein sündlich böses Leben
> Durchaus mir nicht gefällt u. s. w.
> In meines Herzens Grunde
> Dein Nam' und Kreuz allein
> Funkelt allzeit und Stunde u. s. w.

Die tief fromme Gräfin Ludämilie Elisabeth von Schwarzburg-Rudolstadt singt:

> „Jesus, Jesus, nichts als Jesus
> Soll mein Wunsch sein und mein Ziel,
> Denn mein Herz, mit ihm erfüllt,
> Rufet nur: Herr, wie du willt."

In einem andern Liede singen wir:

> Ich hab genug! mein Herr ist Jesus Christ,
> Mein Herr ist er allein u. s. w.

Alle diese Sänger und Sängerinnen lebten in ihrem Gott und Heilande, hatten in ihm den Anfang eines neuen Lebens und in diesem Anfang die Sehnsucht und das Pfand seiner Vollendung. Dies ist der crystalne Quell, aus dem viele ähnliche Lieder geflossen sind. Ebenso verhält es sich mit Davids Psalmen. Es ist und bleibt der Grundton aller seiner Lieder und seines ganzes Lebens: „Hochgelobet sei Gott! Ich aber bin elend und arm!" (Pf. 70, 5. 6.)

www.ingramcontent.com/pod-product-compliance
Lightning Source LLC
Chambersburg PA
CBHW020908230426
43666CB00008B/1364